U0562581

华为没有秘密

为

有

没

秘密

3

吴春波 —— 著

中信出版集团｜北京

图书在版编目（CIP）数据

华为没有秘密.3 / 吴春波著.-- 北京: 中信出版社, 2020.10

ISBN 978-7-5217-2035-8

Ⅰ.①华… Ⅱ.①吴… Ⅲ.①通信企业－企业管理－经验－深圳 Ⅳ.① F632.765.3

中国版本图书馆 CIP 数据核字（2020）第 122330 号

华为没有秘密 3

著　　者：吴春波
出版发行：中信出版集团股份有限公司
　　　　　（北京市朝阳区惠新东街甲 4 号富盛大厦 2 座　邮编　100029）
承 印 者：三河市中晟雅豪印务有限公司

开　本：880mm×1230mm　1/32　印　张：12.5　字　数：267 千字
版　次：2020 年 10 月第 1 版　　印　次：2020 年 10 月第 1 次印刷
书　号：ISBN 978-7-5217-2035-8
定　价：65.00 元

目　录

二   关键在于组织的活力

三 负重前行的不老英雄

跟着走的旁观者

这不是一本专著，而是论文和杂文的结集。确切地说，这是一本旁观者的观察记录，汇集的是我对一个公司的观察、记录、心得、感悟、思考与体验。

1995年12月，我第一次以咨询者的身份，与华为结缘，转眼已经二十几年了。当年的华为，有1200名员工，销售额为15亿元人民币，是一个为活下来而苦苦挣扎的小公司，与那些声名显赫的大公司相比，华为如同一棵弱小的草。第一次进入华为，给我留下深刻印象的只有两点：其一是老板非常有个性，与深圳的那些老板不一样；其二是华为的员工年轻，公司像个大学校园。回头来看，一个教书匠能够与一个世界级的中国高科技公司有交集，或许是命中注定，或许是运气好，这种机遇不是随处可求的。华为改变了我的人生道路，让我只为一件大事而来！

早期，我作为管理顾问，在华为还能有指点江山或者说指手画脚的感觉，毕竟当年华为的管理处于"乱中求治"的建构阶段，公司没有能力也没有觉悟进行系统的管理体系建设；随着公司的高速发展，华为在"治中求乱"中构建了经营与管理的均衡体系，我当年的良好感觉也逐渐消失。管理大师彼得·德鲁克曾自称为"旁观者"，并写有以此为名的自传。对于管理大师，我只能"望其项背"，不敢与其齐肩。在华为的二十几年，我的个人角色定位，其实就是一个微不足道的"跟着走"的"旁观者"。与华为一路同行，边走边看，边看边思，有点心得，有点感悟，记录下来，于是就有了这本书。

感谢命运的垂青，感谢任正非先生的认可，感谢华为的平台，让我能够零距离地与一个公司一同走过二十几年，能够近距离地观察一个公司由弱小到壮大的痛苦成长过程。作为亲历者，我见证了华为在成长发展过程中的点点滴滴、风风雨雨，也目睹了华为成长路上的那些里程碑式大事件：市场部大辞职，《华为基本法》，先僵化、后优化、后固化的世界级管理体系的引进，NVQ（英国国家职业资格体系），IPD（集成产品开发），ISC（集成供应链）、IFC（集成化财务管理），与思科之争，"从泥坑爬起来的是圣人"，集体降薪，自主创业，7000人集体辞职，"雄赳赳，气昂昂，跨过太平洋"，轮值CEO（首席执行官），美国国会调查，呼唤炮火，等等。我也经历过"华为的冬天"，感受过"北国之春"，目睹过"一江春水向东流"，忧思过"华为的红旗到底能打多久"。

华为从小到大，坚持"以客户为中心，以奋斗者为本，长期坚持艰苦奋斗"的经营哲学和成长逻辑，经过 30 年的努力，成为改变世界经济格局的中国力量，引起世人的关注是很正常的。大量的学者及出版物都在执着地从不同的角度探索研究华为及任正非成功的秘密、基因、密码、秘诀、秘籍、真经和关键要素。在早期，我也抱有如此想法。很遗憾，我至今也没有找到华为成功的所谓秘密，或许只缘身在此山中。如果说，关于华为，我有什么重大发现的话，那就是"常识"，对企业成长和经营管理常识的探索，对常识的遵从，对常识的敬畏，对常识的坚守。据此，这本书定名为《华为没有秘密 3》，如此书名，可能不合时宜，或许会让读者失望，但长期作为一个近距离的旁观者和零距离的参与者，我看到和感受到的是一个没有秘密的华为，华为真的没有秘密！

经历过华为由一棵弱不禁风的小草，成长为企业丛林中的一棵大树，是一种幸运。如果不能记录这棵大树的成长年轮，则可以说是暴殄天物。哲人言：理论是灰色的，实践之树常青。依靠在华为的大树下，作为一个蹩脚的画工，忙里偷闲地炮制点灰色的理论，已成为我的一种习惯和生活方式。我是一名文科生，不懂技术，至今对华为高深的通信技术一窍不通，在管理学方面也是半路出家，似懂非懂。因此，我的观察与思考聚焦于企业的成长、企业中的人和对人的管理。具体来讲，在华为，我关注的重点是企业成长战略与路径、企业成长中的人与组织、机制与制度、管理之道与管理之术，同时也关注华为点点滴滴的改变与进步，当然也更关注作为华为领袖的任正非先生。这些文章没有完整的理论体系，也没有高远的视野，更缺乏博大精深的知识，只不过是原汁原味的记录和点滴零碎的思考。如本人的微博所言："写作本书，犹如窑工。把华为的思想与实践材料，掰开了，揉碎了，弃粗取精，串联并合，勾画描述，怀以工匠的职守、敬畏、虔诚、平静、理性心态，经制坯、阴干、素烧、上釉，炮制而成。此器物，属民窑，而非汝、官、哥、定、钧五大官窑，非御制，亦非官监民制。""不说教，不搬弄，不卖弄，不媚俗，不江湖，不扒粪，不预设前提，不讨巧，不剪刀，不糨糊，不敷衍，不放弃，不绕道。"这些思考如果能够给中国的企业和企业家们带来一点启发，或者带来一点思考的线索，就足够了。

本书的写作宗旨、文章风格及体例格式等，与《华为没有秘密（珍藏版）》及《华为没有秘密 2》大致相同，但书中的文章，是近两年新写的。主要内容聚焦于华为 30 年的成长与发展历程、华为的内在成长驱动机制、华为成长过程中的重大关键事件回顾、华为的核心价值主张解析及对任正非的近距离观察等，试图为读者展示一个没有秘密的真实的华为。

书中必有谬误、偏见、错误与不妥之处，敬请任正非先生及华为宽容、包涵与指正！敬请读者谅解与指正！

首先感谢任正非先生，感谢您对我的开放、宽容和灰度管理；感谢华为人，感谢华为的高层领导们，恕不一一列出；感谢五位人称"君子"的彭剑锋教授、包政教授、黄卫伟教授、杨杜教授、孙健敏教授，以及田涛先生、牛文文先生；感谢中信出版社沈家乐女士、宋冬雪女士的真诚帮助与指导!

是为序。

2020 年 7 月 28 日

于求是楼

一

解析
华为成长的基因

10 余年前，任正非是这样评价华为的："华为没有成功，华为只在成长，只有经过九死一生还活着的企业，才叫成功。"此话仍适用于当下的华为。所谓成功，不过是指企业进入持续成长的状态。这种状态是各种因素综合作用的结果，用某一单一要素解释所谓的成功，进而推演出秘密、秘诀、奥秘等，是思想浮躁与懒惰的表现。谓之好，源自组织中所有好的因素的正向积极作用，包括企业领袖的经营管理哲学、组织文化、经营管理机制、战略、组织与流程、管控等，而绝不是某个单一要素作用的结果。华为今天的成功，是它 30余年来不断培育与强化这些成功要素的结果。

任正非的
灰度管理理论与实践

（上）

世界是灰色的

这个世界五彩缤纷，赤橙黄绿青紫蓝。

这个世界还有黑、白和灰。

如果我们以黑色为基准色，则会发现这个世界是灰色的：自然界中的大部分物体的平均灰度为18%。

灰色，就是指从纯白到纯黑的一系列过渡色。黑中有白，白中有黑，黑不能变成白，白也不能变为黑，但灰融合了黑与白。

换言之，黑与白是两个极端，在黑中增加点滴的白，就是灰；同理，在白中增加少许的黑，就是灰。在两个极端之间，存在着的广阔空间就是灰，即介于黑白之间的不同灰度构成了灰色地带。黑与白是两个点，两点之间，存在着的是255种灰度像素构成的线。灰度颜色模式就是用0~255的不同灰度值来表示图像，0表示黑色，

255 表示白色，灰度模式可以和彩色模式直接转换。

在绘画中，灰色属于浊色，指的是纯度偏低、色彩倾向不突出、色感比较微妙的颜色，其含有黑色，也含有白色。绘画中还有红、黄、蓝"三原色"，通过加色或减色，它们能够回归到黑或白，这些黑与白之间的底色是若干层的灰色。

白与黑之间的任何一个点，都是融汇了白与黑的灰点，每个灰点都不相同，每一个灰点都是有价值的存在，由一系列灰点构成的灰线与灰度空间，都是充满活力的活生生的世界。

有人这样赞美灰色："比白色深些，比黑色浅些，比银色暗淡，比红色冷寂；穿插于黑白两色之间，更有些暗抑的美，幽幽的，淡淡的；不比黑和白的纯粹，却也不似黑和白的单一；似混沌，天地初开最中间的灰；不用和白色比纯洁，不用和黑色比空洞，而是有点单纯，有点寂寞，有点空灵，捉摸不定的；奔跑于黑白之间，像极了人心，是常变的，善变的，却是最像人的颜色。"（引自网络）

灰色不像黑白色那么张扬，那么鲜明。不动声色的灰比黑与白更隐蔽，更内敛，更朦胧，更低调，更富弹性，更有内在的力量。

摄影术语中有个名词叫作灰度，即影像灰色的深浅程度。灰度层次越多，照片所展现出的色彩就越丰富，影像也越清晰。尽管彩色照片更能满足人们的视觉享受，但历史上沉淀下来的经典黑白照片（即"灰照片"）给人的视觉冲击和震撼丝毫不逊于前者。

灰度，就是灰色的程度。灰度最高相当于最高程度的黑，就是纯黑。灰度最低相当于最低程度的黑，也就是"没有黑"，那就是纯白。

《黑天鹅》的作者纳西姆·尼古拉斯·塔勒布在其书中指出：平均斯坦（斯坦指国家）与极端斯坦主宰着人类长期的认知水平。在现实中，人类把这个多元的缤纷世界同样割裂为"白斯坦"与"黑斯坦"，却往往忽视了还有一个真实的"灰斯坦"的存在。人类的认知把"灰斯坦"隐藏起来了，我们犯了"过滤性选择错误"，选择了两个极端，而忽视了灰色世界的存在。

灰，是一种高贵；灰，是一种绝色。套用余光中先生的《绝色》：黑色和白色之间，灰是第三种绝色。（原诗为：月色和雪色之间，你是第三种绝色。）正如古希腊哲学家赫拉克里特所说的那样："不同的音调造成最美的和谐。"不同的色调也造就最美的和谐。

参照南宋诗人卢梅坡的名诗《雪梅》（原诗为：梅雪争春未肯降，骚人阁笔费评章。梅须逊雪三分白，雪却输梅一段香），来审视黑、白与灰：

> 黑白争艳未肯降，
> 世人阁笔费评章。
> 黑须逊灰三分白，
> 白却输灰一点黑。

因笔者水平有限，此诗不符音律规范，但窃以为以此来描述灰度还是恰切的。

管理的世界也是灰色的

人类在观察世界时，受到教育的影响，在世界观上更多是对黑与白、是与非的区分，灰色淡出了我们的视野。孩童们的世界永远像五彩斑斓的彩虹，这是他们成年后的世界观的基调。

人在观察自身世界时，同样是基于一分为二的世界观：情与仇，爱与恨，恩与怨，善与恶，悲与喜，合与分，荣与辱，福与祸，利与害，勤与怠。这些都是我们认知世界的标准，我们以此为行为标杆来改造这个世界。有人的地方就有江湖，有江湖的地方就有是非，有是非的地方就有黑白。

我们面对这个复杂的世界，简化并固化了自己的世界观与思维方式，即非黑即白、黑白两分的极化思维，凡事皆分是非，凡人皆辨好坏，凡物皆判好恶，不管青红，只管皂白。

老司机都知道，夜间行车有一个定式：开车走灰不走白，见黑停下来。原因是，灰色是正常路面，白色则是有积水的路面，而黑色则代表了坑洼甚至断层路面。也就是说，我们看到的并不一定是真实的，因为个人存在着认知误区和认知偏差。观决定行，世界观决定行动力。但观必须正确，不能仅仅局限于表象，必须要去粗取精、去伪存真、由此及彼、由表及里地进行观察与领悟。

在组织管理的世界里，真正的底色同样也是灰色的，而不是可以任意取舍的黑或白。管理的本质是基于人性，当你去除人性的表象，去注视人性的本真时，它所呈现出的必定是灰色。正如斯坦利·麦克里斯特尔等人在《赋能：打造应对不确定性的敏捷团队》①一书所提出的：企业组织已经不是"复杂"的，而是"错综复杂"的，各个要素都是不确定的，要素之间的作用是非线性的，而其结果是难以预测的。在这种错综复杂的系统中，采用极端的、假设的、抽象的方法或二分法，难以洞察问题的本质，更难以探索出解决问题的对策。

在管理的世界里，管理者遇到最多和最困难的不是非黑即白的选择，而是大量的混沌与迷茫中的"多难决策"，以及由"黑天鹅事件""蝴蝶效应""灰犀牛"引发的不确定性。依赖我们所习惯的两者相比取其轻原则，或者进行高中低或上中下的选择，是无法应对复杂系统中的经营与管理问题的。

基于灰度理论的灰度管理哲学无疑为经营管理者提供了一套有效的可实践的思维方式和方法论。更重要的是，灰度观为我们观察、洞悉和把握这个灰度的管理世界提供了新的视角。

查尔斯·汉普登–特纳与冯斯·琼潘纳斯对全球 1.5 万名经理人进行调查②，通过对美国、英国、瑞典、法国、日本、荷兰、德国等经济表现长期卓越的资本主义国家进行跨文化的比较研究，发现价值观、习惯，以及与社会发展或艺术密切相关的文化风格，是影响社会经济成就的主要因素，隐藏着这些国家财富创造的秘密。其研究发现，在普遍主义与特殊主义、分析与整合、个人主义与集体主

---

① 由中信出版社于 2017 年 12 月出版。

② 见《国家竞争力：创造财富的价值体系》，海南出版社，1997 年出版。

义、内部导向与外部导向、以序处理与同步处理、赢得地位与赋予地位、平等与阶层七组价值选项中，各国的价值选择存在巨大的差异，有的国家（如美国、日本）更多进行极端的非黑即白的选择，但绝大多数国家的财富创造价值体系则属于两个极端之间的灰度选择。这说明黑与白式的财富创造价值体系与灰度式的财富创造价值体系在现实中是客观存在的。

不确定性下的灰度，既是世界的本质，也是商业运作必须遵循的基本原则。

灰度是财富创造的价值体系，灰度也是强大的生产力。

任正非提出的灰度管理哲学与灰度管理理论或许就是基于以上客观现实。

任正非的灰度观

外界看任正非，如雾里看花，盲人摸象，他们给任正非贴上了各种矛盾的人格标签：狼性，独裁，霸道，铁汉，人性大师，智者，堂吉诃德，成吉思汗，等等。尽管任正非自己也多次强调"我的性格是善于妥协、善于投降，不是善于斗争"，但是外界对他的印象并非如此，真实的任正非被这些认知偏差标签化、格式化了。

任正非崇尚灰度，但其自身具有率真、直爽、简单、真实、诚实等鲜明的非灰度性格。除外，以我 20 余年的近距离观察，其身上容纳了各种复杂甚至矛盾的要素：既脾气暴躁，又静水潜流；既铁骨铮铮，又柔情似水；既疾恶如仇，又宽容妥协；既有霹雳手段，又有菩萨心肠；既悲天悯人，又收放自如；既恪守中庸之道，又明辨是非善恶；既霸气霸道，又谦卑谦虚；既内向羞怯，又外向张扬；既冲动，又自律；既成熟老练，又稚气顽劣；既低调内敛，又高调霸气；既用兵狠，又爱兵切；既俭朴，又奢华；既不修边幅，又注意仪态仪容；既保守守旧，又紧随潮流；既胆识过人，又心存敬畏；既固守原则，又豁达变通；既慷慨奋发，又儿女情长；既崇尚实用主义，又崇尚理想主义；既浪漫诗意，又求真务实；既有英雄情结，又胆小审慎；既有理工男的做派，又有文艺青年的气质……总之，任正非是一个棱角分明的人，又是一个难以描述的人，一个真真实实的人。

谁能想到外表铁骨铮铮的硬汉任正非，在参观了南非约翰内斯堡的先民纪念堂后，在纪念馆前的小广场上，失声痛哭了将近两小时。

何子维在《是什么塑造了任正非》一文曾写道："在任正非身处的世界里，他比人们想象的更加深刻。毛式精神、邓式胸襟、西式制度、爱因斯坦式的科学真谛，在任正非身上都有体现。"作者认为："任正非的管理哲学里，有毛式的国家主义情怀、邓式的改革开放思想的烙印，还有属于任正非自己的强烈的自我暗示和激励。"或许这就是任正非灰度思想与性格的来源。

法国哲学家狄德罗说过："人是一种力量与软弱、光明与盲目、渺小与伟大的复合物，这并不是责难人，而是为人下定义。"此句哲言同样也为任正非这个人下了定义。

哲人云：在淡化了黑与白意义的日子里，自由的颜色是灰的。任正非就是生活在真实的灰度的自由世界的人。

任正非坚守的是灰度价值观，而其灰度价值观造就了灰度管理理论。

在任正非的眼里，世界上的万人万事万物都不是黑与白的模块化拼接，而是黑与白融合构成的灰，灰是人的本色，是事的本质，是物的本源。

率性，是人的本性，或者说符合人性，喜怒哀乐是人自身的情绪表达。但作为管理者的人，其情绪控制开关不能只有 0 和 1 两个挡位，必须有线性的或非线性的灰度空间，必须抑制人性、抑制个性，即必须有灰度，"喜怒不形于色，好恶不言于表；悲欢不溢于面，生死不从于天"。

所以，有灰度的人一定是很痛苦的，或者说他一定经过了痛苦的思考与修炼过程。任正非的特别之处在于，他没有基于自己的性格特点来管理华为，而是基于灰度理论，把作为个体的个人性格与作为企业领袖的任职资格完美地结合到一起，把自己性格上的缺点与性格的优点完美地融合在一起，二者相得益彰，形成一套系统的经营管理哲学，灰度管理理论就是其重要组成部分。

在任正非管理华为的实践中，其基本色调就是灰色，灰度既是其世界观、思维方式，也是其经营管理的基本假设、理念与哲学。企业家自身的特质必然会影响乃至决定企业的底蕴与特质，秉持灰度哲学的任正非，决定了华为也是灰色的。也是因为此，华为不太吝惜羽毛，不怕被外界抹黑，无论是浓彩泼墨，还是写意描白，均改变不了华为的灰，只是改变了灰的程度而已。犹如华为总部天鹅湖中的那些黑天鹅，其羽毛颜色随季节有变化，但主色调没有变。

2017年10月初在与国外大学校长进行座谈时，任正非进一步阐述了他的灰度哲学：

"绝对的黑和绝对的白，这个'绝对'本来就不存在。'绝对'只是数学上定义的，在物理学上不可能出现。物理学上绝对的黑一打开，灰尘落上去，就变成深灰；绝对的白一打开，灰尘落上去，就变成了浅灰。一杯咖啡吸收宇宙能量就是灰度，你听了别人的想法，回来后加工一下，吸收一下，它就不是绝对的，而是相对的了。灰度不是针对科学研究讲的，是对管理者讲的。因为几千人、几万人的组织，没有妥协，就没有团结，就形不成合力。但这在科学上不一定适用，前几天我看诺贝尔生理学或医学奖的获得者是研究果蝇得出的结论，如果科学家没有绝对的执着，可能就不能获得诺贝尔奖。妥协是因为我们人太多了，相互之间相处的时候只坚持自己的意见，就可能不能团结很多的人，所以有时候需要绕一个弯，打一个圈，是从这个方面来说的。所以与科学家讨论这个问题的时候，我是力不从心的。"

任正非在谈到他与乔布斯的差异时讲道："我不是乔布斯，因为乔布斯对人类的贡献非常大，他创造了移动互联网，而且他在哲学上追求完美。我没有特别精湛的技术，只是提了一桶'糨糊'把

19 万员工粘起来一起奋斗，他们奋斗出来的成绩就扣在了我头上。我在哲学上信奉灰度，信奉妥协，'白'与'黑'之间的妥协是灰度。乔布斯是追求极致的，我们两个性格很不一样。我没有他那么伟大，这不是谦虚，是真心不认为自己伟大。"（引自 2019 年 5 月 20 日任正非接受德国电视一台采访纪要）

灰度不仅是一种世界观，更重要的，它是一种思维方式，如任正非所言："灰度是常态，黑与白是哲学上的假设，所以，我们反对在公司管理上走极端，提倡系统性思维。"

或许我们还不知道什么是正确的，但是我们一定要知道什么是错误的，走在错误的边界之外，我们就一定正走向正确的方向。

诚如老子曰："知其雄，守其雌，为天下溪……知其白，守其黑，为天下式……知其荣，守其辱，为天下谷。"

知白易，守白不易；知黑易，守黑不易，守黑之白尤其不易。黑简单，白亦简单，黑白则不简单。黑之白，谓之灰。

正如《道德经》所言："道之为物，惟恍惟惚。惚兮恍兮，其中有象；恍兮惚兮，其中有物；窈兮冥兮，其中有精。其精甚真，其中有信。"黑兮白兮，其中有灰，灰不是白与黑的中间地带，灰是白与黑中的"象"、"物"与"精"。

在任正非的眼里："我们认为天空逐渐变灰了，从黑颜色到深灰色到浅灰色，到万里晴空是不可能的。"（引自 2019 年 9 月 26 日任正非与人工智能领域专家的对话）

或许任正非眼里的世界一直是灰色的。

美国著名学者约翰·加迪斯在其《论大战略》①中提出了狐狸思维和刺猬思维：狐狸追逐多个目标，其思维是零散、离心式的；而刺猬目标单一、固执，其思维坚守一个单向、普遍的原则，以此规范一切言行。但是，"狐狸和刺猬的悲剧在于，彼此都缺乏对方所具有的一些能力"。作者认为，一流的智者能够始终在头脑中保持两种对立的想法。英国哲学家以赛亚·伯林在 1953 年写的《刺猬与狐狸》中提出：大文豪托尔斯泰，时而像一只固执的刺猬，试图追寻历史真理，时而像一只多疑的狐狸，鄙夷历史解释和经验。狐狸和刺猬的特点在他身上出现某种交汇，而交汇点就是"常识"。伯林的结论是，常识是某种自发、单纯而未被理论污染的东西，经得住时间检验。

同样，在任正非的头脑里，始终有黑与白两种对立的思维，这种思维模式就是灰度思维模式，这也是任正非敬畏与遵守的常识。

顺便说一下，我认为以狐狸思维和刺猬思维来比喻任正非的思维并不恰当，或许以狼思维和龟思维更恰当些，因为任正非一直提倡狼性精神，同时也倡导发扬乌龟精神。

———————————

① 由中信出版社于 2019 年 6 月出版。

任正非的
灰度管理理论与实践

（下）

任正非的灰度管理

纵观华为 30 年的成长与发展历程，观察华为的经营管理实践，不难发现，任正非的灰度理论是贯穿始终的世界观、思维方式与方法论，三者构成了任正非的灰度哲学。他以此作为认识世界与改造世界的"思想工具"，并付诸华为的经营管理实践，这就是任正非的灰度管理。

灰度哲学既来自华为的经营管理实践，在实践中丰富与提升，又反过来指导华为的经营管理实践，并接受华为经营管理实践的验证。

任正非的灰度理论集中体现在 2009 年 1 月 15 日发表的《开放、妥协与灰度》一文中：

"一个领导人重要的素质是方向、节奏。他的水平就是合适的灰度。"

"一个清晰方向，是在混沌中产生的，是从灰色中脱颖而出的，而方向是随时间与空间而变的，它常常又会变得不清晰，并不是非白即黑，非此即彼。合理地掌握合适的灰度，使各种影响发展的要素在一段时间达到和谐，这种和谐的过程叫妥协，这种和谐的结果叫灰度。"

"没有妥协就没有灰度……妥协其实是非常务实、通权达变的丛林智慧，凡是人性丛林里的智者，都懂得在恰当时机接受别人的妥协，或向别人提出妥协，毕竟人要生存，靠的是理性，而不是意气。"

灰度是任正非的世界观和思维方式，也是任正非认知与洞察管理世界的坐标，依据灰度的世界观和思维模式，任正非发展了一套系统的管理哲学、管理体系和管理方法论，这就是任正非的"灰度管理理论"。以华为为平台，任正非将其付诸华为的经营管理实践，指导华为的成长与发展，这就是任正非的"灰度管理实践"。而华为的经营发展实践，也验证、丰富与完善了任正非的灰度管理理论。

需要说明的是，灰度管理理论并不是任正非近几年提出来的，翻看 20 年前的《华为基本法》，其中的很多理念都蕴含着灰度管理的思想。

检索文献发现，"灰度"正式出现在任正非的思想体系中，大致在 1997 年。在《华为基本法》的制定过程中，任正非就多次阐述了其灰度管理思想：

"我们的《华为基本法》本身没有一个最终明确的态度，它是模糊、混沌中的一条光束，大家都逐渐向它靠拢，靠拢过程要具体事情具体分析。马克思主义也是基本法，但马克思主义在中国不应是一条塑料管子：管子里面是马克思主义，管子外面就不是马克思主义，这样太绝对。我认为包括马克思主义内涵的东西，也是马克思主义。这就是德国学马克思主义，把马克思主义当成学说，而不当作绝对真理。如果我们的《华为基本法》最后产生明确的结论——什么是正确的，什么是错误的，什么可做，什么不可做——那么我们本身也失败了。"

"我们开放这个讨论，目的是造就一批懂得《华为基本法》精髓的人，而不是为了贯彻《华为基本法》而搞《华为基本法》。因此我们还是要扎扎实实把华为人调动起来。人们的思想都围绕着这个主带，产生一个模糊带，这个模糊带实际上也是我们的《华为基本法》。模糊带的导向性是清晰的，坚定不移的，不模糊的。而且我们真正能使用的倒不是这条激光束，而是这激光衍射出来的这些光。激光束仅仅是一个思维导向。"[1]

此中所讲的模糊、模糊带与混沌，实际上就是灰度。更重要的是，任正非首次提出了："我的思想是灰色的。"

其后，任正非的灰度管理思想伴随着其管理实践日渐丰富与完善。

---

[1] 详见《为华为公司设计未来——公司总裁任正非谈〈华为公司基本法〉》，吴春波整理，载于《走出混沌》，人民邮电出版社 1998 年 9 月出版。

在 2009 年 1 月 15 日的全球市场工作会议上，任正非所做的题为《开放、妥协与灰度》的讲话则完整地诠释了其灰度管理思想体系。

其后在 2015 年 3 月的讲话中，他进一步提出："《开放、妥协与灰度》这篇文章应该能代表我的观点。如何理解'开放、妥协、灰度'？不要认为这是一个简单问题，黑和白永远都是固定的标准，什么时候深灰一点，什么时候浅灰一点？领袖就要掌握灰度。"

2010 年在《干部要担负起公司价值观的传承》一文中，他讲道："开放、妥协、灰度，这句话是我几年前对美国一个政治家说的，主要是因为不太赞同美国的单边主义，太强势、太霸权。也许它弱势一点，不仅世界和平，而且拥护它的人更多。大家都往后退一些，才能够形成稳定的结构。华为慢慢地也强大起来了，我们有些干部身上的骄娇二气越来越像美国，霸气也在我们的干部中滋长，我们要学会示弱。"

在此，任正非也提出了灰度管理理论生成的重要途径。

第一，开放。灰度本身就是一个开放体系，这是灰度管理的前提。

第二，妥协。妥协是打破极端思维的利器，这是灰度管理的手段。

第三，宽容。宽容能够拓展灰度的空间，这是灰度管理的方法。

第四，自我批判。自我批判能够提升灰度思维的水平，这是灰度管理的途径。

正如任正非所说："我们的各级干部要真正领悟了妥协的艺术，学会了宽容，保持开放的心态，就会真正达到灰度的境界，就能够在正确的道路上走得更远，走得更扎实。"

任正非的灰度理论或称灰度哲学，主要面对的是"灰度领域"或"灰度地带"中的"灰度问题"①。这些问题的重要特征是复杂，甚至错综复杂，人们很难洞察其内在的关系、结构及机制，也难以准确地预测其不确定的高风险后果，而且这些灰度问题往往是偶发的，无先例与经验可循，目前流行的"黑天鹅"、"灰犀牛"与"蝴蝶效应"即是灰度问题。

可以讲，任正非的灰度理论为我们解决灰度领域中的灰度问题提供了系统的管理哲学与方法论体系。

在此有三点需要说明。

首先，把任正非的这套管理理念与管理体系称为"灰度管理理论"，而不是"灰度管理哲学"，原因是在这个浮躁的社会里，自称或被称为"哲学"的太多，也太容易被人遗忘。

任正非在 2019 年 5 月 21 日接受国内媒体采访时也强调："华为没有哲学，我个人没有学过哲学，也没有认真读过哲学书。外面的书，作者我也没见过，不认识，也许是他编的吧。外面流传的华为哲学是大家随便说的，没有什么特别的东西。我认为，如果说华为公司有哲学，就一点，'以客户为中心，为客户创造价值'。"

---

① 参见美国小约瑟夫·巴达拉克所著《灰度决策》，机械工业出版社 2018 年 1 月出版。

但不可否认，任正非的灰度管理理论包含了其深厚的哲学思考，一个不懂哲学的人很难成为有成就的企业家，而一个真正的企业家本身就应该是一位哲人。英国管理学家克里斯托弗·霍金森在《领导哲学》一书中提出："倘若哲学家不能成为管理者，那么管理者必须成为哲学家。"

其次，任正非的灰度管理理论是一个完整的理论体系，有着系统的内在逻辑关系，而完成这一理论是基于其人生阅历和管理华为30余年的思考与实践，当然也包括华为员工的集体智慧。

最后，任正非的灰度管理理论基于功利性的企业经营与管理实践，在实践中验证和升华，因而具有强大的生命力。

任正非的灰度管理体系

任正非的灰度理论主要体现在 10 个方面：以灰度看待人性；以灰度看待人才；以灰度培养与选拔干部；以灰度看待未来；以灰度看待企业的治理；以灰度看待企业中的关系；以灰度看企业成长；以灰度把握经营管理节奏；以灰度看企业的战略制定与实施；以灰度洞察商业环境。

以灰度看人性，良匠无弃材

以灰度看人性，就必须摒弃非黑即白、爱憎分明、一分为二的认知方式和思维模式。

人性是复杂的，几千年来，人们对人性的研究一直处于停滞状态。人们认为人无非性善，性恶，无善恶；或者是天使，是魔鬼，一面天使，一面魔鬼；抑或提出 X 假设、Y 假设、Z 假设。

人性是复杂的，人无长性，性无长远，这个世界并无纯粹的人。正可谓：人心曲曲弯弯水，世事重重叠叠山。晚明文学家张岱说："人无癖不可与交，以其无深情也；人无疵不可与交，以其无真气也。"

所以，任正非提倡："我们真正的干部政策要灰色一点，桥归桥，路归路，不要把功过搅在一起。不要疾恶如仇，黑白分明……干部有些想法或存在一些问题很正常，没有人没有问题。"如果说任正非是"人性大师"，那么他对人性的深刻洞察，无疑是基于灰度理论的。

又如，真积极与假积极又是黑白两端，任正非在两端之间建立了无限的灰度："我们不要排斥假积极，关键在于他过去的行为和今天的观点是否正确，是否符合我们的需要。假积极一辈子，那就是真积极。"真积极固然值得肯定，假积极亦值得同情，假亦真，假亦灰，就有了无限的空间。

以灰度看待人才，不拘一格识人才

以灰度看待人才，方能不拘一格降人才。古人将人才称为"人材"，如"不拘一格降人材""唯楚有材"等。故人人都是人才，人人都是资源。对于人才，第一，不能求全责备，以偏概全；第二，不能看学历、资历、经历和简历；第三，不能匆忙下结论。白居易诗曰："试玉要烧三日满，辨材须待七年期。"否则，"一生真伪复谁知"？

人力资源管理的使命就是对人力资源持续地施能，使其转化，使其长期为组织创造价值。这时的人，就很难用好人和坏人来界定，他们是人力资源价值的贡献者，即"灰人"。

而以灰度来看，人力是一种资源，管理者与管理的使命就在于激发人的正能量，抑制人的负能量，团结一切可以团结的人，调动一切可以调动的积极性，挖掘一切可以挖掘的潜力，实现公司的目标与战略。

任正非明确指出："公司要宽容'歪瓜裂枣'的奇思异想，歪才、怪才虽然不被大家看好，但我们从战略眼光上看好这些人。今天我们重新看王国维、李鸿章，实际上他们就是历史上的'歪瓜裂枣'。我们要理解这些'歪瓜裂枣'，并支持他们，他们可能超前了时代，令人不可理解。你怎么知道他们就不是这个时代凡·高、贝多芬？"

在不同的时期，任正非多次强调"我们的改革不能左一回，右一回，然后这伤害人，那伤害人，其实被伤害的人，一定是最优秀的人。为什么呢？他们有非常多的缺点，但是他们也有非常多的优点。我们不能恪守教条主义。什么叫完人？刚出生的小孩就是完人。无所作为的人就是完人。我们认为，这个社会、我们公司不需要完人，我们需要能做出贡献的人。"

这与他倡导的"不完美的英雄也是英雄",都是其灰度价值观的体现。正如李世民的用人之道:"明主之任人,如巧匠之制木,直者以为辕,曲者以为轮,长者以为栋梁,短者以为栱角。无曲直长短,各有所施……智者取其谋,愚者取其力,勇者取其威,怯者取其慎,无智愚勇怯,兼而用之。故良匠无弃材,明主无弃士,不以一恶忘其善,勿以小瑕掩其功。"

以灰度培养与选拔干部,宽容"歪瓜裂枣"

任正非把灰度作为干部领导力和经营管理能力的重要内容,同时也作为选拔干部的重要标准。他认为:"开放、妥协、灰度是华为文化的精髓,也是一个领导者的风范。"干部放下了黑白是非,就会有广阔的视野和胸怀,就能够海纳百川,心存高远。他所提倡的砍掉高层的手脚,实际上就是让高层管理者把握灰度观,形成灰度思维,并以此洞察人性,在混沌中把握方向,理性地处理企业中的各种矛盾与关系。在处理犯了错误的干部时,他也一直采用灰度的方式处理,在明处高高地举起拳头,在私下轻轻地放下安抚,既不一棍子打死,也不放任纵容,对事旗帜鲜明,对人宽容妥协。

正如任正非所言:"我们不是培养和尚、牧师,我们是一支商业部队,华为要容得下各类人。"任正非一直对华为干部要求的"高调做事,低调做人",就是典型的灰度体现。

对干部的灰度,核心在于如何看待其成功与失败,成者王与败者寇是极端，任正非的灰度在于，让干部在成功中找到失误，在失败中吸取教训。正如他所强调的那样：烧不死的鸟是凤凰，从泥坑中爬起来的人是圣人；不要做完美的英雄，不完美的英雄也是英雄，失败中也有英雄。

2019 年 5 月 21 日在接受央视记者采访时，任正非再次强调："坚决反对把精力用去补短板，追求完美。人只要发挥自己的优点，做好长板，再与一块别人的长板拼起来，不就是一个'高桶'了吗？为什么要把自己变成完美的人呢？如果一个人缺点很多，就观察在哪方面能重用他一下，如果他不会管人，就派会管人的副职去协助他，派个'赵刚'① 去做'政委'就行了。"

以灰度洞察未来，方向大致正确就是灰度

面对"黑天鹅"，面对"灰犀牛"，面对蝴蝶效应，既不盲目乐观，也不盲目悲观；未来有阳光灿烂，也有疾风骤雨；既不冒进，也不保守。有灰度，方能视野开阔，把握不确定性，看清未来的方向，认清未来发展的战略目标，以实现"方向大致正确"（大致正确是正确的一种，外界更多地关注华为的"大致"，而很少关注"正确"，更没有人关注华为的战略方向为什么能长期保持正确）。华为能够长期保持战略方向的"大致正确"，关键在于任正非的灰度管

① 赵刚为电视剧《亮剑》中的角色，为李云龙独立团的政委。——编者注

理哲学。

灰度本身包含着无限的空间和各种不确定性，同时也包含着各种确定性，以灰度洞察未来，就是识别未来的各种确定性和不确定性。

基于灰度理论，任正非站在后天看明天，站在世界看华为，洞察着错综复杂的外部不确定性，为进入"无人区"的华为指明了未来的方向。任正非坚信："坚定不移的正确方向来自灰度、妥协与宽容。""不能依据不同的时间、空间，掌握一定的灰度，就难有审时度势的正确决策。"

下列治企理念可以说就是任正非灰度理论的结晶：

- 以内部规则的确定性，应对外部环境的不确定性；
- 以过程的确定性，应对结果的不确定性；
- 以过去与当下的确定性，应对未来的不确定性；
- 以组织的活力应对战略的混沌；
- 一杯咖啡吸收宇宙能量，一桶糨糊粘接世界智慧。

以灰度看待企业的治理，乱中求治，治中求乱

企业发展过程中，一个永远不可回避的问题就是"乱"与"治"的问题。企业的发展与扩张，必然会导致原有秩序被打破和原有利益关系的重新调整，各种矛盾交织与组合，会引起内部混乱。这些新产生的矛盾会成为企业进一步发展的阻力，因此又需要

企业的治理。正是在这样的往复循环过程中，企业获取了发展的动力，同时也产生了发展的阻力。很多企业就是在这一矛盾的冲击下或徘徊不前，或退步萎缩，或轰然倒下。可以说，"乱"与"治"的矛盾，考验着每一位企业家的经营管理智慧。

任正非把"乱"与"治"的矛盾归结为企业的"扩张和精细化管理"的关系，扩张必然带来内部的混乱，而精细化管理就是为了解决过度混乱的内部关系，从而为新的扩张打下坚实的基础。任正非将此界定为：乱中求治，治中求乱。在混乱中怎么走向治，乱中求治；在治理中如何走向乱，治中求乱。前者强调的是保持扩张的有序与可控，后者强调的是打破平衡继续扩张。如此，能够确保企业的内部治理处于一种和谐的灰度状态。

任正非指出："精细化管理的目的，是为了扩张不陷入混乱，而并非紧关城门。我们讲精细化管理，不等于不要扩张，面对竞争，我们还是要敢于竞争，敢于胜利的。只有敢于胜利，才会善于胜利。扩张和精细化管理并不矛盾，要把两者有效结合起来。浑水摸鱼，只有强者才能摸到鱼。""从哲学上来说就是，任何平衡的东西都会被打破，这样新的生命就产生了，然后就前进了。就像我们会死亡，但我们留下了新生的后代一样，这就是平衡被打破。"

以灰度看待企业中的关系，抓主要矛盾和矛盾的主要方面

企业经营管理中存在着大量相互矛盾和相互制衡的关系，如激

励与约束，扩张与控制，集权与扩权，内部与外部，继承与创新，经营与管理，短期利益与长期利益，个人利益与企业利益，团队合作与尊重个性，等等。这些关系构成了黑白两端，煎熬着企业的决策，也逼迫企业做出极端的选择。

任正非以灰度观来看待和处理这些关系，以矛盾的思维看待与解决这些矛盾，既不走极端，也不玩平衡，对内外部关系做出智慧的决策，其核心就是依据灰度理论，抓住主要矛盾和矛盾的主要方面，有效地运用这些矛盾内含的能量，将这些矛盾变为公司的发展动力。在 30 余年的发展历程中，任正非一直强调的"乱中求治"与"治中求乱"是其灰度发展观的体现，而"深淘滩，低作堰"则是处理内外部关系的灰度准则。

2009 年 1 月在《谁来呼唤炮火，如何及时提供炮火支援》一文中，任正非全面阐述了这一思想："我们在变革中，要抓住主要矛盾和矛盾的主要方面，要把握好方向，谋定而后动，要急用先行、不求完美，深入细致地做工作，切忌贪天功为己有的盲动。华为公司的管理，只要实用，不要优中选优。天将降大任于斯人也，要头脑清醒，方向正确，踏踏实实，专心致志，努力实践，与大洪流融到一起，这样才能在变革中获得进步与收获。"

需要补充说明的是，灰度是可以衡量、可以量化的。利用灰度观，不仅可以把握各种关系的本质，而且可以衡量这些关系，进而在此基础上提出优化与改善这些关系的举措。正如平衡记分卡的创始人卡普兰所言：可描述，就可衡量；可衡量，就可管理。

以灰度确定企业的成长与发展的动力

企业的成长与发展动力来自创新，而创新的途径有两条：一是改革，即通过解构，打破原有的利益格局，形成新的成长动力；二是改良，即通过持续地优化原有的运作机制，保持原有运作机制的活力。

在任正非的管理词典里，很少见到"改革"，他更强调的是改进、改良和改善。改革虽然激动人心，也能使企业家有成就感，让其被冠以"变革型领导"的美誉，但不可否认，改革更多为非黑即白的管理思维所主导，老子曰"治大国，若烹小鲜"，其核心就是不折腾。

任正非多次强调他自己是"保守派"，坚守的是"改良主义"。

早在20世纪90年代末期他就强调："我是主张改良的，一点点改，不主张大刀阔斧地改革。"

"华为公司必须坚持改良主义，通过不断改良，实现从量变到质变的发展过程。华为在高速发展的过程中，轰轰烈烈地剧变可能会撕裂公司，所以要在撕裂和不撕裂中把握好度。我们处理发展速度的原则应该是有规律、有预测地在合理的增长比例下发展，但我们也必须意识到这样做带来的不稳定。我们必须在此基础上不断提高我们的管理能力，不断调整管理能力所能适应的修补程度，以使我们适应未来的长期发展。"

"华为公司无论在何时，都必须努力坚持首先做好自己的工作。

只有一层一层把土夯实了，撒上一层，再夯实，我们才能不断稳步前进。我们没有必要刻意去制定一个赶超别人的目标，只要能够把自己的工作做好，不断地丰富和完善自己，那么水到自然渠成，这才是我们真正可以也应该去追求的目标。"

"华为公司的各项管理不要求轰轰烈烈，而要扎扎实实，在公司未来管理中一定要避免剧烈的振荡。我们也不能让干部大起大落，对干部可以不断奖励、处分，但不能突然全盘肯定或全盘否定，一个人真正的潜力必须通过长期的实践才能看到。"

静水潜流的灰度，是任正非长期坚守的管理观和发展观，他也以此掌控着华为30余年的成长与发展。

以灰度把握企业的战略制定与实施

任正非认为在制定战略时，应该坚持民主决策，从贤不从众，重要的事情不着急，要充分讨论，发散思维，不断妥协，"允许异见，就是战略储备"，保持方向的大致正确。正如任正非所言："'方向大致正确'就是灰度，因为方向不可能做到绝对准确。"

而在战略执行过程中，应坚持权威管理，聚焦战略目标，坚持压强原则，力出一孔，关注组织的活力。

保持在战略制定层面的方向大致正确，与战略执行层面的聚焦与压强，实现两者的均衡，就是灰度管理的体现。任正非认为："继续坚持均衡的发展思想，推进各项工作的改革和改良。均衡就是生产力的最有效形态。"其目的在于使华为既有狼的敏锐嗅觉，保持对市场机会的把握，又有龟的执着与聚焦，强化对市场机会的实现能力。

以灰度把握经营管理节奏

任正非一直强调作为高级管理者在企业经营管理过程中，必须紧紧盯住三个关键点：方向、节奏与人均效率。当企业的方向大致正确之后，经营管理节奏的把握就成为领导力的关键。面对企业中的各种问题，性格急躁与暴躁的任正非肯定着急，但在具体实施过程中他又表现出极大的忍耐力和容忍力。他在说的时候，是疾风骤雨，电闪雷鸣；但具体操作实施的时候，又是和风细雨，润物无声。这种着急和等不及，与不着急和等得及，就是任正非灰度管理的最好体现。

以灰度洞察外部商业环境

任正非是以灰度的视角洞察外部商业环境的。他从来不抱怨外部商业环境的险恶，总是以乐观的态度评价宏观层面的问题；他把竞争对手称为"友商"，并把"与友商共同发展，既是竞争对手，也是合作伙伴，共同创造良好的生存空间，共享价值链的利益"作为公司的战略之一。他崇尚以色列前总理拉宾的"以土地换和平"，自称是"拉宾的学生"。妥协是灰度的前提,没有妥协,就没有灰度。

任正非的三维灰度管理

有人提出,任正非管理思想的主基调不是灰度管理哲学,而恰恰相反,更多的是极端、黑白分明,其实这只是表象。

2008年7月,在题为《逐步加深理解"以客户为中心,以奋斗者为本"的企业文化》的讲话中,任正非提出:"我们在前进的路上,随着时间、空间的变化,必要的妥协是重要的。没有宽容就没有妥协;没有妥协就没有灰度;不能依据不同的时间、空间,掌握一定的灰度,就难有审时度势的正确决策。开放、妥协的关键是掌握好灰度。"

如果以黑为纵轴,以白为横轴,可形成四个象限:深黑深白、浅黑浅白、深黑浅白和浅黑深白。任正非的灰度管理处于这四个象限所涵盖的广阔空间,在此空间中,任正非的灰度管理是三维的。

第一,任正非的灰度管理并不适用于企业经营管理的所有领域,而主要体现在上述十大领域。

第二,任正非的灰度管理,包含了黑、灰、白的三维体系,坚守灰度并不否定黑与白的存在。在现实中,该三维体系表现为坚守的、灰度管理的与坚决反对的三方面。坚守的反面,就是坚决反对的,在坚守与反对的边界之内就是灰度管理的。

在拒绝机会主义、自我批判、压强原则、"七大反对"、坚持研发与人力资源的高投入、高绩效企业文化、核心价值观的坚守等方面，任正非始终旗帜鲜明，绝不和稀泥，绝不捣糨糊。在企业经营管理实践中，灰度管理理论不是放之四海而皆准的。"以客户为中心，以奋斗者为本，长期坚持艰苦奋斗"不能有灰度；"厚积薄发，压强原则"不能有灰度；"自我批判，保持熵减"也不能有灰度；"力出一孔，利出一孔"也不能有灰度；"让组织充满活力"也不能有灰度。对人讲灰度，对事讲绩效、讲流程。也就是说，企业核心价值观、机制与运作、业务与流程、工作与效率等企业本源层面的问题不适合灰度管理，对基层员工也不适合强调灰度思维。

更为确切地讲，任正非的灰度管理理论讨论的不仅仅是灰度区域或灰度问题，还包含黑与白两个极端，因为灰度的边界是由黑与白来界定的，黑与白的"两点"与灰度"一线"是联系在一起的，思考与解决灰度问题就无法回避其两端的黑与白。

第三，任正非的灰度管理，并不意味着绝不向黑白妥协，或排斥黑或白，而恰恰相反，其灰度管理也包含了对黑与白的包容、妥协与开放，把黑、灰与白都视为积极的正能量。任正非要求高级干部都必须有灰度，但在一次讲话中他提出："就让'余疯子'〔指公司消费者 BG（业务集团）CEO 余承东，其人的狼性超出华为平均水平〕搞黑与白去，我们多点灰度，不正好和他对冲一下？"

第四，从某一时期看，从宏观层面看，如果在任正非的思想演变过程中加入时间轴、空间轴、结构轴，灰度就会凸显，极端只是表象，灰度才是其核心与本质。

加入空间轴的灰度

外部，方向大致正确；内部，充满活力。

外部，低作堰；内部，深淘滩。（任正非曾经把李冰父子的治水理念称为"古人伟大的灰度智慧"。）

外部由客户需求驱动，内部由技术创新驱动，形成"技术创新＋客户需求"双轮驱动。

外部以客户为中心，内部以奋斗者为本，形成以客户为导向的奋斗机制。

在研发体系，强调"板凳要坐十年冷"，甘于平淡，耐得寂寞，默默奉献，是金子总会发光的，厚积薄发。而在市场体系，强调狼性，"胜则举杯相庆，败则拼死相救"，上甘岭，枪林弹雨，一线呼唤炮火，班长的战争。在人力资源管理体系："未来人力资源总的体系的整体定位是为公司找英雄、找领袖，鼓励员工冲锋；管缺点的是道德遵从委员会，管坏人坏事的是审计部。"

任正非还提出"以内部规则的确定性，应对外部环境的不确定性"，以内部之灰应对外部之黑与白，在两个空间里自由转换，在灰度中运筹帷幄，决胜于千里。

加入时间轴的灰度

人们普遍认为任正非充满了忧患意识，"华为的冬天""华为的红旗到底能打多久""20 年后的华为是坟墓""唯有惶者才能生存"等，无一不说明任正非是一个悲观主义者。但转换一个时空，任正非摇身一变又成为乐观主义者："北国之春""除了胜利，无路可走""无人区""我们走在大路上，意气风发，斗志昂扬，没有什么能阻挡我们前进"。

又如，在 20 世纪 90 年代末，任正非提出"活下去，是企业的硬道理"，把生存作为华为的底线。但时空转换，20 年后，他又把"活下去"由华为的"最低纲领"上升为华为的"最高纲领"。一面忧心忡忡，一面信心满满；一面是悲观，一面是乐观；一面是海水，一面是火焰。在时间轴上综合起来看，灰度毕现。

对于"下一个倒下的会不会是华为？"这一命题，任正非在内心是担忧的，2017 年在一次国际咨询会议上，一位英国顾问期望任正非展望一下华为今后 10 年与 20 年的前景。任正非脱口而出："20年以后的华为，我可以告诉你，两个字——坟墓。"

他还曾言："当华为的干部在总部漂亮的草坪上，喝着咖啡，听着 PPT（演示文稿）汇报，欣赏着周围的美景，下一个倒下的肯定是华为！"但是，任正非也提出这个命题的新假设："如果我们能坚持'力出一孔，利出一孔'，下一个倒下的就不会是华为；如果我们发散了'力出一孔，利出一孔'的原则，下一个倒下的可能就是华为。历史上的大企业，一旦过了拐点，进入下滑通道，很少有重整成功的。我们不甘倒下，那么我们就要克己复礼，团结一心，努力奋斗。"

任正非用自己的灰度管理理论，完美地破解了这个重大的管理哲学命题。

加入结构轴的灰度

任正非对公司内部各阶层提出不同的要求，综合起来看，这是基于内部结构区分的灰度管理。例如：高层要有使命感，中层要有使命感，基层保持饥饿感；高层任人唯亲，中基层任人唯贤；高层读书破万卷，中基层读书破万遍；眼睛对着客户，屁股对着老板；效率优先，就是公平。

任正非说："决策的过程是灰色的，所以决策层必须有开放的大脑、妥协的精神，这样才能集思广益。但越往下，越要强调执行。高层决策忌快忌急，慢一些会少出错；基层却要讲速度，讲效率。"

又如，任正非曾提出：要砍掉高层的手脚，要砍掉中基层的头脑。被砍掉手脚的人不会指手画脚，而会成为思想领袖，洞察未来，仰望星空；被砍掉头脑的人不会胡思乱想，而会成为把信送给加西亚的罗文①。执行力与创新力是存在排异反应的，执行力强大了，就会遏制创新力；反之，创新力强大了，也会消减执行力。执

---

① 罗文是阿尔伯特·哈伯德的小说《致加西亚的信》中历尽艰险将美方书信送到古巴盟军将领加西亚手中的人，比喻极度忠诚、有责任感且有行动力的人。——编者注

行力依靠的是手脚，不需要脑袋；创新力主要依靠头脑，不太需要手脚。

以下以任正非提出的核心价值主张为例，做一综合分析。

任正非提出了华为的核心价值主张："以客户为中心，以奋斗者为本，长期坚持艰苦奋斗。"

第一，核心价值主张必须是非分明，其提倡与坚守的，可反映其反对与舍弃的。坚守以客户为中心，实际就是反对以股东、上级、员工等为中心。从这一角度看，华为的核心价值主张包含了黑与白两个极端，也是具有灰度的管理。

第二，从时间轴的演变来看，华为的核心价值主张是 2010 年提出来的，在此之前，有不同的核心价值主张，如《华为基本法》历经实践发展和实践的演变，才有现今的表述，此其一。其二，"以客户为中心，以奋斗者为本"是短期核心价值主张，而"长期坚持艰苦奋斗"则是长期价值主张，时间予其以灰度。

第三，从空间轴来看，"以客户为中心"，界定的是外部导向，是由华为的使命与愿景所界定，而"以奋斗者为本"确定的则是内部导向，是对华为内部员工的要求。

第四，从结构轴来看，"以客户为中心"，是导向、牵引与目标层面的核心价值主张，而"以奋斗者为本"是短期性的工具、手段与途径层面的核心价值主张，"长期坚持艰苦奋斗"则是长期性的战略、机制与活力层面的核心价值主张。

2008 年 7 月 15 日，在市场部年中大会上，任正非提出"以客户为中心，以奋斗者为本，是两个矛盾的对立体，构成了企业的平衡。难以掌握的灰度、妥协，考验所有的管理者"。任正非是基于灰度管理的理念，提出华为的核心价值主张的。

由此看出，表面上是非分明的华为核心价值主张，如果加入时间轴、空间轴和结构轴分析，也具有灰度管理的精髓，这也是任正非灰度管理理论的体现。

以"天下之至柔，驰骋天下之至坚"，这就是任正非灰度管理的力量！

上述 10 个方面的灰度管理与三维灰度管理，构成了任正非的灰度管理理论体系与灰度管理实践体系，在此基础之上，形成了灰度领导力。

被误读的灰度

在中国哲学中有许多灰度思想，例如，天安门前后各有一对汉白玉的华表，华表上有石犼（hǒu，中国神话传说中北方食人之兽）蹲立。天安门前面那对华表上的石犼面向宫外，后面那对华表上的石犼面向宫内。宫前的石犼叫"望君归"，意为盼望皇帝外出游玩不要久久不归，应快回宫料理国事；面向宫内的石犼叫"望君出"，劝诫皇帝不要老待在宫内寻欢作乐，应常到宫外去了解百姓的苦难。几百年前的华表体现的是一种治国理念，这是治国的灰度。

又如，孔夫子在《论语》中提出的"父母在，不远游"，一点也没有灰度，但紧接其后还有一句"游必有方"。一方面强调子女的责任与义务，另一方面也不反对子女为了明确的目标而外出奋斗。这两端之间就是广阔的灰度，其度由个人理性地把握，这是治家的灰度。

再如，"施恩勿念，受恩莫忘"，执念于施恩，忘记受恩是两个极端，忘记施恩与牢记受恩就形成了广阔的灰度，这是个人修身的灰度。

但长期以来，灰度并没有成为国人的世界观和思维方式，我们甚至对灰度做出了诸多的误读。

第一，灰度不是中庸之道。所谓"中庸"是指对立两端之间的调和与折中。孔子所提倡的中庸之道，是要人们奉行不偏不倚、折中调和的处世态度。

灰度是世界观，中庸是处事之道。道不是观，观也不能替代道。任正非在《从"哲学"到实践》一文中讲道："中国长期受中庸之道的影响，这虽然在要求稳定上有很大贡献，但也压抑了许多英雄人物的成长，使他们的个性不能充分发挥，形不成对社会的牵引和贡献，或者没有共性的个性对社会形成破坏……"中庸之道也可能蜕化为自私自利的保命哲学，养育出一批当两面派的伪君子。

但在现实中，国人往往是走极端的，依据个人好恶，凡事要辨个黑白，问个是非，认为非黑即白，这是大多数人的惯性思维。很多人把任正非的灰度管理哲学与中庸之道画等号，其实是一种误读。

第二，灰度不是无原则地妥协或折中，更不是和稀泥，追求无底线的一团和气。保持灰度确实需要妥协、宽容与开放，向白妥协，是灰度，向黑妥协，是灰度；宽容白，是灰度，宽容黑，也是灰度。因此，妥协与宽容是走向灰度的必由之路，是形成灰度的工具，而不是灰度的本质。

第三，灰度不是虚无，也不是消极的待人处世态度。相反，灰度是一种积极的人生态度：以灰度认识与洞察世界，旨在改变世界。

第四，灰度不是软弱、逃避或退缩，而恰恰是有力量的表现。如在人力资源管理方面，华为一方面坚持"让激励更刺激""以物质文明促进精神文明"，另一方面也敢于采取多种形式的惩罚。激励与约束是华为文化、机制与管理的双翼，两者均衡才会有力量。

第五，灰度追求的不是平衡与稳定。灰度不是一劳永逸的短暂状态，因为灰度中的"两物齐平如衡"仅仅是一种理想化的状态，"从心所欲不逾矩"才是灰度的状态。

第六，灰度不是悲观主义。灰度包括求真务实、理想主义、英雄主义、实用主义、乐观主义、完美主义和浪漫主义，是一种兼容并蓄的世界观和方法论。

第七，灰度不是文化，也不是主义。有人把灰度体系上升为"灰度文化"或"灰度主义"，这是泛文化化的概括。灰度从本质上看，应该属于世界观、方法论和思维方式的范畴。

第八，灰度并不玄妙。相反，灰度客观存在，简单、朴实而真实，是实事求是的世界观和方法论。

第九，灰度不是混乱或混沌，它是有秩序和规则的，同时也是可衡量、可信赖、可预测和可管理的。

第十，灰度的度是很难把握的，需要管理者的智慧与能力。把握灰度不是手艺，也不是科学，而是一门艺术，这就是领导艺术。

从灰度管理观到灰度管理实践

正如任正非在 2003 年所讲的："任何黑的、白的观点都是容易鼓动人心的，而我们恰恰不需要黑的或白的，我们需要的是灰色的观点。介于黑与白之间的灰度，是十分难掌握的，这就要看领导与导师的水平。""管理上的灰色，是我们的生命之树。"

华为成立 30 余年来，公司的标识变换了两次（分别在 2005 年和 2018 年），由单一色彩的"红太阳"变到"红菊花"，变得越来越柔和、包容、色彩多样，而且在广告中大量使用黑白色的标识，这是否是任正非灰度管理理论的一种体现？

需要强调的是，不论是灰度世界观，还是灰度管理观，都限于认知层面，它必须付诸实践才有生命力。灰度管理观之下必须有灰度管理实践，并以后者验证前者的科学性。

追究灰度管理理论是否是任正非首创并不重要，但不可否认的是，任正非是首先将灰度管理理论系统运用于企业经营管理实践的；论证灰度管理理论是否正确并不重要，企业家提出一套经营管理理论或模式后，当务之急不是不择手段地宣传其"伟光正"，而是全力以赴地实施它，并以优秀的经营业绩验证其有效性。任正非的灰度管理理论是经过华为经营管理实践检验的，并为华为的成长发展业绩所验证。

"理论是灰色的，实践之树常青。"

任正非的世界观与思维模式是有灰度的，任正非的经营管理理论是有灰度的，华为的底色也是灰色，任正非的灰度管理哲学指导着华为的经营管理实践，从优秀到卓越，到基业长青。

任正非的
英雄主义哲学与组织激励之道

英雄主义在华为

　　做企业需要张扬英雄主义。英雄有很多种类，每个人都可以有自己的英雄主义情结，每个人也都可能成为英雄。华为的英雄主义离不开任正非，正是任正非浓厚的英雄主义情结给华为的组织注入了英雄主义的血液。没有任正非，华为这个行业领袖也不可能出现。没有华为员工的奋斗，也不可能有今天的华为。任正非带领35万员工（其中包括16万离职员工），创造了华为今天的奇迹。从一个角度讲，华为的成长与发展史就是坚持英雄主义的任正非不断复制与创造英雄的历史。

　　任正非是一个典型的英雄主义者，他身上充满了所有英雄主义的元素，血性、悲壮、理想、平凡、有缺点。2013年首届"中国梦想人物榜·风云榜"的主办方给任正非的颁奖词，我认为很恰切：

"他用军人的铁血精神，引领着华为攻城略地；他用商业的理想主义，修改着国际巨头们的游戏规则。中国的华为，世界的梦想。他为沉闷的商场，注入了狼性的光芒、思想的体温、堂吉诃德式的激情。他为中国的企业界，塑就了'战神'的形象——梦想不灭，英雄不老。"

在任正非的带领下，华为经历了从呼唤英雄到消灭英雄，再到呼唤群体英雄的演变。

（关于英雄主义的详细论述，见本书第三部分《任正非的英雄观》。）

仪式感也是生产力

仪式感是人们表达内心情感最直接的方式，心理学上有所谓的"峰终定律"，即人类对经历的事情往往只记得关键的东西——高峰时和结束时的感受。生活需要仪式感，企业需要仪式感，管理也需要仪式感。仪式感能够不断地强化"峰终定律"，能唤起人们对内心自我的尊重。我们需要仪式感来不断地提醒我们：生活除了苟且，还有诗与远方；工作除了金钱，还有情怀与梦想。

大场面震撼人，小细节感动人。仪式感中，既有大场面，也有小细节。

我理解的仪式感就是北京人常说的"讲究"，用90后的语言讲就是"小确幸"，所以仪式感并不复杂。但是，我们这个社会的仪式感越来越弱了，比如说有的婚礼一点也不严肃，有的葬礼草草地走个过程。很多人就喜欢走极端，上面一说就去干，一干就搞过头。

仪式感是管理要素。任正非曾讲过："花点钱举办一些颁奖典礼，发奖典礼上的精神激励一定会有人记住的，这就是对他的长期自我激励。"

任正非说："公司这几年的盈利都很好，表彰要舍得花钱，别抠门。要使奖励形式多样化，奖牌要高级，让人一辈子得到鼓舞。各部门需举行正式的颁奖仪式，对'明日之星'获得者颁奖表彰，获奖信息记入员工荣誉档案。"

在 2017 年 8 月 7 日关于《华为公司人力资源管理纲要 2.0 总纲》（简称《华为人力资源管理纲要 2.0》）的沟通会上，任正非提出："公司进行荣誉激励的奖章很漂亮，现在社会反响非常好。以前我是反对搞形式的，对搞授奖仪式提出很多限制条件，希望简朴一点。但是看到海军官兵上阵很讲究仪式感，海军军官还佩剑，激励官兵一生努力。仪式与勋章创造荣耀感，荣耀感可以激发出更大的责任感与使命感，所以在发奖的时候要有点仪式，正式一点、光鲜一点、欢跃一点，给人留下一生的记忆。拍张照片可能就让人感到很庄严，这就是激励，让他感到要承担责任。以后我们可以继续研究各种活动的仪式，场地费用公司可以补助一部分，另一部分众筹。我们追求的是精神的一致，不必过多地追求外表的一致。我们不是军队，他们有更严格的外在与内在管理。我们更追求多元化的一致。精神多元化的一致，因此，我们不要过多追求服饰的统一，多姿多彩更富有创造力。"

《华为人力资源管理纲要 2.0》也提到一个非常重要的命题——"用好、用活荣誉仪式与荣誉信物"。奖牌、奖章、奖杯等都是荣誉信物。

仪式感究竟体现在哪些方面呢？

精神图腾

重要的仪式感里面包括精神图腾。精神图腾是一种精神寄托，是一个民族或某一地域的人所共有的精神崇拜，是一种价值观融合的表现，比如狼是突厥系民族的图腾，龙是华夏民族的图腾。图腾是一种信仰，是组织的灵魂寄托，不同的图腾赋予人们不同的精神力量，它会产生一种长期的效果。

华为的精神图腾是什么？我认为是狼与龟，当然这不是公司定义的。

任正非在 2013 年的文章提出：发扬乌龟精神，赶上龙飞船。乌龟精神是什么？高昂着头，认清目标，不忘初心，牢记使命；四脚着地，紧贴地面，艰难地爬，从来不想找到一个风口，从来不想长出一双隐形的翅膀。

华为的精神图腾还包括那双著名的芭蕾脚。"人们总是崇尚伟大，当他们看到伟大的真面目时，却却步了。"这就是伟大的真面目，这就是真实的华为，一面是辉煌，一面是丑陋、血淋淋的让人看着不舒服的烂脚。很多人都想学华为的辉煌，却不想学华为的苦难。

华为当下的图腾是一架二战时的英雄飞机伊尔 –2。"没有伤痕累累，哪来皮糙肉厚，英雄自古多磨难，苦难的背后都是伟大。"这句话很有意思，我们一般讲伟大的背后是苦难，华为把这句话倒过来了。我觉得这是会直击人心的，让人感同身受，让人激动。

宣　誓

宣誓也是一种仪式感。有人说宣誓有什么用？我无法回答，但是我可以告诉你，华为从 2005 年开始每年宣誓，已经坚持了十几年，如果没有用，它是不会浪费时间在这件事情上的。每年公司高层自上而下地宣誓，宣誓的内容是华为的"干部八条"。每个人入党入团的时候都内心激动、心跳加快，我们在婚礼上的宣誓也很庄严，这些都会铭刻在我们的记忆里。

会议仪式

很多企业都会开会，但都像政府会议，标题有几十个字，让人记都记不住。大家再看看华为的会议标题，它们都简洁扼要，振奋人心。

2007 年，"璀璨华彩　步步为赢"；

2008 年，"光荣·奋斗·超越"；

2009 年，"激流·勇者进"；

2010 年，"赢在超越，再创辉煌"；

2011 年，"聚势·汇争流"；

2012 年，"责任　贡献　荣誉"；

2013 年，"Be Young BEYOND"（年轻，超越）；

2014 年，"共征程　创新高"；

2015 年，"铁血荣光　决胜疆场"；

2016 年，"铁胆雄狮　砥砺前行"。

会场的对联和标语也与众不同，如：

市场将士，高瞻远瞩扭转乾坤；技术专家，运筹帷幄决胜千里。

甘平凡尽本职，点滴创新，勇于自我批判做工程商人；融小我于大我，均衡建设，放眼全局增质增效求改进。

司　歌

华为没有自己的司歌（20 世纪 90 年代末期请了两位著名的作曲家和词作家为公司创作了司歌，但未被公司采用），现在华为每次开会必唱的是这首歌——1895 年云南昆明陆军讲武堂的校歌《中国男儿》，听完会让人血脉偾张。

《中国男儿》

中国男儿，中国男儿，要将只手撑天空。

睡狮千年，睡狮千年，一夫振臂万夫雄。

长江大河，亚洲之东，峨峨昆仑，翼翼长城，

天府之国，取多用宏，黄帝之胄神明种。

风虎云龙，万国来同，天之骄子吾纵横。

中国男儿，中国男儿，要将只手撑天空。

睡狮千年，睡狮千年，一夫振臂万夫雄。

我有宝刀，慷慨从戎，击楫中流，泱泱大风，

决胜疆场，气贯长虹，古今多少奇丈夫，

碎首黄尘，燕然勒功，至今热血犹殷红。

当你置身于千人合唱的场景中，再有定力的人也很难不热血沸腾，多唱几次，血总是会热的。

华为的仪式还包括授旗仪式、战时宣誓、部门参战动员。这些庄重、激昂的仪式把华为人带进了战时的状态。

仪式感是一种氛围，这个氛围所发挥的是远距离作用，不是直接接触作用，当你进入这种状态、这种氛围，你的行为、思想就会发生变化，尽管它看不见摸不着。我们现在很多企业都讲企业

文化，企业文化确实重要，但还有一个与企业文化同样重要的东西——组织氛围。

文化管未来，氛围管当下，文化难以解决现有的问题，但氛围能直接影响员工的状态、员工的思想。它能形成一个巨大的能量场，在这个能量场中，特定的组织氛围会影响人、改变人。2018 年华为研发"战士"上前线，底下嗷嗷叫的"小狼"举手宣誓，战士般响应着任正非的动员讲话。当你置身这样的场景，当你作为他们中的一员，我相信你也一定热血沸腾，正所谓众志成城，华为的奋斗者就是在这样的组织氛围中炼成的。

比物质奖励更强大的精神激励

呼唤英雄，就要有仪式感，还需要与之配套的精神激励。《华为人力资源管理纲要 2.0》提出了"二三"主张：两个动力是物质激励和精神激励，管理好三类对象——干部、组织和人才，比物质奖励更重要的是精神激励。

在 2017 年 8 月 7 日《华为人力资源管理纲要 2.0》沟通会上，任正非特别强调：

"贯彻物质激励和精神文明建设双轮驱动，用荣誉感激发责任感，将公司愿景使命与员工工作动机相结合，在规则制度的基础上信任员工，激发员工持续奋斗的内在动力。

"物质和精神是共存的，雷锋是精神榜样，但同时必须给'雷锋'的责任贡献结果以合理的物质回报。激励不仅仅是物质上的，员工也不只是为了钱才努力工作，要给员工荣誉感。"

华为是怎样进行物质激励和精神激励的？它有一些基本的理念和做法：比如"小改进，大奖励；大建议，只鼓励"；比如说设立荣誉部，华为"心声社区"有荣誉殿堂，每个人都可以检索自己在华为获取的荣誉、自己所在部门获取的荣誉；比如任职资格制度。

又如华为的内部院士可以配两个助理，一个事务助理、一个技术助理，出差可以和公司高层领导一样坐公务舱，每年有 50 万美元的研发费用，每年有 10 万美元的会议费。这是一种荣誉、一种待遇。华为还有一个规定，增加院士的名额要与销售收入的增长挂钩。

华为公司有各种奖项，为获奖个人或团队颁发奖牌、奖杯、奖金。发奖也是生产力，仪式感也是管理要素，这是任正非的原话。

修建金字塔的人是一帮快乐和自由的人，15 世纪 60 年代一位瑞士钟表匠布克参观金字塔时得出这样的结论。有梦想的人才能造出伟大的建筑，想当将军的战士才能勇往直前、百战不殆。被激励的群体才能英雄辈出，仪式感和精神激励都是生产力，都能激发出生生不息的力量。

大家都感受到了转型时代的严峻挑战，我们的企业要坚强地活下去，必须做熵减，唤起全体员工奋斗的意志，理性地选择一种活法，像华为那样血性地活下去，活出体面，活出精彩。

任正非的治企哲学：
三个主义"捣糨糊"

终极目标：以客户为中心

战略目标

2005 年 5 月，华为提出了新的战略：为客户服务是华为存在的唯一理由，客户需求是华为发展的原动力；质量好、服务好、运作成本低，优先满足客户需求，提升客户竞争力和赢利能力；持续管理变革，实现高效的流程化运作，确保端到端的优质交付；与友商共同发展，既是竞争对手，也是合作伙伴，共同创造良好的生存空间，共享价值链的利益。

第一，为客户服务是华为存在的唯一理由。

这本来是《华为人报》上一篇文章的题目，原标题为《为客户服务是华为存在的理由》。任正非审稿的时候，在"理由"二字前面加了个"唯一"。华为就是为客户服务的，就是"以客户为中心"。

这一点看起来简单，说起来容易，但做起来很难。因为在企业有许多的中心——客户、上级、主管、股东与员工，还有诸多利益相关者，究竟把谁放在首位？究竟把谁当作唯一？这是一个痛苦的抉择。

为什么要为客户服务？因为客户给华为送钱，这是常识。华为向政府交税，向员工提供工资、奖金、福利、保险，向供应商交货款，向自来水公司、电力公司交水费、电费……只有客户给华为送钱，所以，华为注定永远做乙方，永远为客户服务。华为坚信一点：客户是有良心的。客户是有理性选择权的，有选择真好，这是客户的心声。在现实中，以客户为中心是一个很沉重的命题，因为外部的诱惑太多，寂寞地坚守也很痛苦。

每个企业家不妨反思一下，我们日常的工作真的以客户为中心了吗？我们真的眼睛盯着客户，屁股对着老板吗？在很多公司，都存在好多中心，上级、股东、员工等各自是一个中心。这么多的中心，相互消耗、相互绞杀，最终难以形成合力。

第二，质量好，服务好，运作成本低。

为客户服务不仅仅是一个口号，重要的在于使这一理念落地，使这一理念从口上到手上。我们的企业从来不缺理念，缺少的是化理念为实践的执行力。

高质量、快速、低成本和服务好，是衡量产品与客户服务的四个标准，它们彼此之间是有逻辑关系的。对于任何企业来说，要为客户提供优质的服务，其 KPI（关键绩效指标）的核心要素永远不外乎四点：一是质量，消费者心中有一杆秤，偷工减料、质次价高，除非垄断，否则客户是不会买账的；二是要降低成本；三是优质的服务；四是快速。这四点是企业经营管理的核心，不会因为互联网时代的到来就产生变化。

第三，持续地管理变革。

如何做到质量好，既快速，又低成本？就是革自己的命，就是华为所说的，深淘滩，低作堰。这是李冰父子主持修建都江堰的治水理念，引申到企业当中，就是要确保对增强企业核心竞争力的投入，确保对未来的投入，不断挖掘内部潜力，降低经营成本。同时，还要节制对利润的贪欲，持续地提高营运效率、组织效率和个人效率。还要懂得与客户、员工、供应商等利益相关方分享，不为获取更高利润率而损害他们的利益，不能把自己变成孤家寡人。这三点做到了，服务的问题就迎刃而解。

第四，客户满意度是衡量一切工作的准绳。

从产品的角度，华为有三个以客户为导向的公司级 KPI。它强调，发展步调要永远以客户为导向，企业管理目标流程化，组织流程化。

首先，以客户满意度作为衡量一切工作的准绳。这是华为所有部门，包括公司高层也要被考核评价的一个 KPI。现在，很多企业还在做员工满意度调查，看员工是否满意。从理论上讲，客户满意度与员工满意度并不矛盾，员工满意了，才能提供高质量的产品和服务，从而使客户满意。但是，很多企业往往忘了一个基本的事实：人性的贪婪、自私与好逸恶劳。华为为了保证客户的满意度，从来不会做员工满意度调查，假如真要做，我相信绝对不会高。为了保证客户满意度调查的客观公正，华为委托盖洛普公司为自己做客户满意度调查，任何华为人不可以参与。从选取样本，到数据运转，盖洛普每一个季度都反馈给华为一份客户满意度报告。

其次，以核心竞争力的提升作为各项管理进步的考核验收依据。华为的一个重要理念就是，管理是真正的核心竞争力，把管理变革聚焦于公司核心竞争力的提升。通过持续的管理变革和持续的管理改进，不断提升企业应对外部竞争和外部环境变化的能力。

再次，以一定利润水平上的成长最大化作为业务发展的标准。发展是硬道理。公司的一切问题都可以通过发展来解决，而不成长，就是所有人争夺一块小蛋糕。所以，企业的发展使很多问题得到了解决。但是要把它落到实处，第一要看业务模式，第二就是学习尖毛草，逆生长，厚积薄发。

可以说，华为的战略朴素至极，但华为把它做到了极致。如果做到了极致，做得比竞争对手好，做得比竞争对手快，客户没有理由不买你的产品，但问题是，我们能否做到极致？很多企业，有着纸面上的崇高使命和愿景，但其本质是无原则地追求利润，把企业最根本的一些原则抛弃了，这就是它们无法做大做强的原因。

战略落地

制定战略很简单，开几次会，经过几次讨论就确定了下来，战略的落地才是问题的核心。那么，华为的战略是如何落地的呢？

第一，构建管理体系。华为用了将近 20 年的时间，用尖毛草的精神，构建了强大的管理平台。华为历经九死一生的磨难却没有倒下，为什么？因为平台在，管理体系在。华为的国际化之路之所以还走得比较顺利，管理外国员工没有出问题，也是因为它的平台管理体系。否则，这么快速的发展，很有可能是致命的。华为的发展得益于这套管理体系，这不是因为任正非有多可怕，也不是因为华为员工有多么高的智商，而是因为华为通过一套科学的管理体系，构建了一个可持续发展的平台。平台既有助于公司的快速发展，也有助于个人的成长。

第二，坚持拿来主义。华为管理平台的搭建是坚持拿来主义。华为很擅长拿来主义，通过借鉴国内外领先的管理经验，不断演进，有了今天这样的规模。所以，华为一方面抓营销、抓市场、抓研发，另一方面抓管理，是两手都要抓，两手都要硬，从而实现了经营与管理的均衡。

第三，持续地提升人均效率。任正非提出"534"的目标，即5 个人的活，3 个人来干，拿 4 个人的工资，这也是任正非的梦想。如何实现呢？就是"减、增、涨"，即减员、增效、涨工资。当然，华为现在离这个目标还比较远，但它已经认识到，过去那种依靠大规模资源投入外延式增长的时代一去不复返了。企业未来的竞争是组织效率的竞争。

第四，同一平台、同一政策、同一文化、同一制度。华为永远是一个整体。如何体现整体？就是华为公司永远只在一个平台上运作，用平台实现整体优势的展现。所以，在组织设计上，华为没有通过事业部、分子公司等形式把公司切割成一些小的个体户。尽管华为有运营商、企业和消费者三大 BG，但始终有同一平台、同一政策、同一文化、同一制度。其核心就是，当公司进入一个市场，在这个市场基本成熟的情况下，竞争对手之间的比拼一定是管理的比拼，而不是人和资源的比拼。

营销模式——班长的战争

让一线呼唤炮火

为客户服务的流程并非华为原创，是拿来主义的成果。当年，华为聘请 IBM 为自己设计了基于客户导向的研发、供应链和财务流程，前端的市场流程则借鉴美军的新军事变革成果，打造让一线呼唤炮火的"班长的战争"流程，并实现了后端平台与前端流程的对接。

过去是"首长的战争"，是首长看看地图，拿起电话，指挥下面部队行动。但现在不是了，现在是班长的战争。因为在现代战争中，找到敌人比消灭敌人更困难，所以，在进行军事行动之前，有70%的资源会投入于寻找敌人，而消灭敌人的投入仅占30%。同时，现代战争也并非是不计成本、不计代价的，而是要充分、精准地计算投入产出，要以最少的投入实现最大的目标。"班长的战争"的基本模式是由三个人构成：第一个人是信息专家，专门负责找到敌人；第二个人是炸药专家，找到敌人以后，对其实行精准打击；第三个人才是拿枪的士兵，他的任务不是冲锋陷阵，而是保护炸药专家和信息专家。这三个人组成团队，然后做什么？就是呼唤炮火，低成本和高效率地实现营销目标。

铁三角

让一线呼唤炮火，就是现代战争的打法。所以，从那时开始，华为构建起了自己的"铁三角"营销模式。旨在让一线呼唤炮火，把指挥部建在听得见炮火的地方，资源向一线倾斜，在"上甘岭"上培养干部。

为什么要构建铁三角模式？因为华为的客户经理往往是刚毕业不久的学生，尽管在华为接受了大概一年的培训，但是初上战场的他们，仍然可以说什么都不懂。而他们的客户却都是 CEO 与 CTO（首席技术官）。一个 20 多岁的毛头小伙子和这样职位的客户谈生意，无法做到势均力敌，甚至没法谈下去。

现在大部分企业与客户对接的人是"客户经理"，其实无论从拥有的资源、资历、学识，还是人生经验等方面讲，他们与客户都处于不对等的状态。试想一下，在房地产业，一个刚毕业的 90 后客户经理，还住着地下室，向其客户推销千万级的住房；在私人银行，一个月工资几千元的客户经理向身家过亿的客户谈投资计划。他们只能靠一套所谓的"话术"来保证他们的推介的有效性，因为双方关注的点根本不同。所以，尽管很多公司招聘了很多形象非常好的营销人员，但是如果没有一定的学历、资历、阅历支撑，形象再好也难以得到客户认可。这样，问题就来了。在没有任何资源，也没有任何阅历的情况下，一个所谓的客户经理，和一个大公司的老板谈生意，是没有办法深入谈下去的。

华为所构建的营销"铁三角"，就是为了解决这个问题的。这个"铁三角"是由围绕着客户的三个人——客户经理、解决方案经理、交付经理所构成的。客户经理负责维持客户关系，解决方案经理负责谈技术，交付经理负责交付。这个"铁三角"就是三只小狼，整天盯在客户身边，靠敏锐的嗅觉和恒久的毅力，一旦发现机会，就开始呼唤"海军陆战队"。海军陆战队在代表处撕开一个口子，引导客户，发现客户的内在压力，一旦有了订单，系统部的重装旅就会展开重火力攻击。在这里，代表处是"正规军"，用于日常作战。系统部是产品线，是一种横向的组织，相当于"航母"、"核导弹"或者"核潜艇"。重装旅是战略预备队，或者说是特种部队，负责主攻。

片区联席会议

华为的战场有很多，都在呼唤炮火。那么，资源怎么配置？华为设立了前线最高权力机构：片区联席会议。这是模仿美国的参谋长联席会议而建立的。美国军事权力最高机构是参谋长联席会议，而不是空军司令部、海军司令部或陆军司令部。华为也把所有其他机构都变成了后勤，包括研发、生产、设计、人力资源等部门。当然，这个流程尽管已经基本实现了，也还存在很多问题，处于不断地自我修正和完善的过程中，但其目的始终不会改变，就是华为的三个"一切"：一切为了前线，一切为了客户，一切为了胜利。这是华为流程的特征。有了这三个"一切"，没有攻不下来的山头。

反过来看，如果公司仍然沿用传统的直线职能制，层层汇报，在缺乏资源的情况下，一线会处于什么状态？前方打胜仗，后方打前方。很多企业就是这样，设置了大量的纸上流程，增关设卡，到处都是收费站，到处都是绊马索。在部门内部，情况还好一些，事情一出部门，马上寸步难行。劫匪打劫的时候怎么说？"此路是我开，此树是我栽，要打门前过，留下买路财。"对部门来说，这块自留地是我的，从我门前过，我就要绊你一下。为什么这么做？刷一下存在感。这样的流程不是端到端的，而是"段到段"的，或者说是"断到断"的。停留在纸面上的所谓流程，最终要靠老板发火、拍桌子、靠开会、告状，才能解决问题。真正的流程是靠人来连接的，所以，尽管人人都知道要追求快速，但是流程不畅，影响效率的事情就会不断发生。

赋　能

为了保证前线的战斗力，还要不停地为前线人员赋能。所谓赋能，就是人才的再培养过程。那些远离总部，欠缺知识、经验的一线员工，经过一段时间历练以后，还要再回来上华为大学，重新学习。经过了战场的实践历练，又经过了强化培养，这些员工重新回到战场的时候，就有了理论联系实际的能力。在华为，持续的赋能是通过战略预备队的训战结合方式实现的，这种赋能是长期进行的，一批人走了，再让另外一批人回来接着赋能，目的是保证一线战略实施的能力。

组织结构：矩阵式与扁平化

公司的战略实施要以客户为中心，就要有以客户为中心的组织结构。华为的组织结构有四个特点。

第一，矩阵式组织结构。很多人写文章研究华为的事业部制，事实上，华为从来都没有什么事业部制，而是典型的矩阵式结构。在矩阵式结构中，每一个点上都有两个上级，比如，就采购认证这个"点"而言，它的上级既有运作交付总裁，也有解决方案总裁，一个人有两个上级。在这种情况下，盯着上级有用吗？同时要盯两个人，听甲的，乙不舒服，听乙的，甲不舒服。所以，员工不用看领导，只能看流程。

第二，扁平化管理。比如，华为的北京研究所有1万名研发人员，但只有一位所长，没有副所长，也没有助理。上海研究所也一样。杭州和苏州两个研究所的1.5万人"共享"一个所长。

第三，减少管理层级。华为在实行矩阵式结构之前，一共有7个层级，在实行了矩阵式结构以后，组织结构被压缩到了5层。

第四，资源共享。所有公司的资源都在同一个平台上，没有通过事业部、区域公司把资源切割得七零八碎，保证了所有资源只要能够共享，就在整个公司范围内进行共享。比如，华为的上海代表处就好比虹桥机场，公司的所有产品都可以在这里降落，而不是这个产品建一个中心，那个产品再建一个中心，一个客户一天要见七八个华为人，造成资源的浪费。

这些都是矩阵式结构的特点。这一结构有两条线：一条是直线职能制，其目的是保证指挥命令的统一与效率；另一条是产品线，其目的是保证客户导向与扩张力。

当然，未来华为还会进行一些组织调整，所以其组织结构还会变化。比如，集团控股、集团公司和区域公司之间的关系到底是什么样的？如何协调统治与分治的关系？如何构建平台型组织？这些问题都需要解决。既要保证狼性扩张，还要保证资源的共享和有效监控，这是组织设计的难题，但最终要避免一统就死，一放就乱。

决策机制：民主与权威

资源共享与平台是什么关系呢？在华为的职能结构中，最高权力属于三大委员会：人力资源委员会、财经委员会、战略与客户委员会。华为的三位轮值 CEO 分别兼任三大委员会主任，任正非只是委员会成员，有投票权，但也只有一票。所以，任正非不是一个一言九鼎的独裁者，公司决策是由委员会最终制定的。委员会是负责战略的，任正非有一句话：重要的事情不着急。有关战略的问题，一定在委员会上先进行理念的碰撞，大家吵够了，经过妥协，最后达成共识。这里存在两个核心：民主决策、权威管理。

民主决策

民主决策，就意味着责任和权力不在少数人手中。在一个科学的决策机制中，要允许不同的声音出现。华为就是如此，它之所以允许异见，是因为意识到，只要是人就会犯错误。不要寄希望于企业家会永远正确，所以要在决策过程中进行充分的讨论。

在华为的决策机制中，还有一个重要的机制，叫蓝军机制。华为有一个非常特殊的部门叫蓝军参谋部，人数不多，现在有四五十人，都是一些思维缜密、智商极高的人。他们的主要任务是什么呢？就是像啄木鸟一样，专门攻击“红军”的方案。几大委员会做出的方案，首先要交给蓝军参谋部，由他们来挑毛病，帮助“红军"进行思考。有时候，他们会把"红军"的方案批评得体无完肤，逼得委员会不得不反复进行修改。在所有的问题、所有的漏洞都得到修正以后，双方最后达成共识。所以，华为的决策过程是很长的，这就是重要的事情不着急。

蓝军参谋部的定位是：负责构筑组织的自我批判能力，推动在公司各层面建立红蓝军对抗机制，通过不断的自我批判，使公司走在正确的方向。其主要职责为：从不同的视角观察公司的战略与技术发展，进行逆向思维，审视、论证红军战略、产品、解决方案的漏洞或问题；模拟竞争对手的战略、产品、解决方案策略，指出红军战略、产品、解决方案的漏洞和问题；建立红蓝军的对抗机制和运作平台，在公司高层领导团队的组织下，采用辩论、模拟实战、战术推演等方式，对当前的战略思想进行反向分析和批判性辩论，在技术层面寻求差异化的颠覆性技术和产品；协助各业务集团的蓝军部建设，负责蓝军体系的流程、平台建设和运作，组织进行经验与能力共享。

权威管理

决议一旦形成，就要进行权威管理。什么是管理的权威？就是不要问为什么，已经形成决策的事情，是不需要讨论的，没有任何商榷的余地，下面只能坚决执行。执行层不需要动脑子，方案一旦出台，唯有坚决往前冲，不撞南墙不回头，撞了南墙拱个洞，这样就形成了华为可怕的执行力。

决策上的慢和执行上的快，这是两个维度。

"端到端"的流程化建设

回顾华为走过的路，似乎只有一条。这条路，是以 IBM 为代表来修建的"端到端"的流程化管理体系，即从客户需求端来，到客户需求端去。要想走好这条路，首先要知道，客户要什么，客户有什么需求。比如，客户想要一部好手机，但他不是专业人士，在体验之前，他不知道一部好手机需要哪些要素。所以，理解客户，要从了解他的挑战和压力开始。客户有哪些挑战和压力？他有哪些不便之处？可以说，"不方便"与"懒惰"是客户的内在苦恼与需求，也是企业持续创新与改进的动力。华为研发员通过了解客户的挑战和压力来理解它，实现它，承诺它，交付它，保护它，最后，使客户的一张囧脸变成一张笑脸。

而保证企业了解客户、理解客户，真正为客户解决问题的是流程，流程真正保证了快速。所以，华为只有这样一条路，但是道路两边就是禁区，往边上靠一点就违规。华为没有羊肠小路，没有通幽曲径，任何人，包括任正非也只能走在这条路上。

在如今这个巨变的时代，发现机会很容易，但实现机会却很难，因为你发现了机会，别人也同时发现了机会。并且，发现机会要靠少数人，实现机会却要靠组织。这就如同一个房地产项目，当人们生活富裕起来，公寓式住宅不能满足一部分人的需求之后，一些房地产公司就开始搞小镇建设。那么，客户需要的小镇应该是什么样子的呢？与城市中的钢筋林立、车水马龙不同，一个理想的乡村小镇一定是乡田同井、出入相友、守望相助、疾病相持的样子，而不是在穷乡僻壤中圈一块地，盖栋像模像样的小楼，却交通不便、配套不足。

我们一定要理解客户的要求、客户的压力，尽管他可能并不清楚他需要什么。了解了这些压力，我们就可以了解他的真实需求。而企业一定要比竞争对手更了解这些，比客户更理解他自己，然后，才开始设计、研发，并最终使客户满意。华为早就看清楚了这一切，所以能始终沿着这条路，按这套流程往前走。

捣糨糊哲学

管理是一门科学，也是手艺；管理是实践，也是艺术。但是，仅仅有科学的方法论，而没有管理的哲学思想，就如同一副没有血肉的骨骼，是缺乏生命力的。

在一次 EMT（经营管理团队）会议上，主持会议的轮值 CEO 临时插入一个议程，做了一个调查。当时他为大家出了一个问卷，上面有四个问题：（1）任正非懂技术吗？（2）任正非懂财务吗？（3）任正非懂营销吗？（4）任正非懂管理吗？这四个问题其实就是一句话：任正非懂什么？

问卷收回以后，我们看了看对这四个问题的回答：第一题，没有一个人认为任正非懂技术；第二题，没有人认为任正非懂财务，甚至还有人补充说，他连自己的钱都管不好，所以他不懂财务；第三题，也没有人投肯定票，还有人补刀说，老板谈单子，谈一个砸一个；最后一个问题，有一票肯定。也就是说，全体高管中，只有一个人认为老板懂管理。（据传闻，事后有人根据这个问卷中的笔迹判断，那位高管很可能是任正非自己。）

英国记者在采访任正非的时候提了一个非常具有挑战性的问题："据说你不懂技术，不懂财务，不懂营销，也不懂管理，那华为为什么需要你？你对华为的价值是什么？"任正非听完以后笑了，他回答了两个字："糨糊。"

为什么说任正非的经营管理哲学是糨糊哲学？用上海话讲，他就是在"捣糨糊"。那么，他是怎么捣糨糊的呢？任正非是以"三个主义"捣糨糊，这三个主义是理想主义、实用主义和拿来主义。任正非的糨糊是由三个部分组成的：文化是纽带，制度是核心，利益是基础。任正非说："我自己什么都不懂，什么都不会，就懂一桶糨糊，倒在华为身上，把十几万人粘在一块儿，朝着一个方向拼命努力。"

这就是任正非的糨糊哲学。糨糊哲学把任正非的华为变成了华为的任正非，让制度和规则守望华为，而不是让一个老人来守望华为。这就是任正非在华为的价值。

通过华为成长、组织建设、组织管理的过程，我们可以看出，机会是属于有准备的人的。可以说，中国企业并不缺少机会，但是，形成一股强大的组织力量，打造一支铁军，并把这支铁军团结起来，让它保持血性，为它注入梦想，可能是华为到目前为止最为重要的一个成功之道。

以下是任正非对其"捣糨糊"管理哲学的完整概括：

"其实这桶糨糊，用西方的话说就是胶水，这黏结人与组织的胶水的本质就是哲学。前面30年我提着这桶胶水，浇在大家脑袋上，把19万员工团结起来了。这个哲学的核心就是价值创造、价值分享，共有共享，保护每一个贡献者的合理利益，让大家形成一个集群，这样形成的战斗力是很强的，这就是分享的哲学！这个哲学要黏结全世界优秀的人。由于我的不聪明引出来的集体奋斗与集体智慧，若能为公司的强大，为祖国、为世界做出一点贡献，我30年的辛苦就值得了。"

窃认为，比起"胶水"来，"糨糊"更贴切，更达意，更传神。从管理的层次讲，做胶水，是手艺，是科学；而"捣糨糊"，则是艺术，是哲学。

华为的特质：
薇甘菊、尖毛草、狼与龟

任何一个公司都有自己的特质，这种特质首先由公司创始领袖赋予，也来自公司长期发展的沉淀。与公司文化相比，公司的特质更深层，对公司的成长与发展的决定作用也更大。

华为今天取得的成绩，很大程度上取决于其自身的特质。换言之，华为所固有的特质造就了华为。华为当年的艰难奋斗和今天这种飞速发展之间，其实是存在联系的。这个联系，就是这个公司更深层次的特质。

本文试图用两种植物和两种动物，来比喻华为的特质。

薇甘菊代表的是华为的经营特质：血性。

尖毛草代表的是华为的管理特质：理性。

狼性代表的是华为人的特质。

乌龟代表的是华为成长的特质。

薇甘菊的血性扩张之路

有一种多年生的藤本植物，叫作薇甘菊。这种植物有一种特质，就是它对生存条件的要求很低。华为早期就像是生长在乡野里的一株薇甘菊，通过不断地蔓延、生长，终于长到了城里。再通过不断地爬附和攀越，终于遍布了全世界。如今，华为在177个国家和地区有着自己的销售机构，为全世界60亿人口中的20亿人提供信息、通信服务。它所具有的强大特质，与薇甘菊这种强大的生长能力极其类似。

薇甘菊的第二个特点，是繁殖速度极快、繁殖周期极短。它有多种繁殖方式：根可以繁殖，蔓茎可以繁殖，可以进行有性繁殖，也可以进行无性繁殖。对植物来讲，这是生长的效率，而对企业来讲，这种特质就是扩张的效率。

薇甘菊的第三个特点，是必须要有比本地植物更强的生存策略，才能够在"别人的地盘"上占有一席之地。

薇甘菊的第四个特点，是具有强大的植物绞杀能力。所以，它一旦生长，就带有一种非常可怕的力量。常言说，大树底下不长草，而薇甘菊长起来，大树也会被绞杀掉。

在世界生态系统中，最苦的是植物，最可敬的也是植物。外部环境发生变化，如出现水灾、火灾、地震或气候变化，动物们可以迁徙或躲避，而植物是无法移动的，只能苦苦坚守，默默地适应，缓慢地进化。

正是因为薇甘菊具备了这样一些特点，所以它一路从原产地中南美洲，扩散到了亚洲地区。而华为这样一株中国的薇甘菊也已经扩展到全球，它依靠艰苦奋斗的精神在世界各个角落生根发芽；依靠快速的复制，在每一片土地开花结果；又依靠强大的实力，战胜了竞争对手。这就是华为的过人之处。

如果说，薇甘菊象征了华为精神的话，任正非对征服世界通信领域的痴迷，与成吉思汗驰骋四海、一统天下的抱负是非常相似的。而他的这种事业精神对华为的塑造，也使很多企业家折服。

任正非在公司内部也多次提到薇甘菊："你们知道薇甘菊吗？薇甘菊是一种杂草，号称'植物杀手'，它只需要很少的水、很少的养分，就能很快生长，能够抢光其他植物的资源，使自己生长的空间和范围很宽、很广。它迅速地生长，覆盖了所有的植物，使它们因没有阳光而死亡。我们做产品需要具备薇甘菊这样的能力，要在末端接入层成为霸主。要成为行业的薇甘菊，就必须具备实力，没有实力是做不了霸主的。"

很多企业在学习华为的文化，其实华为的文化并没有什么特别的，大家都非常熟悉，就是几句话。但是这几句话，却有其内在的深意。其内在的精髓就是两个字：血性。血性是华为企业文化的核心。

做人需要血性，做企业也需要血性，尤其是当你还弱小，却必须要面对强敌的时候，没有血性，怎么扩张发展？

什么是血性？就是亮剑精神，是不服输，敢于和高手掰手腕。

如果客户被人抢走了，你需要有敢于竞争的血性，而不是抱怨。就像华为，首先表现为霸气，在整体上不服输，敢于亮剑，敢于和老大掰手腕，面对困难不抱怨，没有任何理由地往前冲。

华为公司的标识是朵菊花，让人想起农民起义领袖黄巢的《不第后赋菊》诗："待到秋来九月八，我花开后百花杀。冲天香阵透长安，满城尽带黄金甲。"做企业，就要有这样的骨气，否则无法面对强敌、面对竞争、面对困境。华为所体现出来的文化特征，就是这样一种我花开后百花杀的血性和霸气。

任正非自身是位有血性的铁骨铮铮的硬汉，但是，成就华为，非任正非一人所为。这里面最大的难度在于，任正非要让一帮80后、90后的员工有血性。不仅要让国内的年轻人跟着他奋斗，还要让那些外籍员工跟着一起奋斗。现在，华为有19万员工，其中有4万人是外籍员工。曾经，华为拍过一部纪录片，讲述了四个年轻人在本职岗位上如何奋斗，如何保持血性，最终将不可能变为可能的事迹。其中，第一位小伙子在手机销售任务为200万台的前提下，将销售额做到了1.3亿元。第二位小伙子在非洲一干就是10年多。第三位是外籍员工，拿到了德国红点设计大奖。第四位是巴西籍员工，在没有人要求的情况下，为公司节省了3000万美元的税费。他们身上体现出的就是面对困难与挑战不服输的血性，尤其是视频中的第一位主人公，在空旷的非洲大草原上，扇着自己的耳光，怒吼着："一棵树都能在非洲长大，为什么我不能?!"让人感觉到他的血性，令人震撼!

尖毛草：厚积薄发的理性精神

那么，怎样让组织保持血性，让员工保持血性？面对工作，面对困难，面对竞争的时候，怎样让人身上张扬着这种血性？从本质上来说，血性的背后是理性。

华为的第二个特质，就是理性的精神。可以用一种植物来代表华为的理性。这种植物生长在非洲，叫尖毛草。尖毛草的特点是，早期在别的野草都在野蛮生长的时候，它却隐忍着，不争不抢，长出地面只有一寸高。但是，尖毛草真的没有长吗？事实上，在长达半年的时间里，它在往下长。当大家都在追逐风口、追逐潮流的时候，它的根早已在不知不觉中，深深地根植于大地，最深可以入地28米，有十几层楼那么高。

对尖毛草来说，根系越发达，基础越牢固，生长越迅速，超越别的野草才越容易。所以，一旦机会来临，尖毛草就会开始转变生长模式，由倒生长转为正生长。一天长半米，最高能长到3米多，很快它就成了非洲草原上最高的植物，人送美誉：草地之王。这就是厚积薄发的力量！

企业在风口上，逮住机会掘一桶金不是不行，但是能不能持续发展是个大问题。只有厚积薄发，持续成长，才是企业发展的王道。如朱元璋的《咏菊》诗所描述的"百花发时我不发，我若发时都吓杀"，指的就是这种厚积薄发的力量。当大家都在往前跑，尝试各种新玩法的时候，我在运筹帷幄之中积蓄力量。一旦我看清了形势，这个市场就没有别人什么机会了。

因此，如果说，攻城略地的薇甘菊精神是华为的 A 面，尖毛草的性格就是华为的 B 面。而华为在 B 面所体现出来的这种特征，就是聚焦。

"聚焦"二字很简单，但是做起来却分外难。外面的诱惑如此之多，每个企业都在搞多元化。我们看，有多少大企业开始向房地产业进军？有多少企业还同时涉猎了酒店或餐饮业？很多民营企业从骨子里表现为贪婪，为追求财富往往不择手段。不管是原来熟悉的领域还是不熟悉的领域，只要觉得有钱赚，就要迫不及待地杀进去，这是中国企业的普遍特点。但结果是，什么都做，做什么都平庸。这样的企业当然是有可能赚钱的，但是它很难成为一个伟大的企业。所以，在这一点上，华为是值得学习的。

多年以来，华为在信息通信行业深耕细作，从没有涉足过其他领域，这就是聚焦。聚焦就是能管住自己，而世界上最伟大的管理就是自律。自律之所以伟大，是因为很难；之所以很难，是因为诱惑太多。所以，尽管谁都知道好好学习、努力工作才能收获更好的未来，但是，仍然有太多的学生不学习，员工不努力。中国人平均每天花在互联网上的时间为近 5 个小时，远超其他国家，仅在巴西之后，位居世界第二。为什么？因为禁不起诱惑。我曾经在高铁上特意从一号车厢走到了最末端，想看有多少人在看书。很遗憾，一节车厢里，能有一两个人在看书就不错了，其他人都在看手机。

要想持续进步，要想一代更比一代强，唯有静下心来，抵御诱惑。而对于企业来讲，也需要抵御诱惑。面对着大把赚钱的机会，你不去赚，真的是太难了。企业都在搞多元化，要在多个产业布局，但是华为却没有这样做。深圳市政府在华为周边建华为新城，华为如果顺便也要点地盖房子，轻松就能实现上百亿的利润。但是，任正非坚决否决这个提议。他说，赚完了大钱，就不愿意再回来赚小钱了。决策者不但要禁得起诱惑，还要扛得住来自内部的压力，这是一件相当艰难的事情，但是任正非做到了。

华为的成长过程，就是在成长初期打好基础，积蓄力量，聚焦发展；同时，关注内部管理，优化组织，搭建平台，梳理流程，构建队伍……当一切准备就绪，一旦机会来临，就能够抓住机会，呈现爆发式成长。我们经常看到华为在攻城略地，却很少有人想到它背后也有理性的一面。

狼性：华为人的特质

那么，如何才能让更多的人保持血性呢？这就必须要谈到华为人的特质是如何形成的。

华为提倡狼性，但从来没有提出过自己的文化是狼性文化。所谓的狼性文化，不过是外界对华为文化的总结。从某种意义上来说，狼是人类的天敌，尤其是在茹毛饮血的年代，在与大自然艰苦搏斗的过程中，人类与狼群正面交锋。所以，在古老的人类看来，狼既贪婪自私，又凶残狡诈。但事实上，狼性和人性一样，都有两面性。而华为提倡狼性，不是学习它的凶残，而是要发挥狼的四大特点。

第一，敏锐的嗅觉。嗅觉决定机会，能够将不可能化为可能。

第二，锁定目标，本能地扑上去。什么是本能？对华为来讲，抓住机会，不开会、不讨论、不纠结、不请示、不汇报，直接做决策，这就是本能。

第三，团队协作作战。不是作为独狼，而是成为有分工、有合作，共同参与战斗，共享胜利成果的群狼。

第四，牺牲精神。在群狼的分工合作中，主攻、正面出击的战狼肯定要面对更大的危险，而助攻相对就较为安全。这时候，谁上？如果人人都不想付出，只想分得胜利成果，团队是不可能形成的。所以，一个骁勇善战的团队，一定不只一人具有牺牲精神，甚至整个团队都具有这种精神。遇到困难、危险，抢着上，这就是华为提倡的狼性，是一支所向披靡的铁军所具备的特质。

任正非曾经为《下一个倒下的会不会是华为》（首版）一书写下给年轻人的寄语：视野、意志、品格。

他的解释是：广阔的视野就是嗅觉；坚强的意志就是强烈的进攻精神；品格是指心怀他人的群体奋斗。华为企业文化中最著名的三句话是：以客户为中心，以奋斗者为本，长期坚持艰苦奋斗。其中，以客户为中心是嗅觉，以奋斗者为本是进攻精神，长期坚持艰苦奋斗针对的不仅仅是当前的 19 万余名员工，还包括更多未来的员工。所以，这就要求华为的文化能够一以贯之，成为从上到下、从始至终所有员工的信仰或者行为准则。

事实上，华为也确实做到了这一点。尽管华为文化从早年到现在，换了几种说法，但它其实从未改变，更未有过颠覆。很多企业的文化是相互冲突的，比如有的公司，南墙上写的是"公司利益高于一切"，北墙上写着"以人为本"。这两条价值准则看起来都很美，但是却相互冲突。更不要说那些洋洋万言的企业文化纲领了，都是说法，从不落实，所以，有冲突也无所谓，真的执行起来，哪条顺手用哪条。

而华为文化恰恰体现了内在与外在的高度一致。那么，华为是怎样做到一以贯之、高度统一的呢？这是华为人力资源管理的成功，也是华为最大的成功之处。我们知道，华为打天下，靠的是一大批 80 后、90 后的年轻人。而这些斯斯文文的知识型员工，又绝大部分是独生子女。在别人家的孩子还在啃老，还在对工作挑三拣四，还在为公司福利待遇达不到自己的要求而愤愤不平的时候，他们在干什么？他们在世界各地，在最艰苦的地方开疆拓土，在最危险的地方不离不弃地为客户服务。华为有一张照片，上面有一个像邻家子弟一样的小伙子，正展露出灿烂的笑容。很难想象，他身后就是战火纷飞、炮声隆隆的巴格达。我不禁要问，同样是年轻人，他们为什么能做到？他们是为了钱吗？显然不可能，没有人愿意为了钱把命搭上，他们的背后只能是信仰。

华为强大的人力资源管理体系起到了至关重要的作用，也正是这样优秀的人力资源管理体系，使华为依靠一帮学生军，打败了那么多历史悠久、实力雄厚的跨国公司。我们构建什么样的机制，构建什么样的文化，就会对人产生什么样的影响。所以，好的机制，能把人的潜力挖掘出来，能把一些斯斯文文、不会打架的孩子，变成如狼似虎的战士。我们把华为文化比喻成一座大染缸，不论是什么样的人进去，都会被染成同一种颜色、同一个味道，这就是文化的力量。

任正非曾戏说，一流人才去美国，二流人才进政府，三流人才进央企，四流人才进外企，能到华为来的，全都是五流人才。这些五流人才，还有一部分聪明干练的，受不了华为的苦，早已经跑掉了，剩下的只是一些六流人才。翻阅华为的历史，可以看到，从20世纪90年代开始，华为人就从来不是以颜值和时尚的衣装见长的。他们看起来极其平凡，再戴上一副眼镜，满脸的书呆子气。但是，华为的人力资源管理体系却可以使他们化为一个整体，五流、六流的人才组成了一流的团队，干掉了一流的企业，成就了一流的事业。这不仅仅是今天才实现的，在华为的每一个发展阶段，从华为在居民楼里办公开始，到员工吃住都在租来的写字楼，再到如今拥有世界各地的一流办公环境，人在变、环境在变，华为的队形却始终没有变。它为我们揭示了一个道理，就是企业只有一个选择：抱团打天下。

2016年10月28日任正非发表讲话《春江水暖鸭先知，不破楼兰誓不还》。表面看来，任正非这篇文章的标题有点问题，前言是讲春景，后言是写沙场，有点违和。华为通过自愿报名的方式，选调 2000 位研发人员上前线。结果，实际报名人数远远超过 2000，所以还有大量的人争取不到这个机会。这些取得了上前线资格的人在华为平均工作的时间超过 15 年，都是老员工，都上有老下有小。但就是这些人，喊着口号，要冲到一线去，要到客户身边去。为什么？因为华为要在最贴近客户的地方，在客户身上找机会，派出的员工必须有狼性，必须擅长盯住机会、捕捉机会。

有人说，他们这么踊跃报名，肯定是因为待遇给得高。但是大家都想错了，华为人上前线是没有附加条件的。公司有三个不承诺。第一，不承诺去哪儿，公司统一分配，个人不得有异议。第二，不承诺派驻时间，任正非已经回答了：不破楼兰誓不还。楼兰几年能破？不知道。外驻不是体验生活，不是象征性地待上一年，坚持一下就过去了。第三，不承诺升职提薪。在这三个不承诺面前，大量的研发人员还争先恐后，还要宣誓"就职"，这像不像李云龙的"野狼团"？这就是华为文化最可怕的地方，始终能够保持个人的血性和组织的血性。

这种抱团的精神，不仅仅停留在知识型员工层面，也体现在基层员工层面。如果你有幸去华为总部，不要小看会议室里提供客户服务的那些服务员。她们基本都有本科以上学历，还有很多毕业于航空学院的空乘专业，也不乏从航空公司来华为工作的空姐。她们不仅形象好、颜值高，而且成了华为的一支服务铁军。曾经有一位退休官员来到华为，他对华为有两句话的评价。第一句，国外有三种人：华侨、留学生、华为人。第二句：我去过很多个国家，但华为的这些服务员，提供的是世界一流的服务。

这为我们揭示了一个道理，就是人人都可以奋斗。比如对一个服务员来说，倒水也是有讲究的。第一，倒水时间有"说道"：夏天多长时间倒一次，冬天多长时间倒一次，都有明确的要求。与会者平均多长时间会喝完一杯水，华为人都进行过测试。第二，水的温度有"门道"：结合天气情况和室温，什么温度的水是适宜饮用的，这在华为也有结论。第三，倒水对象有"研究"：对VIP客户，要进行个性化的了解，包括对方来自哪里，他的饮水习惯，等等。比如为浙江的客户配龙井，为云南客户上普洱，为福建客户泡铁观音，等等。现在，他们还要面临新的挑战，即面对全世界的VIP客户，要了解、掌握他们国家的饮食习惯、爱好。

把端茶送水的服务员也打造成一支铁军，这需要的是有效的人力资源管理体系和充满活力的内部机制。

乌龟：华为成长的特质

从华为30余年的成长与发展轨迹来看，它从来都没有转型，一只"小乌龟"，长在村里，然后慢慢往外爬，爬到三线城市、二线城市、中心城市，然后再爬到全世界。可以说，华为由"像龟"，变成了象龟。

乌龟有三个特点。第一，四脚着地，紧贴地面，接地气。华为从来没有梦想找到一个风口，从来没有梦想长出一双隐形的翅膀，

而是坚持着自己选择，执着地走下去。第二，高昂着头。华为认定
自己的目标，响应内心的呼唤，在自己选定的道路上坚持走下去，
禁得起诱惑，耐得住寂寞，跟着客户一步一步走下去，一步步赚着
小钱，一步一步地做大。第三，乌龟长寿。

华为不是兔子，没有兔子的速度，但有超越兔子的梦想。就像
任正非回答英国记者的提问时给出的答案，"不喝咖啡"，它把兔子
们喝咖啡的时间用在爬行上，照样可以超越兔子。

"不积跬步，无以至千里"，华为就是依靠一步步累积，厚积薄
发，久久为功，把兔子们甩在身后的。

任正非在 2013 年 10 月 19 日题为《用乌龟精神，追上龙飞船》
的讲话中，首先提出一个问题：

"古时候有个寓言，兔子和乌龟赛跑，兔子因为有先天优势，
跑得快，不时在中间喝个下午茶，在草地上小憩一会，结果被乌龟
超过去了。华为就是一只大乌龟，25 年来，爬呀爬，全然没看见路
两旁的鲜花，忘了这 20 多年来经济一直在爬坡，许多人都成了富裕
阶层，而我们还在持续艰苦奋斗。爬呀爬……一抬头看见前面矗立
着'龙飞船'，跑着'特斯拉'那种神一样的乌龟，我们还在笨拙
地爬呀爬，能追过他们吗？"

任正非是这样回答这个问题的：

"我们要持续不懈地努力奋斗。乌龟精神被寓言赋予了持续努
力的精神，华为的这种乌龟精神不能变，我也借用这种精神来说明
华为人奋斗的理性。我们不需要热血沸腾，因为它不能点燃为基站

供电。我们需要的是热烈而镇定的情绪，紧张而有秩序的工作，一切要以创造价值为基础。"

任正非把聚焦、持续艰苦奋斗和自我批判作为乌龟精神的三大特质。

打造一支有血性的铁军

如何才能让员工保持奋斗的血性与理性？如何保持狼性精神？如何发扬乌龟精神？这是所有问题的核心。换言之，对于华为来说，当下与未来的关键是如何保持自身的这些特质，让员工心甘情愿地为公司的愿景、使命和文化贡献力量。如何把员工变成战士，变成野狼团，这是文化、机制与制度建设的核心。华为靠一帮平均年龄不到 30 岁的员工，战胜世界级的巨头公司，是怎么做到的？这里面关键的一点，就是让大家抱团，使员工能够团结起来。

这里面还包括对待价值观与公司价值观不一致的人绝不手软。有一次，华为要接待一位重要客户。当时，会议室的温度偏高，行政人员就通知了深圳物业中心，要求调一下温度。物业人员来了以后，调试了大约一个小时才把温度降下来。但是他走了以后，行政人员又发现温度过低了。这时，会议已经开起来了，所以大家不得不忍受一下。客户主宾或许只是打了几个喷嚏，但华为是怎么处理的呢？把深圳物业服务中心的部长做了降职降级处分，奖金、股权也都按照新的职级进行了下调。这样的处理似乎有点狠了，因为会议室的温度跟他个人并没有直接关系，而且他还是公司的元老级员工。但是从这件事可以看出，华为的一切以客户为中心并不只是说说而已。

还有一个例子。华为的昆明代表处发了一份文件，提出发现有员工在陪同客户用餐时喝假酒，给客户留下了非常不好的印象。因此，代表处特别强调，所有人员陪同客户用餐时，禁止喝假酒，禁止以水兑酒。当然，身体有特殊情况的可以说明，可以不喝，但是喝假酒关系到人品，关系到客户对公司人员的评价，因此明令禁止，违令者也要接受处罚。

如果以极高标准要求一个服务人员，但一个月只给他 1000 元工资，他肯定不干。但是，如果给出了很高的工资待遇，公司就可以对他进行高标准的要求，这是华为的一个理念。

所以，我不认为 80 后、90 后或者 00 后就有问题。同样都是人，就会具备人的共性特征。但是，核心的问题在于，如何把"喜羊羊"变成"灰太狼"。同理，对一个公司来讲，还存在另外一个问题，就是如果引进了一匹"灰太狼"，怎么样才能保证他保持狼性不变，不会被"喜羊羊"同化。如果一个公司都是"喜羊羊"，没有战斗力，缺乏奋斗精神，甚至贪图享受，再好的公司也会坐吃山空。再加上一些人不断地推诿、指责、抱怨，都觉得自己工资低、奖金少、股权少、升职慢，人性之恶就会被不断放大。如此一来，用不了三五年，公司肯定会倒闭。

发展壮大以后，针对腐败的可能，华为公司一直警钟长鸣。如果公司存在腐败，不论它曾经多么辉煌，也不会有美好的未来。

华为对腐败的定义是广义的，主要包括两类：一类是贪污、化公为私一类的行为，另外一类叫惰怠。安于现状、不思进取等18条，都被华为定义为惰怠行为，为广义的腐败。狭义的腐败不是人人可为，而广义的腐败人人可为。一个队伍的战斗力会因为腐败慢慢地被消磨掉，那么，对于一个世界级领先企业而言，对于已经达到了事业顶峰的华为来说，怎样保持组织的战斗力，就成为迫在眉睫需要解决的问题。

为了杜绝腐败现象的发生，华为推出了很多的举措。2012年12月4日，中共中央政治局召开会议，审议通过了中央政治局关于改进工作作风、密切联系群众的八项规定。五天之后，也就是12月9日，华为就推出了自己的"干部八条"。这就是华为的厉害之处，学习一切可以学习的知识，只要是先进思想或文化，全部都能够为我所用，这也充分说明了华为有着超乎寻常的反应力、执行力和行动力。

华为的"干部八条"后来经过了多次修改，还被列为干部队伍宣誓的内容。包括任正非、三位轮值CEO、副董事长等在内的华为高层领导干部，在广大员工的注视之下，按照"干部八条"进行宣誓。之后，各个层级和部门也要在公司高层和同事的监督之下层层宣誓。宣誓仪式从2005年开始，至今已坚持有十几年之久了，这是企业文化建设的一部分。虽然有人说，宣誓没有用，也有人说这是作秀，但是不宣誓就有用了吗？作秀有用的话，大概就不需要管理了，而管理有没有作用，是要靠实践来检验的。华为经过了实践的检验，证明了它的管理是有作用的。

那么，华为是怎样保持这种狼性基因不变的呢？目前看来，至少有一点令人振奋，那就是"头狼不老"。任正非出生于 1944 年，从 44 岁年富力强的时候开始创业，30 多年来为华为殚精竭虑，患有糖尿病、颈椎病、高血压，都是终身疾病，还得过抑郁症，但他还在奋斗着。

20 世纪 90 年代中后期，全球处于 IT（信息技术）泡沫之中，受此影响，华为也初次陷入了负增长阶段。在这一时期，华为的员工和高管纷纷离职，甚至有的人拿着华为的技术另起炉灶，从客观上对华为釜底抽薪。加之两位亲人去世，内外交困，任正非陷入了抑郁之中。当然，不可否认，任正非拥有极其强大的内心力量，所以最终能够从抑郁中走出来，并能够拨云见日，重新引领华为走上征途。

任正非还是一个癌症患者，但不论是在工作场合，还是新闻画面上，我们所看到的任正非，始终能够保持积极的乐观主义精神，保持健康而又充满活力的状态，这与他内心的追求与高度的奋斗精神息息相关。

用现在的时髦话说，任正非已经走上了"人生巅峰"，为什么还这么拼命？一年有 200 多天在市场上、在客户身边，何苦呢？有一句话说得好：革命者永远年轻。任正非之所以能够坚持 30 多年奋斗不止，是因为有理想与事业的激励。

有一年春节，任正非选择到玻利维亚"度假"。玻利维亚是高原地区，据说含氧量比西藏还低。但是，任正非为什么会选择到那儿去？因为那里有华为派驻的员工。任正非不但春节期间看望员工，而且还向这些员工承诺：只要飞得动，我每年都来看你们。

任正非的这段话是对其奋斗精神的最好注脚："我承诺，只要我还飞得动，就会到艰苦地区来看你们，到战乱、瘟疫……地区来陪你们。我若贪生怕死，如何让你们去英勇奋斗。在阿富汗战乱时，我去看望过员工。……利比亚开战前两天，我在利比亚。我飞到伊拉克时，利比亚就开战了。"

我们也不能说华为的文化有多伟大，但是必须承认，华为的文化很清新，没有被污染，充满了正面的力量，这与任正非有很大关系。是他的以身作则，带动了周边的人，而这种润物细无声的力量，就是文化。反过来，如果企业家不务正业，员工也不可能艰苦奋斗。所以任正非说：我不制造麻烦，但是我得负责解决麻烦——这其实正是华为文化的清新之处。

华为如何构建
世界级管理体系

华为成功的三个要素

华为取得成功最突出的三个要素是什么？

首先，依靠中国的五个红利。第一是改革开放红利，没有改革开放，中国一大批民营企业是没法走出来的，华为也是如此。第二个是庞大的中国市场红利，十几亿人口不断增长的市场，水涨船高，水大才能鱼大。第三个是产业政策红利，人们对通信服务有巨大的需求。第四个是区域红利，华为之所以在深圳诞生，是因为深圳是中国改革开放的前沿阵地，华为如果在内地，不一定会有今天的成就。第五个是中国的人口红利，中国人聪明，中国人勤奋，中国的人力资本便宜，这是一个很重要的红利。

其次，管理。纵观华为30年发展，它成为《福布斯》全球最有价值品牌榜中唯一上榜的中国企业（2017年排第88位，2018年排

79 位，2019 年排 97 位），为中国企业争了光。华为探索出了一条在中国管理高科技企业的道路，探索出了一条在中国管理知识型员工的道路，探索出了一条在中国不断解决和提升企业核心竞争力的道路。

最后，战略。这个战略是等得及、不着急、不崇尚机会主义、厚积薄发、坚持与聚焦、坚持压强原则。华为用了 26 年时间成为通信业老大。古人说："博观而约取，厚积而薄发。"这就是华为能够坚持下来，能够聚焦的原因。

华为构建管理体系的基石

华为在构建管理体系的过程中，遵循以下基本原则，这些原则也是其构建过程的基石。

第一，在商言商。围绕商业的本质思考商业问题。德鲁克认为：管理一支军队、一家医院和管理一个企业，九成以上的问题是相同的。华为的管理体系解决的是所有企业共同面对的管理问题，大家初心、使命和终极目标是相同的。华为不想输出管理模式，也不想写教科书，因为华为不是商学院，华为的目的是提升自己的组织效率，提高自己的业绩，为客户创造更多的价值。

第二，实事求是。华为无非是把一些最朴素的商业常识做到了极致，所以必须探索常识、敬畏常识、回归常识、坚守常识，因为常识不需要被质疑，也不需要被验证。柯林斯在《再造卓越》[①]一书中，分析了在历史上走过从辉煌到衰落历程的 11 家企业衰落的五个阶段，它们都是从"狂妄自大"开始，经过盲目扩张，漠视危机，寻求救命稻草，直至被人遗忘或濒临死亡。狂妄自大实际上就是违背实事求是原则，就是蔑视常识。

第三，坚持拿来主义。华为一直在反对管理创新，在华为的管理体系中有创新的部分，但更多的是来自拿来主义。比如华为的研发、供应链和财务流程来自 IBM，任职资格体系来源于英国国家职业资格体系，薪酬与职位体系来自合益咨询公司。

华为的启示

第一，抓管理。中国不缺市场，不缺资金，不缺优秀的人力资源，但中国企业需要强化管理，以提升效率。管理是一种生产力。

第二，流程建设。流程建设的目的是什么？从竞争性来讲，是使整个组织快速运作，就是说从发现机会到实现机会历经更短的时间。从企业宗旨来讲，是更快地实现为客户服务。

第三，强化人力资源管理。一方面，激励人"天使"的一面；另一方面，约束人"魔鬼"的一面。所谓的管控体系，最重要的就是对人力资源的管控，华为人和其他公司、其他组织的人没有什么

---

① 本书由中信出版社于 2010 年出版。

区别。华为不过是一个先行者，走在前面，比中国其他企业思考得多一些，走得远一些。

华为的管理体系历经30余年构建起来，支撑了华为业绩的快速增长。反过来，公司业绩的高速增长也证明这个管理体系，无论是对人的管理、流程的管理，还是对财务的管理，都是有效的。

第四，培育为客户奋斗的文化。企业必须以客户为中心，这是普遍适用的价值观，奋斗也是世界各国普遍适用的价值观。华为学习了很多别人的东西，吸收了别人的精华，艰苦奋斗就是其中之一。我们可以把华为当作中国企业的一面镜子，或者一个对标管理的标杆，以此来反思企业的问题，以利于企业的进步。

在未来发展中，华为还面临哪些挑战和问题？

华为最大的挑战是：华为当了"老大"，成功"登顶"以后，这支干部队伍、人力资源队伍是否会懈怠？90后员工的增加，包括再过两年00后员工的增加，会否稀释华为的文化？会否污染华为的文化？华为的文化会不会被遗忘？华为会不会被背叛？如果这些人不以客户为中心，都以自己为中心，或者以华为的领导、以任正非为中心，然后大家都不奋斗，都安于现状、好逸恶劳、不思进取，都不自我批判，都狂妄自大，都追求工作与生活平衡，要歇一歇，要过一种不一样的人生，那么，我觉得可能这就是华为最大的挑战——下一个快要倒下的公司就是华为。

那么多很厉害的公司都倒下了，华为能避免倒下吗？毛泽东当年提出的戒骄戒躁、艰苦奋斗，值得华为与其他企业铭记。其实华为这 30 年走过来真的不容易，当上"老大"之后会不会歇下来？华为内部有人开始变得傲慢，华为会不会警惕这些问题？华为采取了一些举措，力求避免这些问题，但是依靠这些举措，问题能否彻底解决？如果华为的文化、机制与管理出了问题，"下一个倒下的会不会是华为？"这个问题将永远存在。

华为过冬的六大启示

很多人对中国和全球经济发展的态势给出了消极的言论。在我国GDP（国内生产总值）增速放缓的时候，一些企业倍感"寒冷"，大家觉得，经济发展的"冬天"到了。在这样的形势下，企业如何过冬，成为大家关注的话题。

华为在全球市场上取得了如此令人瞩目的成就，并非因为它生长在春天里，没有经历过寒冬。华为不但有过冬天，并且始终与冬天相伴。通过华为过冬的实践，我们更深刻地认识到，坚守是一种非常重要的力量。企业要活下去，就要学会等待机会，保存实力，砥砺前行。

华为始终与"冬天"相伴

创业的艰难

这些年，大家对"双创"的热情依然不减，但不能把"双创"浪漫化。创新与创业，是一件极其艰难的事情，夸张地说，可能导致妻离子散、倾家荡产。要做好失去一切的准备再去创业，否则，脱离了具体环境与具体问题，整天大谈天使投资、A 轮融资、B 轮融资、上市、套现，并不是正常现象。创新、创业并不适用于所有人、所有年龄段和所有的场景。

对于华为来讲，创业的过程也是异常艰辛的，并且从创业伊始，这种艰辛就常伴其左右。任正非注册华为的时候，正遭遇了人生两大变故：首先，他因故离开了国有企业，随后，婚姻也走到了尽头。在这种情况下，任正非不仅要独自抚养一双儿女，而且，作为家中的老大，他还要承担赡养老人的义务，照顾好自己的六个弟弟妹妹。注册华为是不得已而为之。当时任正非手里只有 3500 元钱，而深圳市对高科技企业的注册规定是，股东人数不得少于 5 人，注册资本不能少于 2 万元。无奈之下，他只能联系另外几名股东，最后由六人合伙出资 2.1 万元，华为才得以注册成功。

在后来的成长历程中，华为也有过不得已拆借贷款的狼狈，更有发不出工资的尴尬。老华为人至今仍记忆犹新的是，当年任正非频繁地给大家加工资，但是大家领到手里的却往往只是"白条"。

所以，大多数企业在创业期所经历的一切都能够证明，创业初期必须面对的是苦难，苦难是企业成长的必由之路。

《劳动合同法》带来的冲击

2007 年《劳动合同法》的颁布为华为及很多民营企业带来了巨大的压力。从深圳市到广东省，甚至高层领导人也专门对华为的"辞工"事件做出了批示，要求查清华为。这无疑是一次巨大的危机，如果换成别的企业，就有可能一蹶不振。

舆论危机

华为地处深圳。在观澜高速上，有一座小桥，它因西边是富士康，东边是华为而闻名于世。当年，这两家企业出名的原因，几乎都是负面新闻，有些内容至今仍然能够在网上搜索到。一时间，华为几乎成了人间地狱、血汗工厂的代名词，各种负面舆论蜂拥而来。

竞争对手的围攻打击

华为的竞争对手主要来自国外。2001 年，思科在春节前将华为告上法庭。而在华为高管赴美应诉之前，任正非下达的"死命令"却只有一句话："要学韩信能忍胯下之辱，但是，你们要站着回来。"最终，华为并没有倒下，在重重的阻力之下，不但没有被竞争对手扼杀在摇篮之中，反而成就了今天的崛起。

国际化道路上的悲壮艰难

应该说，当年的华为，是抱着"风萧萧兮易水寒，壮士一去兮不复还"的悲壮，踏上国际市场的开掘之旅的；是带着"青山处处埋忠骨，何必马革裹尸还"的决心，去海外拼杀的。为什么？因为，国际化之路一旦失败，国际市场没有打开，华为人无功而返，退出海外市场，那就意味着大量资本与人力投入血本无归，公司未来必将毁于一旦。这是一个企业无法承受的，也是千千万万华为人不希望看到的结果。

千禧年的 IT 泡沫

华为面临的另外一次著名危机是千禧年的 IT 泡沫带来的严峻挑战，这个"冬天"确实很寒冷。

第一，市场低迷，订单萎缩，公司销售收入首次出现负增长。在市场低迷的条件下，在行业和全球都面临经济寒冬的时候，华为也不能独善其身，并一度出现了销售收入负增长。尽管这是唯一一次负增长，但是，一向习惯了业绩高速增长的公司，很难忍受突然间的业绩下跌，这对高层及普通员工来讲，都是一次重大的考验。

第二，高管与员工大量流失。从高速成长中突然跌落，这是很多年轻人没有经历过的，一时间，华为员工流失率居高不下，离职成了正常现象，不离职倒显得不正常了。人心浮动、军心涣散、士气低落，很多人身还在，心已远，可谓"精神离职"。更有甚者，副总裁级别的高管们也加入离职潮，还有员工携公司知识产权外出创业，并且绝非个案。一时间，外部舆论推波助澜，以为华为要倒下了。

第三，技术制式的迷惑。华为也曾经为选择何种技术制式倍感煎熬，到底是选 CDMA（码分多址），还是选 WCDMA（宽带码分多址）。在市场、政策、技术力量等多重因素的影响之下，对未来的每一次选择，显然考验着高层领导的智慧、决心和意志。

第四，亲人离世，健康堪忧。1999 年，任正非的父亲因病离世；2001 年 1 月，任正非的母亲也因车祸去世。当所有的事情都发生在同一个时期，再强大的内心也总有承受不了的"最后一根稻草"。任正非处在内忧外患的旋涡之中，在巨大的压力之下，他的健康出现了问题，糖尿病、高血压、颈椎病、抑郁症等接踵而来。

其实华为一直在和冬天相伴，而绝不是在春天温暖的怀抱里成长起来的。

以过冬天的心态活在春天里

那么，华为是如何练就一身"过冬"本领的？面对这些毁灭性的打击，华为要怎样逆境重生呢？任正非做出了哪些思考，采取了哪些措施，又是怎样坚持下来的呢？

自动降薪机制

很多公司，一旦出现负增长，首先想到的是裁员，是从员工开始降薪。而在华为，降薪是从干部开始的。

2003 年 4 月，因为没有完成上一年销售目标，以任正非为首的总监级以上的高层领导中，有 454 位主动申请降薪 10%，而公司根据每个人的具体情况，最终批准了 362 人，其余 92 人未获批准。

农民过冬，不能把余粮都吃完，更不能把种子吃光，否则，当春天再次来临，拿什么去播种？而当企业遭遇所谓的冬天，裁员一定不是一个好的方式，因为人力资源的"种子"一旦流失，对企业整体造成的伤害一定是巨大的，公司将因此彻底葬送未来，无法再去面对春暖花开的时刻，没有人才来支撑可能出现的转机。与公司共渡难关，干部降薪不失为一个好的办法。

其实，华为对这一点早有认识。《华为基本法》中指出：公司在经济不景气时期，以及事业成长暂时受挫阶段，或根据事业发展需要启动自动降薪制度。这样可以避免过度裁员与人才流失，确保公司渡过难关。到目前为止，华为的自动降薪机制启动过多次，这是华为应对"凛冬"的权宜之计，也是保存实力的最佳方案。

实现经营与管理的均衡

从 1999 年到 2002 年，任正非连续四年在公司内部发出《十大管理要点》，提出：（1）均衡发展；（2）对事负责制与对人负责制是有本质区别的，一个是扩张体系，一个是收敛体系；（3）自我批判是思想品德、素质、技能、创新的优良工具；（4）任职资格制度及虚拟利润法是推进公司合理评价干部的有序、有效制度；（5）不盲目创新；（6）规范化管理本身已含监控功能，它的目的是有效、快速地服务于业务需要；（7）面对变革要有一颗平常心；（8）模板化是所有员工快速管理进步的法宝；（9）华为的危机，以及萎缩、破产是一定会到来的；（10）安安静静地应对外界议论。

其中，"华为的危机，以及萎缩、破产是一定会到来的"早已成为一句名言，可见任正非的危机意识于一斑。当时，他向全体员工发问：如果有一天，公司销售额下降、利润下滑甚至破产，我们怎么办？启发员工思考的同时，他早已给出答案：企业外部没有粮食可收的时候，经营受挫的时候，正是强化管理的时机。所以，任正非给出的"处方"，不是十大战略目标，而是从最基础的管理抓起。并且，均衡发展作为十大管理要点之一，始终处于首要位置，其地位从未动摇过。

所谓均衡发展，即经营与管理的均衡。中国企业普遍存在的问题是经营强、管理弱。而强势的经营与弱势的管理最后会导致辛苦了一整年，多收了三五斗，却因为跑冒滴漏而所剩无几。在这一点上，华为是值得学习的榜样，它实现了经营与管理的均衡。

不断强化危机意识

"泰坦尼克号"是在一片欢呼声中出海的，但是它最终成了"世纪沉船"。任正非说："10 年来，我每天都在思考失败，却对成功视而不见。对我而言，并没有什么荣誉感和自豪感，随时相伴左右的，是对未来深深的危机意识。"

任正非的危机意识并非无中生有，是建立在对未来的科学判断和对自身清晰的认识之上的。因此，在 1999 年的时候，他敏锐地意识到，冬天即将到来。于是从 2001 年开始，任正非不断通过内部讲话或者文章进行预警，如《华为的冬天》《迎接挑战，苦练内功，迎接春天的到来》《活下去，是华为的硬道理》《收紧核心，放开周边》《雄赳赳，气昂昂，跨过太平洋》《北国之春》《在平和理性中存活》等。

事实证明，在 2002—2003 年，冬天确实来了。而任正非通过不断地强化、预警，为华为指明了正确的道路。通过不断强化管理、增强"体质"，最终华为安然度过了严寒的冬天。

所以，一个好的企业家，需要有"违背人性"的一面。当企业发展得顺风顺水之时，企业家要居安思危，不能喜形于色，否则员工会得意忘形；而在企业发展遇到困难的时候，企业家却要表现出非凡的信心，否则员工士气将会受到巨大打击。

但是，在企业当中，仅仅企业家一个人有危机意识还远远不够，如何让员工充满危机感，让公司上下达成共识，为一个共同目标去努力，也是一个非常重要的命题。因此，华为之所以能够成为一个充满危机意识的企业，首先得益于任正非是一个充满危机感的人。任正非不断通过讲话、报告和文章，将危机意识传递给公司的全体员工，从而使大家成了一个充满危机意识的群体。

向日本企业学习过冬的经验

2001 年，任正非去了一趟日本，有两个原因。一个是由于母亲去世的打击，抑郁症使他陷入一种身心俱疲的状态，希望借日本之行修复创伤。另外一个正如他在《北国之春》一文开头所写："在樱花盛开、春光明媚的时节，我们踏上了日本的国土。这次东瀛之行，不是来感受异国春天的气息，欣赏漫山遍野的樱花的，而是为了学习度过冬天的经验。"

当一行人来到松下公司的时候，他们看到到处都是一艘大船即将撞上冰山的宣传画。画的下面有一行日文："能挽救这条船的，唯有你！"任正非当时非常感慨，他说："企业能有这种心态，就不会有度不过去的冬天。"

日本企业的冬天已经持续了 20 年，却仍然顽强地活着，其中的奥秘在于，它们有一颗未雨绸缪和坚持坚守的心，这是它们始终如一的过冬心态。

所以，任正非在《北国之春》中还表达了一个重要的观点，他说："什么是成功？是要像日本的松下、丰田那些企业一样，历经九死一生还能好好地活着，这才是真正的成功。因此，华为并没有成功，只是在成长。"

尽管这次日本之行仅有短短 7 天，但是，与松下、NEC（日本电气株式会社）等公司，与日本的企业家和学者的交流，给任正非留下了深刻的印象。他不但看到了榜样的力量，更坚定了信心，相信冬天总会过去，春天一定会到来。华为趁着冬天养精蓄锐，加强内部改造，就一定能够在低谷中砥砺前行，度过严冬，定会迎来残雪消融、溪流淙淙的春天，并最终迎来事业的再一次高峰。

寻找新的战略生存空间

在积极过冬、加强内部改造的同时，任正非也清晰地意识到，既然这块"地"的粮食减产了，那就必须要为公司寻找新的产粮地。因此，在 2000 年，华为召开了欢送海外将士的出征大会，要到新的土地寻求良田。那一天，任正非讲完话以后，台下员工纷纷上台，抢着话筒表达报名出征海外的决心。有了这样的战士，有他们与公司共存亡、共发展、共成功，企业没有度不过去的冬天。

2016 年，华为派出了 2000 名研发人员到海外去。这批研发人员，都是有着 15~20 年工龄的中青年员工，他们大多都是上有老下有小的"三明治一代"，却仍然义无反顾。

所以，遇到冬天不可怕，关键是如何应对。东方不亮西方亮，黑了北方有南方。这个世界也是均衡的，不可能到处都是严冬。仅就中国而言，既有冰雪之城哈尔滨，也有四季如春的昆明、海南。所以，为了应对局部或者阶段性的冬天，华为进行了一系列国际化布局，并加快步伐，征战海外市场。

企业过冬的六大启示

任正非：唯有惶者才能生存

应当说，还是危机意识使华为得到了平稳过渡。任正非悟到，创业难、守成难，但是，知难不难。高科技企业的成功，往往是失败之母。

在这瞬息万变的信息社会，唯有惶惶不可终日者才能生存，唯有怕死的人才能长寿。但我们看到的是，到处都是不怕死的人与企业，不怕死的人就爱折腾。常在河边走，难免要湿鞋。很多不可一世的中国企业更像螃蟹，得意时横行霸道，一红就死！而华为从创业开始，就处于一种"惶"者的状态之中，充满了危机意识，这是华为崛起的"阶梯"。

格鲁夫：唯有偏执狂才能成功

格鲁夫所说的偏执不是机会主义，而是死抗，是坚守，是执着。

企业进入冬天，最容易对前景失去信心，对企业原来坚守的核心价值体系产生怀疑，进而在战略上产生动摇，变得手足无措，疲于应付。格鲁夫指出："终点才见输赢。"冬天只是企业发展过程中的一个阶段，越是困难的时候，越应该坚守而不是放弃。企业的成功之道在于偏执，如同阿甘那样，认准目标，不忘初心，砥砺前行。

任正非的"唯有惶者才能生存"，与格鲁夫的"只有偏执狂才能成功"，放在一起很有启发意义，可以作为企业过冬的基本价值主张。前者讲的是企业生存之道，后者讲的是企业成功之路。

松下幸之助：下雨打伞

一名记者在采访松下幸之助的时候问："松下有什么成功的秘密？"松下幸之助说："没有。""那么，你们有什么成功经验？""没有。"记者说："那您总有些心得吧？""我只有四个字：下雨打伞。"

对"下雨打伞"这句话，可以理解为：按照内在规律办事。企业的发展与成功，一定有其内在规律。遵循这种规律，打造一把强大的能够遮风挡雨的伞，才能够有效保护我们的企业，为企业的成长保驾护航。

朱升：高筑墙，广积粮，缓称王

朱升是朱元璋的谋士，在朱元璋准备开创一项新的事业之时，他给出的计谋就是：高筑墙、广积粮、缓称王。这可以说是古人保存实力，应对冬天的智慧，它同时也适用于今天处于困境中的所有企业。

李冰父子：深淘滩，低作堰；逢正抽心，遇弯截角

李冰父子治理都江堰的基本原则，就是"深淘滩，低作堰；逢正抽心，遇弯截角"。任正非有专门文章论述"深淘滩，低作堰"。深淘滩意味着变革，意味着敢于"革自己的命"，擅于挖掘自身潜力；低作堰，就是不要形成封闭的山寨，不吃独食，要抱团取暖，与所有的利益相关者，包括员工、合作者等进行利益分享，向管理要效益。逢正抽心是指，河道是正的，要挖，但不能挖太深，挖太深则会导致水流太急，也不能太浅，要把握好度。遇弯截角，是指河道有拐弯的地方，一定要把直角修改成弧形，这样可以让江水流淌得更顺畅一些，不会损毁堤坝。对于企业来讲，就是让内部流程更顺畅，确保企业坚守主航道，走在正确的道路上。逢正抽心，遇弯截角，对于企业管理来讲，其衡量标准就是人均效率，企业要保证人均效率不下降，人均效率就是构建企业都江堰的"卧铁"。

任正非说，他在华为只负责三件事，方向、节奏、人均效率。许多公司一发展就大量招人，一遇到风波就裁员，这是在折腾、在消耗。正确的做法是，紧紧盯住人均效率，只要人均效率得以提高，公司就进入了良性发展的轨道。

毛泽东：坚定正确的政治方向，艰苦朴素的工作作风，灵活机动的战略战术

这是毛泽东为中国抗日军政大学题的词，它明确地告诉我们，组织方向不能错。方向错了，一切皆错，跑得越快，离目标就会越远。毛泽东提出的艰苦朴素的工作作风，也正是华为人今天奋斗精神的本质，是华为以奋斗者为本的价值体系的一种基础。同样，灵活机动的战略战术，也适用于现在的时代。如今，我们已经进入了一个不确定时代，不能固守旧的战略战术，要依据环境做出调整。

以上六位古今中外名人的话，或许会对要过冬的企业有所启发吧。

华为的世界
是由常识主宰的

这些年来，外界对华为的成功有很多说法。各管理类公众号几乎天天都刊发关于华为的文章，针对华为的各类评论和著作也四处可见。但是，不难发现，大家眼中的华为和真实的华为可能还是有差距的。

那么，华为最本质的东西到底是什么呢？真实的华为到底是什么样的？现在，很多企业都在学华为，但是我认为，华为如今有着那么庞大的体量，有那么领先的成绩和业界地位，很多东西是别人学不了的。但是有一点可以学，就是华为的过去，因为华为也是从小企业走过来的。

但是，即便面对华为的过去，人们也更热衷于学"术"，却忽略了学"道"。那么，对华为而言，"术"是什么？"道"又是什么呢？术就是华为使用了哪些方法，包括在人力资源方面，在战略及文化方面都有哪些举措与工具。"道"就是华为所坚守的原则，即其坚守的核心价值观、文化或者管理哲学。学"术"容易，学"道"难。

什么是华为之"道"？古人云：道可道，非常道。要想搞清楚华为的"道"，就必须要回答这样几个问题：华为为什么能有今天的成就？它是如何走过来的？它做对了什么？在做的过程中，它做了哪些思考？它坚守哪些基本价值体系？

历史决定了现在，但它能不能决定未来？在这个不确定的时代，难以有定论，因为现在的历史已经不是线性发展的了，而是充满了不确定性、混沌一片，黑天鹅事件满天飞成了这个时代的特征。但现在是由历史决定的，所以，华为走过的路就直接关系到它的现在。

我将华为发展历程简单梳理出了一个比较清晰的脉络。

从民居到工业园区

华为是从居民楼里走出的世界级企业。华为的龙兴之地，是深圳市南山区蛇口附近的一栋居民楼。1987 年，华为就诞生在这栋极其普通的居民楼里，并在这里度过了它的第一个发展阶段。后来华为搬到了租来的商住两用房，叫深意工业大厦，它在这里租了两层办公室。除了是办公场所，这里还兼具食堂、宿舍的功能。有一段时间，任正非跟员工都睡在这里。

1996 年，华为终于在深圳大学附近的信息路 1 号建起了自己的写字楼，这是它的第三个阶段。这栋楼并不高大，只有 7 层，但它却经历了数次抵押。1996 年以后，华为每次发生资金短缺，就将它抵押出去，直到 2000 年前后，才清理完所有抵押。

从居民楼，到租赁写字楼，再到自己盖楼，前后经历了 10 多年的时间。这显然是一条缓慢的充满艰辛的发展之路，但苦难也造就了华为。苦难不仅对个人的成长具有重要意义，对组织来说也同样如此。

苦难的土壤里才会有伟大的种子萌芽。华为诞生之时，一无资源，二无技术，三无市场，可以说先天不足。它像绝大部分草根企业一样，是依靠企业家的胆识与魅力，凝聚了一群身无分文但胸有大志的员工，开始了创业过程。华为也应该感谢这些苦难的经历，试想一下，假如华为是一个含着金汤匙出生的企业，没有经历苦难的历程，那么它还会不会得到今天这样的成长？

2001 年，华为将总部选址在深圳坂田地区的坂雪岗大道上。坂雪岗是坂田、雪象、岗头三个村名字的缩写，过去曾经是荒山野岭。举行新总部大楼开工典礼的时候，工地四周完全被坟包、农田、荒草包围，可以说非常偏僻。

如今，华为总部大楼拔地而起，全部配套功能、绿化美化建设完成，人们惊叹于一个世界级企业的雄厚实力。但是，没有前面十几年的艰难曲折，企业恐怕只能在心中建设自己的空中楼阁。

2017 年有消息说，华为要逃离深圳，搬到东莞。消息传得沸沸扬扬，直到 2018 年 5 月，任正非正式发声："华为总部永远不会搬离深圳。"这一传言才算告一段落。但是，华为确实在东莞有所布局，将终端、手机业务搬到了东莞，并且很快就拿下了东莞的"两个第一"：纳税第一、产值第一。未来，华为大学也可能会搬过去。2018 年，新建的松山湖产业园区正式开始运营。

松山湖是国内最美产业园区，它属于大师级作品，值得所有建筑设计专业的同学去观摩、学习。应该说，华为的建筑并不富丽堂皇，说它豪华也不准确。但它非常有特点，具有建筑的美感，令人感觉舒适、大气。我想，这与任正非所学的专业不无关系。任正非是重庆建筑工程学院（现并入重庆大学）出身，对建筑学科有一定的研究。华为的房子盖得好，其实也是其核心竞争力的体现。在松山湖园区建设期间，一砖一瓦、一草一木，任正非都要亲自过问。

松山湖园区有 12 个按照国外标准建造的小镇，包括牛津小镇、威尼斯小镇等。在各个小镇之间，有小火车相连。在园区内，小火车转一圈，大概需要 9 分钟。华为所有办公场所的内部，都能带给人一种极度舒适的感觉，国内国外都如此。

发扬乌龟精神，超越龙飞船

从一栋非常传统的居民楼出发，到在全世界建起极具特色的华为"城堡"，这就是华为 30 年来走过的路。概括起来，这就是任正非在 2013 年发表的一篇文章中提出的：发扬乌龟精神，赶上龙飞船。

读完任正非的文章，我在当天的微博上写下了如下感想：

"华为像龟，认定目标，心无旁骛，艰难爬行，漂洋过海，在全球爬行，是海龟，也是陆龟。遇山爬山，遇水涉水。禁得起诱惑，不投机，不取巧，不拐大弯，不弯道超越，跟着客户，亦步亦趋，爬行着满足客户的需求，爬行着赚小钱。爬着，行着，追着，赶着，经过 26 年，这只龟就超越了兔子，就变成了一只大象龟。"

有人写文章说，华为是互联网时代转型最成功的企业。但是在我看来，华为并没有转型。它就是始终如一地发扬了乌龟精神，一程接一程地爬行，一步一步地累积。甚至可以说，早年的华为连乌龟都比不了，它就是山村里的一只小土鳖，为了生存，不得不四处找食吃。当它一点点成长起来以后，仍然像乌龟一样，脚踏坚实的大地，矢志不渝地爬行。

而通过华为的成长路线我们可以看到，它忍耐了多长时间？从 1987 年至今，华为已经走过了 30 多年。在它成立之初，中国有 200 多家通信制造企业，华为只是其中之一。所以，在 2000 年以前，华为几乎都没有高速的增长。但是它不着急，从来没想过要去找风口，试图飞起来。它也从来没有幻想过要长出一双隐形的翅膀，只是高昂着头，紧贴着地面，禁得住诱惑，耐得住寂寞，跟着客户，亦步亦趋，坚持不懈地一步一步地爬，一步一步坚守，从一只小土鳖，长成了一只小乌龟，最后长成了一只巨无霸——象龟。象龟是我们这个星球上最大的龟，它的四肢像大象一样粗壮，因此得名。而华为也因为这种坚持，终于成长为信息通信行业当之无愧的世界级企业。

如果没有这种坚忍的精神，没有这种矢志不渝的追求，华为不会有今天。我特别欣赏万向集团鲁冠球董事长的一句话："奋斗10年，再添个零。"他说，什么是奋斗？是不着急，我们干10年，在销售额上再加个零。而事实上，万向集团成立47周年的时候，销售额已经多出了4个零。同样，华为走过这30年也并没有秘密可言，如果说有，那就是发扬认定目标、坚定不移的乌龟精神。而企业所要学习的，也正是华为这种忍者神龟精神。要坚忍，不赶时髦，不追潮流，按照既定的目标，坚定不移地走下去。

其实，很多企业在起步阶段并不比华为差，并没有输在起跑线上，但它们为什么走不下去呢？现在，整个中国社会充满了浮躁之风，大家都等不及，这已经成为当今社会的一种现象。急于腾飞，急于跨越，急于上市，急于一步登天，巴望着天上能够掉馅饼。浮躁与不淡定，导致企业不但偏离了既定的目标，而且很快就被历史的车轮湮没。所以，对于想学习华为的企业来说，想要成就一番大业，真的别着急，欲速则不达。

2013年，任正非首次接受新西兰记者的采访。对方问道，华为凭什么能超越竞争对手，成功当上老大呢？任正非说，很简单，就是四个字：不喝咖啡！他说，华为之所以能有今天，就是把竞争对手跷着二郎腿喝咖啡的时间用在了爬行上。爬着爬着，缩短了和竞争对手的距离；爬着爬着，和竞争对手肩并肩了；爬着爬着，超到了竞争对手的前面，进入了"无人区"。这就是华为最为朴素的发展观。现在，华为已经进入了无人区。什么是无人区？前无古人，后无来者，中间没规则。但是它之所以能够进入无人区，靠的并不是什么神奇的手段，而是任正非所说的："爬行着赚小钱。"不想一飞冲天，不想一鸣惊人，以坚忍的精神，脚踏实地地向目标跋涉，这就是华为30多年来走过的路。

回归本质，厚积薄发

爬行不是目的，它还有一个特点，就是厚积薄发。古人讲，博观而约取，厚积而薄发。不厚积不可能薄发。

从数据上看，首先，华为10年累计研发投入是4800多亿元人民币。大家都知道，搞研发的成功率只有50%。这么多的钱砸进去，有可能连泡都不冒一下。但是，因为坚守，因为执着，华为20年来坚持这样的研发支出。现在，华为日均申请专利数达到了8个，而在2008年、2014年、2015年这三年，华为注册的全球专利申请数均为世界第一。这么多的专利是怎么来的？是真金白银砸出来的。它意味着，中国486家所谓的高科技企业的研发总投入没有华为一家多，意味着全国所有"985"与"211"高校的研发总投入没有华为多，意味着全国25个省市区的研发投入没有华为多。华为是世界上研发投入最多的10家企业之一，2018年排名第八，2019年排名第五。早在1996年，华为就把"按照销售收入的10%提取研发费用"写进了《华为基本法》。但事实上，仅2018年一年，这一比例就达到了 15.8%，国内企业平均的研发投入占销售收入的比重大致在 2% 左右。

用这些钱干什么不好？投入于研发，有一半的可能失败，但华为几十年来就是这么做的。过去，它在没钱、缺钱的时候，提出了"先生产、后生活"的理念。没有把赚到的钱给大家分下去，没有急于提高员工生活质量，而是先投入研发领域，投入生产领域。

反观社会上一些企业是怎么做的呢？大家都不想厚积，却企图薄发。我们追求快餐消费，又梦想一夜成名。但是，做企业是有规律的，没有多年的坚守、忍耐，任何人都不可能一飞冲天，成为行业的老大。成功是一个艰难的过程，也是一个长期聚焦和积累的过程。如果你舍弃了这个过程，即便能腾飞，也不可能持续，不会长久。不忘初心，方得始终。企业要想获得成功，必须要像华为这样，沿着一定的成长路径，坚持下去。但是，很多企业坚持不下去，往往是因为定了初心，却又要背叛初心，明明知道方向，却又一直在拐弯儿。于是，我们一再强调弯道超车，却忽略了规避机会主义的陷阱。超越竞争对手靠什么？要靠实力。苏联的公路自行车世界冠军曾经说过："我超越竞争对手，是在爬坡的时候。"为什么？因为爬坡才能考验一个人的实力。而中国企业却总是妄图在拐弯的时候超越对手，更有人提出，要把竞争对手引进泥沼——这些思维都是典型的机会主义。做企业是一次长跑，没有弯道。

市场经济为我们提供了很多的机会，但市场经济鄙视机会主义，机会主义可以赚钱，但不能成就企业的事业与持续成长。

相信这个世界是公平的，没有在研发、营销领域的巨额投入，华为也就没有与世界级企业三分天下的可能。所以说，华为可谓一朵"奇葩"。那么，华为为什么敢于这样投入？这是由华为的创新理念决定的，是由它的治理结构决定的。

还有一个原因，就是任正非在华为所占的股份为 1.4%。也就是说，华为发展得再好，任正非也只能拿 1.4%，他只是个小股东。我们可以试想一下，假如任正非的股份占 90%，他还敢于这样投入吗？他可能就去买游艇、私人飞机了。但是，任正非没有这么做，这没有什么好解释的，这就是华为的核心价值观。

如今，双创概念大行其道，创新、创业令中国人血脉偾张。但事实上，在所有创新和创业的背后，都是真金白银的投入，不仅仅要投入钱，投入时间，甚至还要投入健康。所谓的创新、创业，并不是浪漫的童话故事，而是一个沉甸甸的话题。而在浮躁的社会风气之下，年轻人也心旌摇荡，人人大谈创新、创业，开口必提 A 轮、B 轮融资，梦想自己有一天也能成为企业家，拥有上市公司，走上人生巅峰。但是血的事实告诉我们，哪有那么容易的事？似是而非的理论难以支撑创新与创业，还是要回归企业的本质来理解企业。

所以我认为，华为是一个非常好的样本。通过对它的研究，我们能够理解，什么是回归企业的本质。

天道酬勤

企业是一个功利的组织，像任何组织一样，其生存方式和延续方式并不以个人的意志为转移，是有内在规律可循的。

各个企业的经营管理方式千变万化，并不存在一个统一的模式，但在变化的背后，还存在着一些由企业经营管理实践不断验证的不变的规律，这就是企业的天道。

现代企业生存于市场经济的环境中，其生存方式也必须取决于市场经济的内在本质性要求，市场经济之道决定了企业的天道。探讨企业之天道，必须把握市场经济之道。

丛林法则与农场法则是市场经济的基本价值主张。活下去是硬道理、一切为了胜利、持续增强公司核心竞争力、关注良好的外部生态环境，这些是华为依据丛林法则提炼的核心价值体系。坚持与聚焦、厚积薄发、获取分享制、长期坚持艰苦奋斗等核心价值体系，则是农场法则在华为的集中体现。

丛林法则是自然法则在市场经济中的延续，其基本的内容就是：物竞天择，优胜劣汰，适者生存。竞争是市场经济的普遍准则，市场经济的活力来自竞争，企业的生存与发展也必须遵循竞争之道。市场的容量在一定时期是有限的，为争夺有限的生存空间，竞争是不可避免的，有竞争就必然有淘汰，企业是否被淘汰，取决于其自身的机制与力量，取决于自身的适应能力。

农场法则是农业经济法则在市场经济体系中的继承与延续，其含义是，第一要像农民耕耘土地那样，春播、夏种、秋收、冬藏。企业的生长、成长与发展，必须有阶段性，企业不可能跨越企业的生命周期，一夜成为巨人，必须循序渐进。当一个企业没有形成有效的管理体系，长大是危险的；当一个企业不能自主地掌握自己的命运，扩张是致命的。当你不能为企业探索出一种可持续发展的赢利模式，表明你的服务或产品不会为客户所承认，企业也就没有存在的价值；当你不能为股东带来回报或赢利的希望，那些有所图的投资者就会用脚投票，企业家也就别无选择。第二，对于企业来讲，其所得到的回报取决于自身的付出，天上不会掉馅饼，一分耕耘，一分收获。

企业的天道就是指在某种规范下，企业获取利益的方式和方法。在市场经济条件下，企业以竞争的方式，通过不断投入，获取最大化的可持续收入。

企业的天道，并不是教科书或交通地图，每一个企业可以按图索骥，顺着事先设计好的道路走下去。所以，企业必须不断地悟道，因为现实中没有现成的道，必须坚持"唯悟主义"，只有如此，企业才能在历史的长河中走得更远。有了道，企业才有愿景，有目标，有战略，有生存的价值与意义，才能得道多助，才有可能一人得道，大家受益，长期受益。

华为领悟企业之道，是一个非常痛苦的过程。实事求是是华为及任正非悟道的基本原则，也是让人痛苦的原则。因为说起来容易，做到难。没有理智的思考，没有长期的探索，没有深邃的领悟，没有企业实践作为背景，悟道实际上是很困难的。许多企业迫于竞争的压力，迫于资源的紧缺，或因对短期利益的过分追求，放弃了对企业之道的探索，在寻路过程中迷失了自我，在竞争中落败。我们对企业生存之路进行哲学思考，就能确立基本的生存价值和生存意义。将其付诸实践，就能够保证企业持续地生存下去。

当企业选择自己的发展之道后，企业中的员工也别无选择，必须接受。也就是说，企业生存之天道，决定了企业员工的生存之道。这其中包含两个层面的内容：一是企业与客户的关系；二是企业与员工的关系。

在第一层面，企业的本质可归结为"功利"两字，但功利指的不仅仅是利益。功，指的是企业的功力、基本功、核心竞争力等内在的资源与能力；利，指的是企业由外部获取的正当短期利益和长期利益；功利，指的是企业依靠自身的能力，通过持续地为客户提供低价、优质和完善的服务，来获取企业的利益。

在第二层面，企业与员工的关系的核心还是"功"与"利"的关系。现代经济学的一个基本假设就是"理性经济人"，即每个组织中的人，以追求最大经济利益为目标，但其前提是基于理性。

当然，企业家的职能不仅仅是思考和学习，还必须实践，通过现实的经营管理活动创造价值。同时不断适应社会经济的发展，适应市场和客户的变化，适应企业经营管理规律与趋势，适应竞争对手的变化。这里的适应，就是变化，就是变革。企业如果不能适应，或者固守以往的成功模式，结果必然是失败，从而走向没落。

在企业变革面前，企业有不同的表现：一是未雨绸缪，积极地预测和应对变化，从而走向卓越；二是随大流，跟随变化，从而变得平庸；三是逃避或抵抗变化，而变革的主要力量源泉在于企业家对变革的狂热与偏执，这是永恒的第一推动力。

一方面，竞争的核心是对消费者的争夺，满足客户的需求是企业存在的唯一价值和理由，而当消费者的支付能力一定时，其消费需求是投向传统经济还是投向新经济，取决于消费者自己而不是企业。当消费者对新经济企业的需求不能持续增长的时候，我们将质疑这些企业存在的价值和理由。另一方面，在新经济企业之间，其竞争的焦点不是人才或者赢利模式，而是企业能否以更经济的代价为客户提供低价质优和高效的服务。这一切归结于企业的核心竞争力，核心竞争力为企业提供了不可替代的理由。

依靠一时的炒作与包装，依靠所谓的资本运作，企业或许会得意一时，但不会永远得意，顾客可能会投以"眼球"，但不会投以人民币，注意力变不成经济。新经济并不意味着高报酬，个人劳动效率的不断提高且被客户认同是涨工资的唯一理由。否则，得到的终将会被剥夺。

有人讲"企业是一盘永远下不完的棋"，没错，除非企业被清盘。从理论上讲，企业的寿命远远长于人的预期寿命，这一点也已被那些百年老店的生存实践证明。人只能活一辈子，企业却能活好几代。所以，基业长青成为一个热点话题。因此企业的长寿不能依靠某一个或几个只有短暂生命的企业家，虽然我们并不否认企业家及企业家精神是企业的第一推动力，但企业家毕竟有寿命，是稀缺资源，是可遇而不可求的少数精英。将一个企业的命运托付于一个企业家是极其危险的。每一个企业都希望成为百年老店，但不是所有企业都能够生存下来，原因很简单，"亡六国者，六国也"。那些所谓的成功企业，确实因企业家而辉煌，但也确实因企业家的衰落而没落。企业家最重要的使命是寻找企业生存之道。

华为世界是由常识来主宰的

按照惯例，华为在每年的1月都会召开市场部大会，并且要求各业务集团在这次大会上将自己的销售目标公布出来。华为的增长势头处于"压都压不住"的状态。

已经取得了如此辉煌成就的华为，却是一个只重视过程，不重视结果的公司。所谓，不问功名只问道，它把过程看得很重要，却把结果交给了上天。

在华为看来，上天已经定好了规律。所以，华为只要做一只乌龟。距离肯定有，但只要肯爬，乌龟就会不断地接近目标。所以，华为世界是由常识来主宰的。一个人、一个组织能走多远，取决于什么？我们都知道，距离等于时间乘以速度。兔子跑得快，但是它老休息。乌龟的速度慢，但是它只要不停下脚步，就一定能超越兔子。这就是常识，常识往往就这么简单。所以，华为将所有的关注点都聚焦于爬行，把结果交给了上天。

而正是这样一个不关注结果的公司，却于 2010 年正式进入《财富》世界 500 强的行列。当天，公司高层正在开会。消息发布出来的时候，常务副总裁走了进来，说，报告大家一个"坏"消息，华为进入世界 500 强了。这样的结果是大家早就料想到的，它是华为坚持不懈爬行了二十几年的结果。华为始终认为，只要肯付出，上天自然会给你回报。所以，现场并没有响起掌声。

当然，上天也有不公平的时候，这体现在人和人之间的差异上。对任何人来说，上天都不会关上所有的门，至少有一扇门可以改变命运，那就是奋斗。华为就是这样一个通过奋斗走上事业巅峰的企业。它带有严重的先天不足，根本无法和那些有着上百年历史的跨国公司相比，但是它还有一条奋斗之路可走。而对于华为来讲，回报就是它一路走来所取得的成就，每一次的成就都是一次惊喜。

2010 年华为首次进入《财富》世界 500 强，排名第 397 位，2020 年上升到第 49 位，仅 10 年时间，在排行榜上爬升了 348 位。

这就叫天道酬勤！

这就叫厚积薄发！

这就叫积跬步而至千里！

这就是常识的力量！

这就是常识的胜利！

正如任正非大谈所谓的"互联网思维"时提出的"五个不要"：

- 不要美慕别人风光，别那么有互联网冲动。有互联网冲动的员工，应该踏踏实实地用互联网的方式，优化内部供应交易的电子化，提高效率，使之及时、准确地运行。
- 不要去炒作互联网精神，应踏踏实实地夯实基础平台，让端到端的实施过程透明化，以免误导青年员工。
- 不要动不动就使用社会时髦语言"颠覆"，不要妄谈颠覆性，谁要颠覆这个世界，那最后他自己先灭亡。
- 不要盲目创新，分散了公司的投资与力量。非主航道的业务，还是要认真向成功的公司学习，坚持稳定可靠运行，保持合理有效、尽可能简单的管理体系。要防止盲目创新，四面八方都喊响创新，就是我们的葬歌。
- 不要纠结，不要攀附，坚信自己的价值观，坚持合理的发展，别隔山美慕那山的花。

同时，任正非也提出了华为的"五要"：

- 要坚持自己的优势不动摇，还要继续往前进，这就是宝马积极关注特斯拉、学习特斯拉的优势所在。我们积极看待世界发生的变化，一旦出现战略性机会点，就千军万马压上去。
- 要进行延续性创新，继续发挥自己的优势。小公司容易进行颠覆性创新，但作为大公司，不要轻言颠覆性创新。
- 要持续走向开放，只有开放才能获得战略机会点。占据了战略机会点，谁都会支持你；没有战略机会点，就无路可走。

- 要通过自我否定、使用自我批判的工具，勇敢地去拥抱颠覆性创新，自我批判是拯救公司的最重要的行为。在充分发挥存量资产作用的基础上，也不要怕颠覆性创新砸了金饭碗。
- 要坚守乌龟精神，这是被寓言赋予了深刻含义的持续努力的精神，华为的这种乌龟精神不能变，我也借用这种精神来说明华为人奋斗的理性。我们不需要热血沸腾，因为它不能被点燃为基站供电。我们需要的是热烈而镇定的情绪，紧张而有秩序的工作，一切要以创造价值为基础。

总结起来，就是要回归科学管理，回归商业逻辑，回归商业本质，回归商业常识，回归商业理性。

可怕的是，在混沌的、不确定的时代，我们会失去可靠性——战略、趋势，包括内部和外部的。

可喜的是，在混沌的、不确定的时代，我们还有常识、规则与规律可以依赖。

在不确定的时代，一定要有坚定正确的方向、艰苦朴素的工作作风、灵活机动的战略战术，以内部规则的确定性应对外部的不确定性。

在不确定的时代，必须关注组织，始终充满活力。

无论时代怎么变化，我们都要探索、敬畏、遵从和坚守常识，回归常识，回归原点，回归商业的本质，在商言商。

华为最可怕的是
对自己更狠

未来的竞争是管理的竞争，不是资源的竞争，也不仅仅是人才的竞争。基于对华为 20 余年的观察与思考，我把华为在实践与理论上的探索，如何解决组织活力问题做一分享。

我们看华为的成长路径，于 1987 年 9 月 15 日注册，用了 30 年的时间，由一个一无所有的民营企业，成长为世界级的通信制造业巨头。这给了我们一种重要的战略自信，就是中国人行，中国企业完全有能力在世界舞台上展现中国企业的力量。要成就一个大企业，不需要多长的时间，30 年足够了。

目前华为在外部经营环境方面遇到了诸多困难与挑战，但 2019 年第一季度华为的销售收入达到 1797 亿元人民币，同比增长 39%，远高于 2018 年全年 19.5% 的增长率，终端业务增长达 50%。2019 年华为的销售收入目标为 1259 亿美元，同比增长 21%。

那么，隐藏在这些数字背后的，华为高速增长的驱动力是什么？其驱动力的内在机制是什么？是什么力量在支撑着一个大基数的公司保持如此旺盛的增长？

华为的成长发展是厚积薄发的成功

我认为，华为的成长发展是厚积薄发的成功，是等得及、不着急、坚守聚焦、持续压强、水滴石穿、久久为功战略发展理念的必然结果。

市场经济充满了机会，但改革开放 40 年，也产生了越来越严重的机会主义现象，企业如此，个人也如此。大家都等不及，所以就不淡定，就焦虑，就会不择手段、不择路径，于是弯道超越、变道超越、造道超越等机会主义的发展模式大行其道。纵观华为 30 年的发展可以看出，它超越竞争对手都是在爬坡的时候。市场经济不相信眼泪，市场经济不同情弱者，市场经济只相信实力。

30 年来，华为像"龟"，准确地说，华为坚守着乌龟精神。在爬行的过程中，不断地积蓄力量，不断地强化机体，由"像龟"，变成了"象龟"。

华为 10 年的累计研发投入达到 4850 亿元，仅 2018 年的研发投入就达到 1015 亿元。这个研发投入是什么水平？在全世界研发投入最多的 10 家公司中，2017 年华为排第 8 位，2018 年提升到第 5 位。1996 年的《华为基本法》里就定下了纪律，按照销售收入的 10% 提取研发费用。有人说华为有钱，所以研发投入大，但华为没钱的时候也这么做。华为当年有个口号——"先生产，后生活"。我们现在都讲创新，什么叫创新？创新就要投钱，不投钱哪来的创新？2018 年华为的专利申请量是世界第一，现在平均每天申请 8 个专利，这些专利是怎么来的？是真金白银砸出来的。而很多企业把创新与创业浪漫化、投机化了。

中国企业与发达国家的企业竞争，本质上是龟兔赛跑。有些跨国公司是兔子，速度很快，但是老不跑；华为是乌龟，一直在爬。中国是一个创造奇迹的国度，改革开放 40 年给我们提供了许许多多的机会，问题是我们怎样利用这些机会。我们不能追求机会主义，还是要相信坚守的力量，相信厚积薄发的力量。

华为 30 年的成长之路并不顺畅，一路风雨，一路艰辛，一路跌跌撞撞走过来，浑身是伤痕。它在一个广告中说，"没有伤痕累累，哪来皮糙肉厚，英雄自古多磨难"。

苦难一直伴随着华为的成长发展，没有苦难，就没有辉煌，苦难是华为的宝贵财富。华为是中国企业的一面镜子，它经历的磨难和现在的辉煌，让我们懂得怎样经营企业，怎样对待企业的成长。

没做好准备，最好先别做大

增长与发展也会给企业带来负面的影响，企业辉煌之后，往往是衰落的开始，任正非在很多年前就提出"成功不是走向未来的可靠向导"。

企业衰落的主要原因在于其内部，借用热力学第二定律的一个概念，就是出现"熵增"，以至"熵死"。对组织来讲，首要的课题在于保持开放，避免熵增，增加熵减，从而使组织系统充满活力。中国古代经历了大大小小几十次朝代更迭，这是什么原因？新的朝代建立，统治者励精图治，艰苦奋斗，随着皇位的更迭，积累大量的熵增，使组织机体没法承受，最后轰然倒下。人的生命也是如此，吃完了一定要消耗掉，如果不消耗掉，就会出现熵增，增加机体的负担，最后使组织机能衰退、损坏。如果不能实现熵减，机体就会出问题，企业也是一样的。我们往往无法逃离这个规律，这是很现实的问题。许多企业创业的时候大家都同心协力、同心同德、同甘共苦，但是当企业发展到一定程度，另外三个"同"就出现了——同床异梦、同室操戈、同归于尽。

中国很多企业是伴随着改革开放诞生的，基本上都活了 30 多年，也实现了所谓的辉煌，达到了顶峰，但是最可怕的就是达到辉煌。随着公司的所谓"成功"，熵增现象大量发生。在组织层面表现为：经营规模扩大，管理复杂度增大，组织板结，流程僵化，信息传递不畅，协作效率降低等。在个人层面表现为：安于现状，不思进取；明哲保身，怕得罪人；唯上，以领导为核心，不以客户为中心；推卸责任，遇问题不找自身原因，只找周边原因；等等。这些现象的集中表现就是组织活力下降，组织的竞争能力下降。

华为曾总结出 18 种腐败行为，华为定义的"腐败"是广义的腐败，还包括"惰怠"。任正非提出了华为要做到三个"祛除"：一要祛除平庸，第二要祛除惰怠，第三要祛除南郭先生。其实这些现象不仅在华为存在，在其他企业也同样存在。可能二者的区别在于，华为能够通过自我批判，正视这些问题，并着手解决这些问题。

那么，如何让组织始终充满活力？这个任务落在了人力资源管理的肩上。世界上最难管的就是人，企业做大了，就面临着巨大的人力资源管理的挑战。一个老板管十几二十几个人很轻松，但是管两千人与两万人绝对不是同一个概念，所以有时候你没做好准备，最好先别做大，否则就是一场灾难。

华为在总结自己 30 年成长发展历史的过程中，得出了一个重要的结论：人力资源管理是华为公司商业成功与持续发展的关键驱动因素。没有之一，这就是唯一。也就是说，驱动华为成长与发展的不是技术、人才、资源，而是对人力资源的管理。华为的成功，是管理的成功，尤其是对人力资源管理的成功，管理是华为真正的核心竞争力。

怎样管理好人力资源，尤其是管理好知识型员工，使他们的能力和潜力极大地发挥出来，使他们能够心甘情愿地为企业战略目标做贡献，这是一个非常难的课题，但也是我们必须面对的现实挑战。

荀子曰："蓬生麻中，不扶而直。白沙在涅，与之俱黑。"我们不要抱怨现在的 80 后或 90 后，他们在组织强大的企业文化和管理机制的作用下会做出改变，关键在于企业的"麻"是否强壮！反言之，如果企业的"麻"有问题，也会被"蓬"绞杀。中国企业很幸福，因为我国的人力资源不仅是优质的，而且还廉价、勤奋、规模宏大，关键在于我们如何去管理这些人力资源，激发其潜能，为客户创造价值。

华为最可怕的地方是对自己更狠

华为的企业文化不是所谓的"狼性文化"，这是外界给华为企业文化贴上的标签，但华为提倡狼性精神，其内涵特征包括三个方面。首先是有敏锐的嗅觉，盯着客户，紧贴市场需求。任正非曾提出：坚决提拔那些眼睛盯着客户、屁股对着老板的干部，坚决淘汰那些眼睛盯着老板、屁股对着客户的干部，这就是导向。其次是强烈的进攻意识，像狼那样，闻到猎物的味道，就本能地扑上去，不开会，不讨论，不请示，不汇报，不纠结。最后是群体奋斗，一个人走会走得很快，一群人走会走得更远。

保持狼性，首先在于头狼。华为的头狼不老。任正非是 1944 年生人，44 岁创业，如今年过 70，满身是病，但他还在客户身边，持续地艰苦奋斗。

什么叫艰苦奋斗？首先是思想上的艰苦奋斗。《华为公司改进工作作风的八条要求》中前两条就规定："我绝不搞迎来送往，不给上级送礼，不当面赞扬上级，把精力放在为客户服务上。我绝不动用公司资源，也不能占用工作时间，为上级或其家属办私事。遇非办不可的特殊情况，应申报并由受益人支付相关费用。"

2018 年 1 月在玻利维亚，任正非提出："我若贪生怕死，何来你们去英勇奋斗！"这确实振聋发聩，值得企业家们反思。

企业的高管们都不奋斗了，怎么让员工冲锋陷阵？如果老板腐败了，这个组织不可避免地会走向腐败；如果老板惰怠了，会有更多的干部与员工走向惰怠。榜样的力量是无穷的，如果你都不能为你的下属做出一个榜样来，怎么管理好队伍呢？人都是有良心的，是可以被感动的。任正非身先士卒，干部与员工必定会前赴后继。所以当组织懈怠与组织失去活力时，企业家应进行自我反思。

华为从 2005 年开始，每年都举行宣誓仪式，坚持了十几年。从上至下，各部门层层宣誓，宣誓的誓词是华为的"干部八条"。宣誓的作用可能有限，但起码每年让大家热血一次，让大家警醒一次。宣誓是生产力，而不是生产方式，不是作秀，也不是走过场。

华为蓝军参谋部负责构筑组织的自我批判能力，推动在公司各层面建立红蓝军对抗机制，通过不断的自我批判，使公司走在正确的方向。

任正非签发文件，要求各级干部讲真话，不讲套话，不讲虚话。他说坚持真实，华为才能成长壮大。华为心声社区曾有《寻找加西亚》一文引人瞩目，起因是一名叫孔令贤的员工 2014 年被破格提拔 3 级后，因畏于人言而离开华为。随后任正非签发总裁办邮件，指名道姓地呼唤其回归，他在邮件中连续追问：为什么优秀人物在华为成长那么困难？为什么会有人容不得英雄？华为还是昨天的华为吗？为什么不能按他们的实际贡献定职、定级？任正非还隔空喊

话，说是公司错了，公司对不起孔令贤，请他回来。所以一个公司
出现问题，关键是要有修正这些问题的决心和能力。

2018 年 1 月 17 日，任正非签发文件，罚了五个人的款，包括
他自己罚 100 万元，三位轮值董事长及人力资源高管各罚 50 万元。
原因是华为海外业务中存在造假行为被查出来了，公司高管承担着
间接领导责任，所以被罚款问责。

对自己狠一点，对别人才能狠。我们从人性的角度来看，大家
通常对别人狠，对自己却很宽容。我觉得华为最可怕的地方就在这
儿，它对自己更狠。

长期坚持艰苦奋斗，是最难的挑战

华为这 30 年来的成功就是华为文化的成功。华为的文化是什
么？首先永远以客户为中心。

有的企业做到一定程度就骄傲了，就傲慢了，就瞧不起客户了，
不把客户放在心上。客户是得罪不起的，因为客户有选择，只要客
户认同你，企业就倒不了。所以华为的理念是永远做乙方，"客户虐
华为千万遍，华为视客户为初恋"。这不是什么高深的道理，客户的
要求是越来越高的，你必须要持续地努力奋斗，才能让客户满意。

我们听到"以客户为中心"这句话，感觉它太简单了，其实
这句话很沉重。以客户为中心需要构建基于客户的业务流程、管理
体系与组织结构。此外，在企业核心价值主张上还要做出艰难的抉

择，因为在企业中还可以有许多中心，如以老板为中心、以上级为中心、以员工为中心、以股东为中心等。我们很多企业真正做到"以客户为中心"了吗？组织运营上遇到问题，为什么需要领导亲自拍板，老板一骂人，问题就解决了，领导不拍板、不骂人，就没有人管？为什么员工对领导是一种态度，对客户是另外一副面孔？

现在很多人讨论"996"工作制，我觉得这不是问题。只要有梦想，你就要奋斗，对现状不满，你也要奋斗，还有客户要求你奋斗。有一大堆竞争对手围着客户，你干得好，客户都不一定选你，更不用说你干得不好了。奋斗是全世界普遍适用的朴实的价值观，是人类文明进步的巨大推动力。公司应该是志同道合者的组织，大家有共同的追求，在一起为了共同的理想做事情。长期坚持奋斗，这是最难的挑战。

像华为这样坚持几十年，还能够艰苦奋斗，真的不容易。企业大量的熵增是一种巨大的惯性，它会一直存在，尤其像华为当上了行业领导者以后，还能艰苦奋斗吗？这个挑战是巨大的。怎么解决这个问题？一是开放，只有开放，才能与外界有能量交换，有能量交换就是熵减。第二是持续地做自我批判。

华为的自我批判是一套体系，不是简单地开个民主生活会就够了，我在《华为是如何自我批判的》①一文中有详细的介绍。自我批判就是熵减。自我表扬大家都会说，但自我表扬的结果就是温水煮

———————————————

① 详见《华为没有秘密 2》，中信出版社 2018 年出版。

青蛙。对自己狠的人才可能对别人狠，对自己都不狠，对别人也狠不到哪里去，当然也不会有什么战斗力。

开放和学习是进步的主要动力

组织开放，才能持续地吸取外部的能量，开放的系统才能实现熵减，避免熵增，使组织远离平衡，从而保持组织的活力，此其一。其二，只有保持开放，才能发现自己与他人的差距，知耻而后勇，不断向优秀的人学习。

保持开放（或谓拿来主义）、自我批判、持续对标学习是华为核心价值观的重要组成部分，也是构成华为组织的内在驱动力，其闭合循环，就是驱动华为由小到大不断成长进步的内在驱动力。

华为可学的地方很多，我认为别的方面可以不学，但以下四点是关键的：第一是学华为如何保持开放；第二是学华为如何进行自我批判；第三是学华为如何学习别人；第四是学华为不能投机，不奉行机会主义。

华为一直在学习别人。2012年12月28日任正非签发EMT决议《关于体验顺丰速运、海底捞服务的倡议》，倡议全体员工用一次顺丰快递，吃一次海底捞，感受它们的服务。其中提出："华为公司要同步于这个快速变化时代不落伍，就必须坚持自我批判，开放自己的心胸，不断地向优秀企业学习。"

有一次，华为员工在上海带着十几位客户在海底捞吃饭，结完账，华为员工回到吃饭的桌上，发现海底捞给他们上了一个果盘，果盘摆成了华为标识的样子。做这个果盘需要人才吗？需要技术吗？需要资源吗？需要智商吗？海底捞做到了，为什么我们做不到？我们学别人的时候总给自己找借口，敝帚自珍，强调行业不同、所有制不同、地区不同等。华为是向一切可以学习的东西学习，不问出处，只要对自己有益，只要别人比自己做得好，就先僵化、后优化、再固化地学习。

至于华为的开放、自我批判与标杆学习的目的，还是要回到企业的本质，回归到基本的经营管理常识，就是持续地为客户创造价值。

要用资本主义的方式创造价值，持续地发展生产力，持续地挖掘组织与个人的潜力；用社会主义的方式分配价值，各尽所能，按劳分配，让奋斗者得到合理的回报；力出一孔地创造价值，利出一孔地分配价值。

华为对组织熵减的理论和实践的探索只有一个目的——使组织充满活力、开放、厚积薄发，增加公司的势能。具体来讲，就是首先继续强调奋斗，而且要长期坚持奋斗；其次是人力资源要走向开放，别那么僵化，要加强淘汰机制；最后是抓好两个激励，精神激励和物质激励。

其中的核心问题是构筑强大的价值链循环，全力创造价值，科学评价价值，合理分配价值。通过构建有活力的机制，团结一切可以团结的人，调动一切可以调动的积极性，挖掘一切可以挖掘的潜力，持续地创造价值。

最后，用任正非的话回答华为到底能走多远，下一个倒下的会不会是华为。

华为公司未来的胜利保障，主要是三点要素。第一，要形成一个坚强和有力的领导集团，但这个核心集团要听得进批评。第二，要有严格、有序的制度和规则，这个制度与规则是进取的。什么叫规则？就是确定性，以确定性应对不确定性，用规则约束发展的边界。第三，要拥有一个庞大的、勤劳勇敢的奋斗群体，这个群体的特征是善于学习。

华为的国际化经营
对中国企业的启发

在以生存为底线的国际化道路上，华为走得很艰难，也很执着。华为在国际化道路上迈出的虽然只是一小步，但却是有决定性意义的一步，未来的路还很长，需要解决的问题也很多，华为还要义无反顾地走下去。

历经10余年的艰苦拓展，屡战屡败，屡败屡战，华为终于迎来了海外市场的全面突破。华为不仅完成了国际市场布局，国际市场销售实现连年翻番增长，还打开了高端市场，形成了与国际接轨的营销方法和模式，以及大平台服务体系，积累了海外市场本地化建设的经验。更为重要的是，海外市场的开拓，不仅带动了国内市场的发展，也使华为进入了新的发展时期。

国际化是一种长期的承诺与持之以恒的战略

华为进入国际市场是历史的必然，因为过分依赖国内市场对公司来说是相当危险的。走出去就有机会，但国际市场同样拒绝机会主义，拒绝短期行为。国际化是一种战略选择，更应该进行持之以恒的承诺和持久投入。在国际化的道路上，华为的道路绝不会一帆风顺，必须经受一番痛苦的磨炼。但只要认定了国际化这条路，就别无选择。

华为国际化的成功，一条重要的经验就是长期秉承"压强原则"，"在成功的关键要素和选定的战略生长点上，以超过竞争对手的强度配置资源，要么不做，要做就极大地集中人力、物力和财力，实现重点突破"（引自《华为基本法》）。敢于将有限的资源压在战略领域，从重点突破，到系统领先，是华为在国内市场领先的成功经验，做国际市场也同样遵循这一原则。

华为进入国际市场不是短期的投机行为，而是基于公司"活下去"的基本目标。在华为，"活下去"与"走出去"是紧密联系的。要活下去，就必须走出去；也只有走出去，才能活下去。可以说，华为的国际化是以生存为底线的国际化，是以活下去为目标的国际化，因而在国际化道路上，华为走得非常执着和坚定。

华为在进入俄罗斯市场时，正是用苏联卫国战争期间被苏联军民广为传诵的名言作为其战略宣言："俄罗斯大地辽阔，可我们已无退路，后面就是莫斯科！"没有攻不下的市场堡垒，只有攻不下市场堡垒的人。华为在俄罗斯市场上，历经 8 年，从颗粒无收到满载而归，最重要的一条就是对国际化战略的坚持和信仰。

国际化必须以客户为导向

华为在国内市场上的成功，依赖的是客户导向的核心价值观。在国际市场上，要取得成功，同样必须坚持这一核心价值观。低廉的人力成本，产品或服务的低价策略，并不是进入国际市场的通行证。不可否认，对于没有品牌知名度的中国企业，依靠价格优势，取得局部市场的突破，在进入国际市场的早期不失为一种理智的选择。但是从长期来看，价格优势不能成为中国企业的核心竞争力，因为这种优势本身很脆弱，而且低价策略所受到的打压和限制也越来越多，客户选择你的产品却不认同你的品牌，这样也不能赢得竞争对手的尊重。

正反两方面的经验教训反复证明：当我们遵循客户需求导向时，可以化危为机；当我们背离客户需求导向时，局面就会转机为危。以客户需求为导向，是经过实践检验的生存之魂，是我们留给未来者的宝贵财富。

国际化的关键是企业的整体竞争力

中国企业取得国际市场竞争优势的关键还是要体现自身的整

体竞争力，其中包括企业的核心技术和市场营销能力。应该讲，只有走出去才能对一个企业的整体竞争力进行最客观的检验。国际市场不相信眼泪，进入国际市场依靠的是实力。华为在进入国际市场时，坚持把"最好的产品拿出去"，"国际竞争对手能够平视华为"的根本原因在于华为自身的实力。有实力，在国际市场才能"到哪里都是主场"。所以，华为在国际市场上遇到的竞争压力并不比国内市场大，原因还在于其自身的实力。

在国际化过程中，企业关注对知识产权的保护无疑是重要的，但更重要的是，企业要有自己的知识产权，创造知识产权比保护知识产权更重要。每年以高于营业额 10% 的资金进行研发投入，即使在最困难的 IT 低谷时期也保障了这一比例，使华为在国际市场竞争中起点高、质量好、服务好、运作成本低、能优先满足客户需求，这是华为取得国际化成功的关键，而做到这一点，必须以核心技术和自有知识产权为后盾。

国际化的瓶颈是企业的管理体系

国内企业与西方公司的差距往往不在于技术和质量，而是在于管理水平。跨国公司强大的市场竞争力，来自其内部先进科学的管理机制和管理体系。构建以国际为市场的管理运作体系，构建适应国内与国际市场的业务运作体系与流程，是中国企业进入国际市场必须解决的首要课题。

在国际市场上，国外企业选择一个中国企业的产品，看重的无疑是价格、质量和服务。而国外企业选择一个中国企业作为合作伙伴，注重的则是企业的整体管理能力和企业的成长能力。也就是说，企业必须具有可重复性和可预测性，能够持续地进行管理改进，且企业的经营管理行为依据是流程、制度和机制，而不是个人。

支撑华为在国际化市场上可持续发展的是其多年来构建的与世界级一流企业接轨的管理体系，以及经过长期探索形成的充满活力的企业机制。正是早期与国外通信业巨头的竞争与合作，让华为认识到先进的企业内部管理体系在国际化过程中的基础作用，这也是华为义无反顾地走向国际化的信心来源。华为信奉并长期坚持的一条重要理念是：管理是真正的核心竞争力。管理也一直是华为的最大瓶颈。

任正非已连续 5 年为华为提出"十大管理要点"，并以此作为牵引华为管理变革的纲领。自 1997 年以来，华为在公司运作、质量体系、财务、人力资源四个主要方面进行了持续不断的变革，遵循"先僵化，后优化，再优化"和"小改进，大奖励，大建议，只鼓励"的管理原则，经过 7 年的努力，基本建立了与国际接轨的管理运作体系。国际运营商对华为产品的认可，实际上是对华为整体管理体系的认可与尊重。

华为国际化的成功可以从不同的方面去探讨，但其关键要素在于其内部，包括宏观商业模式、内部运作模式和优秀的企业文化。

任正非喜欢的一句话是：静水潜流。这是华为国际化过程中的经验之谈，发人深思。走在未来的国际化道路上的华为，需要的还是静水潜流。

二

关键在于
组织的活力

华为在度过了艰难的生存阶段后，就把管理作为公司真正的核心竞争力，把让组织始终充满活力作为人力资源管理的核心。任正非认为："华为的胜利，是人力资源的胜利。"《华为人力资源管理纲要2.0》在对华为30余年的成长与发展历程进行总结的基础上，提出："人力资源管理是公司商业成功与持续成长的关键驱动要素。"纵观华为的生存与发展历程，其最大的价值在于探索到一条在中国发展高科技企业的道路，在于探索到一条在中国管理知识型员工的道路，由此也走出了一条中国企业成长为国际化领先企业的道路。虽然这条路走得很艰难，但这种探索是弥足珍贵的。

华为的
动力机制与"分赃"机制

奋斗者的动力机制

关键在于有活力的机制

2017年6月在公司战略务虚会上，任正非提出：方向大致正确，组织一定要充满活力。在不确定的混沌时代，到处都是黑天鹅，时不时会出现灰犀牛，过去、现在与未来已经不存在线性关系，因此制定出确实可行的战略已经不可行，所以在公司营运层面，只能够"以内部规则的确定性，应对外部环境的不确定性"，"以过程的确定性，应对结果的不确定性"，"以管理假设的确定性，应对经营的不确定性"，唯有如此，才能在复杂多变的未来获取不确定的机会与利益。而保持组织机制的活力，则是一个永恒的课题。

我国是个人力资源大国，企业并不缺少优秀的创新型人才，问题是那么多优秀的人才为什么创造不出一流的业绩？为什么我们还没能打造出一个世界级企业群体？

问题显然出在机制，没有充满活力的人力资源管理机制，没有与世界领先企业接轨的运作机制，一流的业绩不会凭空产生。

我们缺乏的是培育与牵引人成才的机制与制度，缺乏的是优秀人才成长的土壤与舞台，缺少的是优质的人力资源生态环境，缺少的是良好的人力资源经营模式，缺少的是科学规范的人力资源开发工具和方法。

企业的机制是一种力量，就是一种激励力与约束力，就是能够使其内部员工的行为和行为结果向着企业期望的方向转化的力量。也就是说，这种机制之所以有活力，在于它能够源源不断保持对员工的牵引力，使员工持续地增加自己的投入，实现好人做好事，坏人也做好事，而且能够做更多的好事。

企业成功的关键，不在于企业中拥有多少人才，而在于其运营机制。一个好的机制不但能够不断地造就人才，能够使优秀的人才脱颖而出，能够吸纳到更多的外部人才，能够使人才产出高绩效，而且能够使那些不是人才的人变为企业所需要的人才；而一个没有活力的机制，不但会消磨人才的创造力，使之变为庸才，使人才产生负向的破坏力，还会使优秀的人才去选择更有活力的机制。吸引人才并不困难，困难的是让人才为企业所用。企业是否能够吸引、留住和有效使用人才，并不取决于企业是否出手大方，而在于能否构建人才脱颖而出的机制，在于是否具有供人才发挥作用的舞台。

什么样的机制缺乏活力？答案无疑是"大锅饭"机制。因为在这种机制中，干与不干、干好与干坏、干多与干少、创造价值与破坏价值、奉献与偷懒，得到的评价和获取的利益是无差别的，企业员工也因此缺乏开发人力资源和提升职业化能力的直接动力。没有落差，没有倾斜，没有矛盾，没有激励，就不会有动力。这种机制对员工产生的导向是，减少个人的劳动投入和智力投入，使个人投入在低水平上保持与回报的一致。所以大锅饭现象概括起来讲，就是干部能上不能下，员工能进不能出，工资能高不能低。在这种机制下，好人会变成坏人，好人会不干好事。

组织活力的源泉

有活力的企业机制的关键在于，不能让雷锋吃亏，奉献者当得到合理回报。在为企业做出贡献的员工不吃亏的情况下，会有更多的员工增加自己的投入，因为一个生机勃勃的企业机制的基本原理是能够激励与回报那些为企业创造价值的员工。这就是有活力的机制与缺乏活力的机制的本质区别所在。从另一方面讲，扬善必须先惩恶，企业在保证不让奉献者吃亏的同时，也不能让投机者获利，偷懒者必须受到应有的惩罚。用句通俗的话讲，就是不让小人得志，不让好人吃亏。

分钱易，奋斗难，长期坚持艰苦奋斗更难！要保证19万多华为人持续奋斗，靠自动自发做不到，靠情怀说教做不到，靠高薪酬也做不到。

企业唯一能够依靠的是充满活力的激励与约束机制，不断地耗散内部惰性，提升组织内部的熵减，消除熵增，锻造一支高素质、高境界和高度团结的人力资源铁军。

而企业的机制不是虚化的存在，机制的力量可以体验和验证。任何机制都需要制度的支撑，并通过制度输出力量。

具体到华为，其机制的构成及作用机制表现为人力资源管理体系，而其人力资源管理体系的核心就是人力资源管理价值链，后者是由有内在逻辑关系的价值创造体系、价值评价体系和价值分配体系及其内在循环构成的，这个体系源源不断地输出着充满活力的机制力量。

价值创造、价值评价和价值分配构成了现代人力资源管理的主体体系。企业人力资源管理体系的建立应该围绕着这三方面构成的"价值链"来构建。也就是说，全力创造价值，科学评价价值，合理分配价值及其三者的闭合循环，是企业人力资源管理体系建设的核心与重点。

1997 年，华为内部已经形成了人力资源管理价值链的理论模型，并构建了基于这个理论模型的人力资源管理体系。华为 20 余年的实践，也验证了人力资源管理价值链给华为成长与发展带来的巨大价值。

价值创造体系、价值评价体系和价值分配体系的有机结合及良性循环，是华为人力资源管理体系的重要特征，同时也是人力资源管理体系的基本框架。

2019 年的《华为人力资源管理纲要 2.0》也对人力资源管理价值链做出明确的肯定，提出要优化"全力创造价值，正确评价价值，合理分配价值"的价值创造管理循环，并把它作为人力资源管理的主要途径。

华为的价值创造体系

关于价值创造与价值分配，任正非提出了他的四点主张：

其一，以客户为中心而创造价值；

其二，以奋斗者为本而创造价值；

其三，以长期艰苦奋斗为客户持续地创造价值；

其四，坚持"力出一孔"，获取价值，坚持"利出一孔"，回报与激励持续为客户创造价值的奋斗者。

价值创造的核心是保持机制的活力，持续地提升组织能力与组织效率，持续地为人力资源赋能，归纳起来有三句话：团结一切可以团结的人，调动一切可以调动的积极性，挖掘一切可以挖掘的潜力。将每个人的潜能发挥到大于 100%，让组织的效率达到或超过行业领先水平。

华为的价值评价体系

华为的价值评价体系由四个子评价体系构成。

第一，职位评价体系，是对职位价值的评价。它决定了每个职位的相对价值和货币化的价值量，也就是说，这个职位值多少钱是由这套评价体系事先确定好的。这套体系是合益咨询公司在 1997 年为华为建构起来的。正是基于职位评价体系，华为"以岗定级，以级定薪，人岗匹配，易岗易薪"的人力资源管理体系才能运作起来。也就是说，华为的人力资源管理体系是以职位（不是"岗位"）为基础和平台，人力资源管理活动是基于职位体系展开的。中国企业的人力资源管理体系之所以出现"机无力""无连接""摊大饼""石墨化"等现象，一个重要的原因就在于缺乏职位管理体系这个基础和平台。

第二，任职资格评价，是对人的资格与能力的评价。有什么样的资格，就能进什么样的"坑"，就能拿什么水平的钱，同时也可以决定在这一职位上是否能够晋级或加薪。这套评价体系来自英国的国家职业资格体系。

第三，绩效评价体系。这是从 IBM 公司引进的，旨在评价一个人在这个职位上的价值贡献度。显然，它为奖金的分配提供了依据。

第四，劳动态度评价体系。从其实质上看，这是对企业核心价值观的评价体系。这个体系是华为原创的，华为也是国内企业中率先实施企业核心价值观评价的企业。

华为这四大价值评价体系除劳动态度评价体系外，均为"拿来主义"的结果，并没有什么创新。华为引进三家世界级公司的领先实践，将它们组合在一起，为自己所用。四大价值评价体系各有侧重，又相互支撑，形成了有内在逻辑关系的价值评价体系。

目前有种说法是，绩效主义毁了索尼，问题是那么多企业都使用 KPI，为什么绩效主义独毁索尼？华为早年也没有设置 KPI，1995 年华为引进的第一个咨询项目就是营销人员的绩效考核。在此之前，华为只有数百人，老板全都认识，干得好与坏，他都了然于心，根本就不需要 KPI。但是，企业发展到 19 万人了，每个人的表现，老板还看得到吗？不要 KPI，企业如何衡量员工、部门与公司的业绩？所以，去 KPI 化既不现实，也无可能。

华为的价值分配体系

价值评价还要与价值分配对接，从而形成一整套机制体系。华为价值分配体系有几个重要理念：

其一，价值分配与价值评价结果紧密关联，摒除了年龄、工龄、学历、资历、经历、职称、职务等个人要素作为价值分配的依据；

其二，由"评价分配制"，转向"获取分享制"；

其三，价值分配要保证充分拉开差距，导向冲锋；

其四，短期激励与长期激励相结合；

其五，物质激励与精神文明建设相结合；

其六，以奋斗者为本，以"利出一孔"激励"力出一孔"，以"力出一孔"支撑"利出一孔"。

其七，确定资本所得与劳动所得的合理界限，向劳动所得倾斜。

现在流行"分享经济"或"共享经济"，这个概念来自"互联网思维"，但是，在现实中很可能引起误导：

第一，分享或共享的前提必须是创造价值，前者不能成为后者的前置条件；

第二，分享或共享必须导向价值创造，必须坚定不移地向价值贡献者倾斜；

第三，分享或共享的前提必须有利益主体做出利益上的牺牲或者出让；

第四，分享或共享不是普惠式的搭便车，不是基于平均主义的大锅饭，不是基于民粹主义或福利主义的无底线承诺；

第五，分享或共享不是"打土豪，分田地，坐地分赃"；

第六，分享或共享必须基于价值评价体系，并以价值评价结果为依据；

第七，分享或共享必须兼顾资本所得与劳动所得的均衡；

第八，分享或共享应该是制度性的顶层设计，应该嵌入人力资源管理价值链的体系之中。

论功行赏与"分赃"机制

华为人力资源管理价值链的内在作用机制，简单地讲，就是四个字：论功行赏。

"功"

"功"就是价值创造，就是绩效，包括公司绩效、组织绩效和个人绩效。评价与分配价值的前提是价值创造，价值创造是华为人力资源管理价值链循环的逻辑起点，也是终点。

为什么苹果公司总部前高扬着一面海盗旗？为什么乔布斯提出"宁做海盗，不做海军"？海军有军费，海盗除了饥饿，一无所有。要消除饥饿，就必须创造价值和获取价值。对于任何组织来讲，不创造价值而获取价值，就是剥夺，就是不劳而获。为他人创造价值，是所有组织存在的理由。

"论"

"论"就是价值评价，它是行赏不可或缺的前提，它决定着价值分配的公平和正义。

金一南将军在华为讲课的时候提出了几个问题：第一，美国人体重超标的现象很普遍，但美军中为什么没有胖子？第二，美国军校的毕业生，为什么都愿意上战场？第三，美国军人为什么好战？为什么愿意打仗？我们都知道，美国是一个富裕的国家，但是它的年轻人并不甘于享受，而是向往战场，这其中的原因是什么？他认为，就是评价体系起到了决定性的作用。在美军的制度中，对军官的晋升有着严格的要求，在规定时间内，要做多少个俯卧撑，做多少个仰卧起坐，这些都有标准，不达标则不能晋升。因为体能训练的强度很高，所以美军中没有胖子。那么，美军为什么那么愿意上战场？比如阿富汗战争一打起来，西点军校当年所有的应届毕业生全部要求去前线，一个人都没留下。特别有意思的是，他们不是没有别的选择，但是，没有人愿意到五角大楼工作。因为，美军的待遇、晋升等问题都与是否上过前线、是否进入过危险地带、是否负过伤等直接相关，有了这样的经历，才能够得到提拔。这时，"论"就显得尤为重要。

比较而言，华为的价值评价体系是非常值得其他企业借鉴的，很多企业的薪酬制度本身没有什么大的问题，但是评价制度有问题，因为很多企业的评价体系是扭曲的，分配体系肯定也跟着扭曲。而扭曲的评价体系必然导致价值分配的扭曲，进而导致下一周期的价值创造行为与结果的扭曲。所以，要把每个员工的"功""论"出来，论完了，给干得好的人以高的薪酬叫激励，给干得一般的人一般的薪酬叫回报，给干得不好的人以低的薪酬叫约束。这就形成了有活力的机制力量，这种力量牵引员工努力创造价值，同时获取合理回报，公司也由此构建出人力资源管理的正义，正义之师是不可战胜的。

"赏"

"赏"就是价值分配。这个世界上最快乐与最痛苦的事，就是分钱。分钱是科学，同时也是艺术，朝三暮四这个成语就说明这个问题。让分饭的人最后一个拿饭，也是一种价值分配的艺术。

索马里海盗为什么战斗力强？不是因为他们的装备好，也不是因为其成员素质高，而在于他们有一个好的"分赃"机制，这个机制的核心就是"论功行赏"，就是赏罚分明，就是按劳分配，就是多劳多得。

这实际上正是华为人力资源管理的全部秘密，就是有一个好的"分赃"机制。如果没有这个好的机制，将评价权交给老板，员工必然唯老板之命是从；如果将评价权交给上级，结果也差不多；如果"分赃"机制是360度的，那么大家都没有原则了，都努力争当"好人"。而在华为的"分赃"机制里，把"论"交给规则，交给制度，华为通过这个规则和制度来区分谁干得好，谁干得差，并根据评价结果来决定分配。

需要强调的是，行赏只是一个方面，另一方面是必须构建企业的惩罚体系，两者互为前提，相辅相成。扬善必须惩恶，惩恶方能扬善。敢于激励的公司，也一定是敢于惩罚的公司。仅仅讲激励是不够的，还必须有约束。当然激励不仅仅在于物质方面，它应该包含物质激励与精神激励，二者同等重要。

这个"分赃"机制是基于人性的，即基于人的理性、正义与积极向上，也基于人的贪婪、自私与不思进取。

这个"分赃"机制的基本框架是：基于"力出一孔"与"利出一孔"的基本假设，用制度来甄别奋斗者，这样才能让奋斗者不吃亏，让利益分配向奋斗者倾斜，从而起到有效的激励作用。同时，因为人的欲望是无穷的，奋斗者受到了激励，他还希望下次得到更高的评价和更多的回报；而其他人受到鼓舞，也有机会在未来获得认可与回报。这就形成了正向的循环，避免出现劣币驱逐良币，好人倒霉、小人得志的局面。

这个"分赃"机制就是华为由"评价分配制"转变为"获取分享制"的核心内容。

"分赃"机制的核心是构建一种规则，以规则替代权力，以规则约束权力，让规则守望和保护企业中的利益分配，从而构建企业人力资源管理的正义。

将"分赃"机制换一种表达方式，就是我国改革开放时期提出的三条原则：各尽所能，按劳分配，多劳多得。用《华为基本法》的语言表述就是：我们决不让雷锋吃亏，奉献者定当得到合理回报。

任正非的一段话，很好地诠释了华为的论功行赏与"分赃"机制："什么驱动力使华为成功，我认为是华为的核心价值观描述的利益驱动力，驱动了全体员工的奋斗，这是一场从精神到物质的转移，而物质又巩固了精神力量。我可以告诉你，释放出我们十几万员工的能量的背景是什么。就是近 20 年来，华为不断推行的管理哲学对全体员工的洗礼。你身上的小小的原子核，在价值观的驱使下，发出了巨大的原子能。"

华为的
组织熵减与组织活力

　　组织的熵减与组织的活力，是一个重大的管理理论课题，也是一个实践课题，目前还没有一个完整的理论模型或者实践模型，但这个问题在学术界和领先的企业中已引起关注。

　　1998 年，在亚马逊致股东的信里，贝佐斯说："我们要反抗熵。"

　　物理学家薛定谔说："自然万物都趋向从有序到无序，即熵值增加。而生命需要通过不断抵消其生活中产生的正熵，使自己维持在一个稳定而低的熵水平上。生命以负熵为生。"

　　管理学大师彼得·德鲁克说："管理要做的只有一件事情，就是如何对抗熵增。只有在这个过程中，企业的生命力才会增加，而不是默默走向死亡。"

　　华为近些年来也一直在探索保持熵减，抵御熵增，持续增强组织活力的方法，并取得了一些有益的成果。

熵、熵增与熵减

熵是热力学第二定律的概念，用来度量体系的混乱程度。热力学第二定律又称熵增定律，讲的是热量在任何时候都是由高温物体自动向低温物体转移的。也就是说，在一个封闭系统，最终会达到热平衡，没有了温差，再不能做功，这个过程叫熵增，最后状态就是熵死，也称热寂。一切自发过程，总是向着熵增加的方向发展。一个非开放的系统被独立出来，或者把它置于一个均匀的环境里，由于周围各种摩擦力的作用，其所有运动都将很快地停顿下来，电势或化学势的差别也消失了，形成化合物倾向的物质也是如此，由于热传导的作用，温度也变得均匀了。由此整个系统最终慢慢退化成毫无生气的一团物质，于是就达到了物理学家们所说的热力学平衡或"最大熵"，这是一种持久不变的状态，其中再也不会出现可以观察到的事件。

简单来说，熵实际上是衡量一个体系、一个系统的混乱程度的一个指标。我们利用熵的概念来解读客观现象，进而发现了各种现象中的一些本质联系，这就是熵的价值。熵有三个基本的度量特征，第一个是熵增。熵增现象大量发生，比如说微信就是一个熵增现象。我们建一个微信群，开始时呼朋唤友，人声鼎沸，没过多久，没有人在里面说话了，有的人屏蔽了群消息，发一个红包才有人露面，没有红包就什么反应也没有，死气沉沉。第二个是熵减。它使系统更有秩序，功能增加。熵减的前提是开放。第三个是负熵。它是带来熵减效应的活性因子，能产生能量。信息是人的负熵。新成员、新观点、新知识、简化管理等是组织的负熵。

熵理论的发展

熵其实不是一个新概念。1865 年德国物理学家鲁道夫·克劳休斯提出这个概念，然后随着研究的继续，熵的理论也在进化、完善、修正，同时也在许多领域被运用。1872 年奥地利物理学家玻尔兹曼提出了统计熵的概念；1944 年奥地利物理学家薛定谔提出"负熵"概念，并以此解释生命现象；1948 年美国数学家及信息论创始人克劳德·香农将熵的概念引入信息论；1969 年比利时物理化学家伊利亚·普里高津提出耗散结构理论，提出以开放系统及与外界能量交换避免熵增。

生态之熵

在自然生态系统中，封闭系统内部的热量从高温流到低温，水从高处流向低处，电压从高压流向低压，风从高压差流到低压差。这个流动就是产生能量的过程，就是熵减的过程，所以生态才会有活力。如果这个系统封闭起来，没有任何外在力量，就不可能再重新产生温差，也没有风，水流到低处不能再回流，降雨量为零，那么这个世界上就全部是超级沙漠，最后生物就会死亡，这就是热力学提到的熵死。地球是个开放的生态系统，太阳是地球的负熵，使地球发生了大气运动、水循环、植物光合作用等一系列熵减活动，由此产生的空气、水及适宜的温度，构成生命存在的基本条件。一切生态系统都存在熵，也都可以用热力学第二定律来解释。

国家之熵

国家也有熵。任正非有一句话很经典："当一代新皇取代旧主时，他的成本比较低，因为前朝的皇子、皇孙形成的庞大的食利家族已把国家拖得民不聊生。但新的皇帝又生了几个儿子、女儿，每个子女都有一个王府，国家对王府进行供养。他们的子女又继续繁衍，经过几十代以后，这个庞大的食利家族大到一个国家都不能承受。人民不甘忍受，就又推翻了它，它又重复了前朝的命运。"这个朝代变更周期律深刻地说明了这一点：秦人不暇自哀而后人哀之，后人哀之而不鉴之，亦使后人而复哀后人也。实际上通过熵的理念，我们也可以解释一个国家、一个民族的兴衰：建国初期处于低熵状态，人口对粮食的压力较小，利益分配关系相对合理，政府运作效率较高，没有大规模的食利阶层；发展中期熵值逐渐增大，人口增加，粮食供给压力增大，食利阶层庞大，政府运作效率降低，既得利益团体成为沉重负担和改革阻碍；朝代末期，熵达到最大值，土地兼并和人口繁衍的矛盾变得尖锐，价值创造已盛极而衰，而价值分配与消费的诉求还在靠惯性增加，政府还要加税，导致民不聊生，导致暴力反抗。熵决定着文明的盛衰、文化的兴旺和朝代的更迭。

生命之熵

生命实际上也是这样一个过程，要保持活力，就需要物质负熵、信息负熵、心理负熵。任正非在讲话中用了很多熵的概念。"身体能量多了，把它耗散了，就变成了肌肉，就变成了血液循环。"为什么我们要运动？因为运动是一个熵减体系。吃喝、呼吸、睡眠、运动，这都是我们的物质负熵。知识技能、信息分享则属于信息负熵。学习就是一种熵减现象，也能增加自身的活力，"腹有诗书气自华"。心理负熵指的是积极的心态、个人的思考，用一句话概括，就是"革命人永远年轻"。

企业之熵

回过头来再看企业，实际上也有熵的问题。企业的兴衰与生死，几乎每天都在我们身边发生，尤其是现在的高科技企业，死亡率更高。熵理论在企业领域有四个基本的定律。

第一，开放系统才能熵减。系统必须处于开放的环境中才能与外界进行能量交换，任何一个组织体系、生态体系如果封闭起来，就会带来熵增。中国的改革开放使中国这个国家体系提高了熵减，打开国门增加了活力，40 年的变化如此之大，实际上就是实现了熵减。

第二，负熵打破平衡，促成熵减。负熵的作用与接受系统的结构和状态有关，政策是引入负熵的水泵，主动管理和调整内部结构和状态，为负熵的引入和发挥作用创造条件。美国移民政策就是主动做功，吸引外来移民，促进社会发展。一旦达到平衡，就形成了稳定结构。很多企业就形成了稳定结构，人还是那些人，官还是那些官，工作还是那些工作，大家都在那儿熬着。

第三，引入负熵要适量，要有高品质。适度地引入高品质的负熵能促进系统的熵减。比如，供给侧改革优化要素配置，提升经济增长的质量和数量；暴饮暴食、垃圾食品、进食过量对身体有害，营养均衡才能使身体健康。相反，欧洲难民进入初期劳动力短缺，后期就业困难，治安恶化，社会矛盾加剧；华尔街和硅谷独占全球化和技术进步红利，利益分配过度失衡，就导致了阶层割裂。

第四，熵增与熵减的对抗消长。宇宙、组织、生命的无序与有序都在并行开展，对同一个事物，熵增和熵减可能体现为矛盾的主要方面和次要方面。生命在衰老，也可以在焕发生机；组织在衰老，也可以通过自我批判实现新生。熵减不会自动发生，但是熵增有时候会自动发生。从人性上来讲，人被积极向上、理性、成就感、价值感驱动，但是也有贪婪、自私、安逸、不思进取的一面，要弘扬奋斗的这一面其实很难，而贪婪、自私则与生俱来，随时发生。

任正非的思考：以熵减保持组织活力

活下去、活力与活法，是任正非长期关注的三大问题。在任正非的经营管理思想中，许多思考与探索都是围绕着这三个基本命题展开的。

活下去，是企业的硬道理，任正非提出"下一个倒下的会不会是华为"的命题，实际上就是对华为能否活下去的追问。长期以来，华为一直把活下去作为公司的最低纲领，2019 年把它提升为公司的最高纲领。

活力，指的是组织内在的生存状态和生存能力，组织熵减要解决的核心问题就是让组织充满活力。

活法，是指公司基于其使命、愿景和核心价值体系，去实现组织目标的过程。

任正非是国内最早把"熵"的概念引到企业管理中并系统阐述的企业家，他发现自然科学与社会科学有着同样的规律，企业发展也是"熵"由低到高，逐步走向混乱，并失去发展动力的过程。因而任正非经常把华为和灭亡两个词关联起来。

2016 年 11 月 30 日，任正非在听取战略预备队指导委员会汇报时，提出人力资源政策要朝着熵减的方向发展。他指出："华为公司不能像部分西方公司一样，在温柔乡中葬送了我们 28 年的奋斗。我们要看到这个世界的复杂性，要看到我们未来的艰难性，从这个（意义）出发，我们要构建未来胜利的基础。一定要充分理解训战的意义。循环不能终止，训战也不能终止，超稳定状态一定是毁灭华为的重要问题，不是别人打垮了我们，是我们自己打垮了自己。"

2017 年 6 月 2 日至 4 日，在公司战略务虚会上，任正非发表了题为《方向要大致正确，组织要充满活力》的讲话。他认为："一个公司取得成功有两个关键：方向要大致正确，组织要充满活力。"

这两个讲话实际上回答了华为为什么要引入熵减、热力学第二定律、耗散结构理论。

与"组织充满活力"并列的是"方向大致正确"。首先，在不确定的时代，完全做到方向正确是非常困难的。因此，任正非退而求其次，提出"大致正确"的概念，大致正确是相对于绝对正确而言的。其次，任正非认为，相对于战略方向的大致正确而言，组织充满活力更重要，也更困难。

为什么要提"方向大致正确"？因为现在我们都对未来有着一种恐惧，因为未来的技术在变化，我们对未来的认知可以说是一片混沌，不确定性是人们对未来认知的共识。人类的智慧实在有限，对未来的描述就只用了这几个关键词，或者是"黑天鹅"，或者是"灰犀牛"，或者是"蝴蝶效应"。随着人工智能、物联网和一系列新技术的飞速发展，我们看未来时产生了一种恐惧。现在很多管理学家、经济学家也在预测未来，但要回答的核心问题应该是黑天鹅什么时候出现？灰犀牛到底在何地出现？蝴蝶效应引发的那场龙卷风会传递到哪里？这些问题的答案只有三个字——不确定。所以，关注未来、预测未来、把握未来就变得不太可能了。

正因为无法把握未来，我们必然产生无法消除的恐惧。还有一些大咖，一直在预测以后哪类工作要消失，这都是走夜路吹口哨，自己吓唬自己。未来不可预测，既然不可预测，何必要自己吓唬自己？我们自己吓唬自己多少次了？ 3D 打印（三维打印）技术出来时，说是革命性、颠覆性的，现在 3D 打印有没有"革命"？有没有"颠覆"？

在此引用食指（郭路生）先生那首著名的诗来回答：

我要用手指那涌向天边的排浪，

我要用手掌那托住太阳的大海，

摇曳着曙光那枝温暖漂亮的笔杆，

用孩子的笔体写下：相信未来。

就是这四个字：相信未来。儿孙自有儿孙福，儿孙自有儿孙苦，下一代人会用他们的智慧应对这些东西，关键是我们要淡定，不要乱了方寸，要继续做好事，我们唯一可信的，是过去和当下。企业管理、人力资源管理的未来和当下是有连接的。很多人大讲互联网思维和互联网精神，把所有的管理要素都去掉了，把所有的组织要素都去掉了，未来还要管理吗？未来如何对组织进行管理？组织的问题永远存在，所以任正非提出了"方向大致正确"。

我们要以内部规则的确定性来应对外部环境的不确定性，以过程的确定性来应对结果的不确定性，以过去和当下的确定性应对未来的不确定性，以组织的活力应对战略的混沌。我们不妨采用二八原则，先把 80% 的确定性确定好，再去应对那 20% 的不确定性。

华为如何保持熵减，焕发组织活力？

怎样形成一种力量来消除自身和组织的惰怠？第一是要面对外部的挑战，第二是要有内部的激活要素。

在华为，腐败是一个广义词，就是指惰怠。这种惰怠实际上就是一种熵增，是组织向熵增、熵死演进的过程，很多企业在这个过程中"出师未捷身先死"，令我们非常惋惜。

华为高度警惕自己的熵增现象。华为已经走过了 30 余年的奋斗历程，这种熵增现象虽不是必然产生的，但是也很容易产生。不只是华为，很多企业都有这种现象。华为值得肯定的是，敢于把自己丑陋的一面亮出来，敢于直面这些问题，从而解决问题。

怎样保持熵减，怎样重新焕发组织的活力，怎样消除惰怠？总结一下，华为有以下几个举措。

第一，坚持自我批判，惶者生存，保持危机感。

自我批判就是一种来自外界和内部的熵减现象。在华为，自我批判是一种制度和规则体系，而不是一般意义上我们理解的自我批判。怎么把自我批判嵌入组织的管理体系中，我曾做过专门介绍。①

---

① 详见《华为是如何自我批判的》，载于《华为没有秘密 2》，中信出版社 2018 年出版。

自我批判就是解决组织活力问题的一个重要武器。批判别人容易，批判自己真的很难。

第二，保持公司的开放系统，避免公司变得封闭、自傲、自我欣赏。

只有开放，才能看到别人的伟大，看到自己的不足，从而改进自己。华为的开放体现在以下几方面。其一，开放的文化。华为提出炸开人才的金字塔，过去的人才金字塔是封闭的，现在要炸开，就是要在人才金字塔上交换能量。华为有一个重要的举措就是破格晋升，过去的晋升方式是固化的，按部就班地沿着职位评价体系和任职资格体系一步步往上走，现在破格晋升的力度非常大。其二，开放的创新。华为 2017 年成立了思想研究院，聚集了探索未来的一群人。他们的探索方式不是待在自己的研究室里，而是采用顾问、合作、科学家论坛等各种形式和外界交流。其三，开放自我批判，包括红蓝军机制、包容试错，构建华为的"满广志"①。其四，让"黑天鹅"飞在我们的咖啡杯里，咖啡杯就是思想碰撞的火花，相互激发给组织带来新的能量。其五，一杯咖啡吸收宇宙的能量，一桶糨糊粘接世界智慧。任正非提出，孤芳自赏是没有未来的，尤其是在不确定的时代。所以要通过相互的碰撞寻找一个大致正确的方向。一杯咖啡把你的思想拿过来，一桶糨糊把 19 万余人凝聚成一支铁军，在让组织充满活力的前提下，保证队形的整齐，应对不确

① 满广志是中国陆军第一蓝军旅旅长，32 次击败红军，第 33 次和红军"同归于尽"，被称为"六边形旅长"。

定的未来。2019 年，任正非与世界著名专家学者的咖啡对话"与任正非喝咖啡"（A Coffee With Ren）已进行了三期。

第三，用业务战略牵引业务发展和管理变革。

变革也是一种熵减体系，就是组织自发消除自身的熵增现象。业务战略要抓住主要矛盾，保证方向大致正确，组织充满活力。另外，对业务组合进行管理，以及提升效率，都是熵减。

曾有一篇文章影响很大，讲到管理不产生价值，管理几乎是无用的，在很多企业引起了极大的反响：抓管理没用。其实这只是为企业管理上的惰怠提供了借口，很多企业在管理上还有所不足，缺少一些最基本的管理机制。如果没有了管理，组织充满活力就会变成一个伪命题。华为也讲管理要简化，在解决管理中的问题。因为华为有这个资格，它的管理体系已经引进了 20 多年，基本形成了自身的管理体系。

第四，以创新管理机制来驾驭不确定性，以内部的确定性应对外部的不确定性。

华为的管理机制创新有一个模型，采用多种思想、多种人才、多种方式。然后通过思想研究院，通过战略务虚研讨会，包括未来技术实践验证，最后形成产品线。这包含两个部分：一个是不确定性的探索和管理，另外一个是确定性的产品研发管理，二者衔接形成一个漏斗，方向就大致清晰了。这个机制是开放的，是与外界能量充分交流的。所以，华为为了应对不确定性，一直在强化对未来方向的探索，它的作用是吸收外界的新能量。

第五，持续开展管理变革和优化。

从 1995 年开始，华为就一直在引进外部管理体系进行变革。华为在管理变革上遵循的是典型的"拿来主义"，而不是管理创新。现在很多企业在管理上都是自己创新，自己折腾，自己创新也有可能找到方向，但是需要花费更多的时间，而且有风险。但华为奉行拿来主义，这样比较保险，这个过程一直延续到今天。这也是组织长期持续开放的过程。

我们知道 IBM 就在华为干了 12 年，管理变革是一个持续的过程。华为引进管理体系，投入了数百亿元。在中国，用数百亿元建总部、买大楼、买私人飞机、买游艇的企业很多，引进管理体系的不知是否有第二家。华为在管理体系构建与优化过程中的一个主导思想是：管理是真正的核心竞争力，技术不是，人才不是，产品不是，服务也不是。在核心竞争力上投入更多的资源本身是值得的。

第六，警惕管理过度，加法与减法并行，从适用到实用。

华为引进管理体系坚持三句话：先僵化，后优化，再固化。如果再加一句话，就是"还简化"。现在华为处于持续简化过程，我们很多企业还没到简化的过程。华为提出了 1130 日落法：每增加一个流程节点，要减少两个流程节点；或者增加一个评审点，要减少两个评审点。这是华为从 2017 年开始一直在做的，目前已取得了很大的成果，但这也不是华为的创新，是借鉴特朗普的一个法案，即经美国国会批准成立一个新的行政机构或者批准一个联邦计划项目时，明确规定该机构或该项目的终止日期。因为华为这个办法是

2017 年 11 月 30 日在 EMT 会议上提出的，所以叫 1130 日落法。这就是熵减。我们增加了大量的流程，使流程细化到了每一个程度，变得僵化，最后流程制约我们往前走，所以要再简化。但是华为已经把流程建设好了，到了该简化的时候。很多企业还没有流程，那么，简化还需要很长时间。

第七，促进人才的流动，推动知识能力提升。

一是建立战略预备队，促进人才流动。干部循环流动，是华为长期坚持的原则。二是进行知识能力转型，把有经验的人改造成新人，这是任正非提出来的一个很流行的词叫"赋能"。三是吸取宇宙力量，炸开封闭的人才金字塔。四是建立全球能力中心和进行人才布局。五是打响人才争夺战，2014 年开始，华为的本科生起薪是9000 到 1.2 万元，硕士生起薪是从 1 万到 1.3 万元，特殊人才年薪可以达到 28 万到 36 万元。因为这是一个最基本的常识：便宜没好货，好货都不便宜。靠什么争夺人才？靠文化、靠事业、靠使命、靠初心吗？争夺人才很重要的一点就是要给人力资本一个合理的回报。

第八，在报酬待遇上，基于贡献差异，拉开激励差距，打破平衡，形成张力。

华为一直坚定不移地拉开待遇差距，有差距才有矛盾，有矛盾才有动力，有动力才有熵减。这就是华为讲的要给火车头加满油，拉车的人和坐车的人待遇当然不一样。具体来讲，一是坚持多劳多得，二是坚持获取分享制，三是强化非物质激励。不能总是以物质激励人，让人变成一帮拿着高薪的冷酷的利己主义者，要物质激励和非物质激励并重，两手都抓。

另外，华为一直在关注资本所得和劳动所得的比例，现在把这一比例控制在 1:3，资本所得为 1，劳动所得为 3。

第九，华为的核心价值观对人性弱点逆向做功，激发正能量。

华为核心价值观是：以客户为中心，以奋斗者为本，长期坚持艰苦奋斗，坚持自我批判。有人说华为放弃了以奋斗者为本，这是误传。华为的核心价值理念 30 多年一直没有变，没有把"以奋斗者为本"变成"以奋斗为本"。实际上核心价值观的落实，首先领导者要身体力行，然后增强组织活力，这样这个组织才有前路，才有未来。

第十，构建活力引擎模型，在理论和实践层面探索有活力的机制。

华为构建了宏观的活力引擎模型和微观的活力引擎模型，这是一个重要的理论和实践探索。

在宏观层面，华为提出通过开放合作与厚积薄发，打造负熵流。通过逆向做功，一方面消耗多余的物质财富，打破平衡静止状态，避免财富的冗余导致的熵增，另一方面建立起新的企业发展势能，为企业的长期发展积蓄能量，构筑世界级的核心竞争力。利用开放性、远离定律、非线性来构建一个公司的活力模型，有两个关键点：一是厚积薄发，就是要积累能量，滴水穿石，关键是聚焦，其次是坚持；二是开放合作，引进外部能量。

在微观层面，通过厚积薄发和人力资源管理的作用，实现远离平衡的耗散结构，使企业逆向做功，使企业由无序混乱走向有序健康发展。微观的活力模型实际上是一个人力资源水泵模型：以奋斗者为本，长期坚持艰苦奋斗，用价值分配撬动价值创造。水泵模型形成了驱动的机制，驱动了 19 万余人，不断为公司提供能量，实现公司的熵减，打造一支铁军来共同应对未来的不确定性，实现公司的战略梦想。

华为的
紧张感

有一个长期被关注而未解决的课题，就是"组织的素质模型"，既然职位可以提炼出素质模型，那么，组织是否也有素质模型？既然职位的素质模型是任职者成功关键要素的提炼与总结，对任职者的工作绩效起到关键的作用，那么，组织的素质模型对组织的成功也肯定有着关键的驱动作用。

如果上述命题成立，那么，组织的素质模型究竟是由哪些关键成功要素构成的？这不能依靠猜想，也不能靠归纳与总结，应该按照规范的流程去研究与探索，即首先要区分"绩优组织"与"绩劣组织"，然后进行关键行为访谈，提炼素质内容，编制素质辞典等，这无疑是一个长期而困难的过程。国内外的学者曾做过相似的研究，但还没有形成一个完整的理论体系。

如果依据个人的主观经验，想象一下组织素质模型的构成，我首先想到的是紧张，或称紧张感。

毛泽东于 1937 年 4 月为中国人民抗日军政大学的题词为"团结、紧张、严肃、活泼"（与"坚定正确的政治方向，艰苦朴素的工作作风，灵活机动的战略战术"并称为"三八作风"）。

同样诞生于延安的陕北公学的校训是"忠诚、团结、紧张、活泼"。

记得当年我读的小学的破败围墙上也写着八个大字：团结，紧张，严肃，活泼。

2019 年任正非在接受中外记者采访时，多次提到一所国内的中学，称其为"伟大的衡水中学"。他多次讲："我们华为大学在上课前经常播放衡水中学的早操视频。衡水中学是中国一个落后地区的中学。大家知道中国的教育制度和教育方法是很难改变的，衡水中学也认为改变不了，但是他们改变了适应这种外部环境的办法。我们向这个学校学习什么呢？我们也改变不了世界，改变不了外部环境，那么我们只能改变在这种环境中取得胜利的方法。我们学习衡水中学的是，不改变外部环境，在这个环境中能胜出。"我看过衡水中学的相关资料，印象最深的还是这所学校的紧张感。

那么，紧张为什么是一个组织的关键成功要素？

紧张，在组织成功中的内在作用机制是什么？

紧张是什么？

紧张是人体在精神及肉体两方面对外界事物反应的加强。

　　紧张是因为想博取别人的关注，又存在对未知的恐惧。这是一种潜意识里的恐惧，并非有自信就能解决根本问题，因为未知的东西对你来说是不可掌控的。

　　动物之所以能采取各种姿态，使内脏的各个器官一直保持适度的张力，就是由于紧张的缘故。

　　不仅人有紧张感，动物有紧张感，植物也有紧张感。植物的紧张，是指植物被浸泡于比细胞液渗透压低的溶液或水中时，由于水进入细胞内使细胞体积增大，细胞质和细胞壁也同时扩张。

　　以此类推，组织的紧张，是指组织成员在精神及肉体两方面对外界事物反应的加强，进而表现为组织结构与组织能力的变化。

　　通常人们对紧张的认知是负面的，因为紧张在短期内会使情绪亢奋或躁动，活动力增加，身心能量损耗较快。长期紧张会导致忧郁或烦闷情绪，身心能量耗竭，免疫力下降，思考与记忆力减退。

　　所以，在心理学与管理学中，大量的研究是关于如何消除紧张感的，如"压力管理"。压力管理的核心，一是针对压力源造成的问题本身，第二是处理压力所造成的反应，即情绪、行为及生理等方面的纾解。其策略的核心是消除紧张感，具体的措施包括：生理性的调整，如运动、睡眠等；社会性的调整，如物质性支持、情绪性支持、尊重性支持、信息性支持和技术性支持等。由此，通过放松来消除紧张，恢复原有的平衡。

组织中的紧张

　　组织的紧张，也可称为组织的"张力"，是指组织系统在正常状态下，组织要素的紧张度，如同肌肉在收缩和舒张之间的恢复状况。张力提升，会引发组织内部力量的重新配置，从而激发组织内部的力量，当然这也会引起组织要素的不适应。相反，组织的张力下降，会引发组织内部力量的消减。

　　需要说明的是，组织中的紧张感必须保持一个合适的"度"，这个度存在于高度紧张和完全放松之间。在高压管理的作用下，人人自危、度日如年的紧张感并不是本文讨论的对象。正如瑞士钟表匠布克1560年在游览金字塔时得出的结论："金字塔这么浩大的工程，建造得那么精细，各个环节衔接得那么天衣无缝，建造者必定是一批怀有虔诚之心的自由人。一群有懈怠行为和对抗思想的奴隶，绝不可能让金字塔的巨石之间连一片小小的刀片都插不进去。"这个结论已被当今的考古发现证实。

　　企业组织张力的构成要素包括人力资源、物质资源、管理体系、业务流程等。

　　组织中的紧张源大致有以下方面：

　　第一，组织成员担心因完不成组织目标要求，而产生的利益损失及可能遭受的惩罚；

　　第二，组织内部员工之间有竞争压力及对竞争失败的担忧；

　　第三，员工的个人职业生涯设计预期与组织晋升政策导向之间有所偏差造成的紧张感；

第四，组织的岗位任职资格能力要求与员工自身能力之间的差距导致员工产生焦虑与压力；

第五，员工因长期持续地关注或聚焦工作过程和工作结果所产生的紧张感；

第六，员工身处紧张的组织氛围以及文化惯性所产生的紧张感；

第七，组织外部竞争、经营环境的变化、技术进步及客户的压力所导致的紧张感。

身处组织中的员工的紧张感集合为组织的紧张感，组织的紧张感又强化了组织成员的紧张感。

由此看出，紧张感更多的不是由组织的制度体系产生，而是由组织的机制带来的，即由于组织机制的激励与约束两种要素力量的作用而产生。

紧张感不是由单一要素形成的，而是由多种经营管理要素的综合作用形成的。

紧张感有的来自外部紧张源，有的来自内部紧张源，前者可以内化为后者。

紧张感在企业内部不同部门、不同职位及不同职务级别中的表现是有差异的。

紧张感是可衡量的，如同组织氛围量表一样，可以对组织的紧张感加以量化。可量化的组织紧张感，就可以比较，可以衡量，因而也可以管理。因为管理学有一条基本的定理：可描述，就可衡量；可衡量，就可以管理。

紧张感对于组织来讲，整体看是一种积极的力量，也是优秀组织的关键成功要素。

员工的紧张感之于组织的价值是：员工因为来自公司的各种管理与机制的作用力，为应对自身产生焦虑、恐惧、不适、焦躁等，而保持适度的张力，激发自身的能力与潜力，提升个体工作能力与效率，从而提升组织绩效与效率。

这实际上是压力、张力与绩效相互转换的过程。

微软公司的绩效管理核心理念为：形成内部竞争，保持对绩效评定的焦虑，驱使员工自觉地追求超越自己和超越他人。其中"保持对绩效评定的焦虑"，就是对员工紧张感与组织绩效作用机制的深层次诠释。

紧张感是华为的组织特征

某年我带家人参观华为，家人提出一个细节问题：你在华为走路为什么比在学校要快很多？记得我当时的回答是：华为人行走的步幅都大，速度都快，在华为你不能不紧张。

华为确实是一家充满紧张感的公司，回顾其30余年的历史，可以说是一段充满了紧张感的成长与发展历程。

华为的紧张感表现在五个方面。

其一是企业家充满了紧张感，任正非的神经始终绷得紧紧的，没有丝毫懈怠与安逸，在公司 30 余年的成长与发展过程中，任正非始终关注的重要管理命题就是如何祛除惰怠、平庸和南郭先生，如何消除熵增和实现熵减，如何让组织始终充满活力。正如任正非所言："唯有惶者才能生存。"

其二是组织充满紧张感，内部保持高度的团结，把自身的肌肉绷得紧紧的，保持着强大的外部扩张力；紧张感是华为组织氛围的一个重要特征。

其三是员工个体充满了紧张感，保持着与公司同步的快节奏工作状态。

其四是业务运作保持着紧张感，在高绩效目标的强力牵引下，持续进行优化、改进与标杆管理，持续地实现卓越与优秀。

其五是公司绩效的持续增长，公司核心竞争力的持续提高，组织效率的持续提升，个人潜力的持续释放，客户满意度的持续提高。

紧张的反义词是放松、懈怠和惰怠，在华为的"十八大腐败行为"中，"安于现状，不思进取"是第一条，是华为明确反对的行为，其用意就是让组织充满活力，让组织与人紧张起来。

那么，华为的紧张是如何形成的？形成华为紧张状态的要素有哪些？换言之，华为到底是通过哪些举措来保持各层面的紧张感的？

第一，梦想的驱动。

梦想总是超越现实的，人们正是基于对现实的不满，才开始构筑梦想。现实与梦想之间存在着巨大的距离，也存在着巨大的反差。基于此，个体就会产生追梦途中的紧张感，从而形成组织张力。如《华为人力资源管理纲要2.0》所指出的那样："要构建好组织的愿景与发展目标，针对不同组织与员工精神激励需求不同，灵活运用多种手段（愿景、使命、目标、榜样等）激发员工更大的责任感和自我价值感。"有梦与追梦的人和组织一定是紧张的，这种紧张来自愿景、使命、初心的驱动。

华为是一家被梦想驱动的公司，任正非一直不断为公司构筑梦想，在一个梦想实现之前，又为公司提出更大的梦想，从"超越四通"，到"三分天下"，从CT（通信技术）到ICT（信息与通信技术）。

第二，机制的牵引。

机制是一种改变人或影响人的力量。在强大机制的作用下，人的行为、行为方式和行为结果会发生巨大的变化。机制的作用机理是激励与约束，机制的作用对象是精神与物质，机制的作用目的是促使人潜力的发挥与效率的持续提升。华为的内部机制作用基础是基于人性的基本假设，通过机制的作用唤醒与焕发人性正向的积极因素，抑制人负向的消极因素，在充满活力与张力的机制作用下，促使员工保持着紧张感。

机制的力量不是持久永恒的，在各种侵蚀要素的作用下，机制的活力会下降，会造成"机无力"，甚至会走向反面，持续地输出惰怠的力量。因此，任正非一直强调的始终让组织充满活力，目的就在于让公司的机制持续有效，持续为组织提供足够的张力。

第三，管理制度的调节。

机制是看不见摸不着但又客观存在的力量，机制的作用是依靠企业的经营管理制度来实现的，管理制度能够传递机制的作用力量。如员工好的行为和行为结果会被制度体系所认同和回报，从而使员工本人得到激励，同时也使其他员工感知到技术差异带来的压力与紧张感。反言之，当员工产生不被组织认同的行为和行为结果时，其本人就会受到制度的约束或惩罚，继而直接产生压力与紧张感，同时会在组织中扩散压力与紧张感。在华为，前一种管理机制有获取分享制和不让雷锋吃亏的评价体系与价值分配体系，后一种管理机制有末位淘汰制和自动降薪等。

第四，组织氛围的影响。

机制与制度持续作用于组织，就会固化为特定的组织氛围。组织氛围是指人们在一个组织内工作时的感觉和体验，它能够直接影响人们的工作效率及能力发挥。组织氛围不同于组织文化，文化影响未来，氛围影响当下。在一个好的组织氛围中，紧张感能够相互感染，能够相互传承。如同在高速路上行车，自己想停下来，后面的人也会鸣笛催促你前行。从华为衡量组织氛围的责任性、明确性、灵活性、奖励性、凝聚性、进取性等六个指标看，其组织氛围的总体特征无疑是紧张型的，换言之，华为的组织氛围衡量指标旨在牵引构造一个充满紧张感的组织氛围。

第五，组织纪律约束。

组织纪律是组织有效运作的基本条件与基础，有钢铁的纪律，方能造就钢铁的团队与组织。华为的"干部八条""十六条军规""员工商业行为准则""华为人行为准则""职业道德规范""日常行为规范""七大反对"等，都是对员工各层面的行为及行为结果的约束与规范，而约束和规范，产生的无疑是一种紧张感。

第六，仪式的渲染。

仪式也是生产力，仪式感也能产生紧张感。《华为人力资源管理纲要 2.0》对此做了非常精辟的诠释："缺乏强烈荣誉感的组织与个体往往缺乏成功后持续追求更高目标的内在动力，难以持久凝聚组织内员工的奋斗热情。要重塑大公司、中集体、小团队的集体荣誉感，让集体荣誉所带来的团队成就与归属感，构建各级组织内主动协同、集体奋斗的精神基础；要及时对先进人员进行荣誉表彰，让个人荣誉所带来的承认与价值感，形成个体不断追求卓越、持续奋斗的精神动力。"

"要用好、用活荣誉仪式与荣誉信物，通过正向积极、感人至深、催人奋进的荣誉表彰仪式让优秀的组织与个人获得更大的荣耀感，让荣耀感进一步激发出组织与个体更大的责任感，让个体性'一枝先秀'的榜样引导出群体性'百花齐放'的奋进。"从过去的狼性精神、芭蕾脚、烂飞机、满广志、李小文、向坤山等精神图腾的张扬，到现今处于"战时"状态的华为，充满仪式感的各种宣誓、誓师、颁奖、承诺等活动，使这个充满紧张感的组织更加有紧张感与组织张力。

第七，管理者的垂范。

正确的路线确定之后，关键在于干部。没有紧张感的管理者是无法让下属有紧张感的，同样，没有紧张感的管理者也无法营造紧张的组织氛围，带出充满紧张感的团队。

任正非充满血性与理性的讲话，完善的干部管理体系，有活力的干部激励与约束机制，能够保证华为的干部充满紧张感，并能够促使他们把这种紧张感持续地传递给部门、团队与员工。

第八，外部的压力。

外部的压力来自客户需求、市场变化、竞争对手、行业变化、技术演变、国家政策等要素。当组织及其成员能够敏锐地感知这些外部的压力时，自然也会产生紧张感与组织张力。《华为基本法》第一条就指出："通过无依赖的市场压力传递，使内部机制永远处于激活状态。"第十四条也强调："在电子信息产业中，要么成为领先者，要么被淘汰，没有第三条路可走。"第五十四条要求高层管理者"保持强烈的进取精神和忧患意识"。

2019 年 10 月 15 日任正非在接受北欧记者采访时，特别强调了外部压力带来的紧张感对于公司的价值："其实我很感谢特朗普，因为华为公司经过 30 多年的发展，绝大多数员工开始富裕了，有一种富裕病就是惰怠、享受安逸。深圳多好，为什么要到非洲有疟疾的地方去奋斗？大家都会有这种想法，再经历一段时间，公司就会垮了。特朗普拿棒子一打，大家都紧张了，要努力生产，努力'种地'，没有垮下去，公司的销售收入反而增长了，这是大家努力的结果。从这一点来说，我并不认为特朗普不好，他吓唬一下公司，大家都怕了。以前是我吓唬大家，但是我的棒子不够厉害，特朗普的棒子大，一吓唬，大家都真真实实努力工作了。"

第九，个人的自律。

个人自律比起组织的他律更重要，也更有效。自律是自我驱动，自我赋能，自我约束。在任何组织中，制度总是有漏洞的，管理是有边界的，但如果员工能够自律，就可以弥补制度与管理的缺陷。如前所述，华为持续地通过组织的他律，来强化员工的自律，使得员工在自我约束和自我激励中保持紧张感。

不难看出，华为早在20余年前，就对以外部压力来强化紧张感，持续地激活组织等问题有了深刻的洞察，并持续地关注至今。

正是基于以上要素的紧张感，驱动了华为由小到大，由弱到强，由落后到超越的艰难发展历程。

可以说，深刻的危机感、持续创业的激情、毫不懈怠的意志造就了今天的华为。

如果说组织也有素质模型的话，那么，华为的组织素质模型中，必定有紧张感这一项。至于还有其他哪些素质模型要素，尚需继续研究。

华为是
如何发奖的

据说，任正非不懂技术，不懂财务，不懂营销，也几乎不懂管理。那他懂什么？他之于华为的价值何在？

任正非懂人性，有人称其为"人性大师"，窃认为并不过誉。

人性最难把握，不管是 X 理论、Y 理论，还是 Z 理论，不管是人性本善、人性本恶，还是无善恶，大多只是一种假设。但有一点，几乎是共识：人性一半是天使，一半是魔鬼，这一切皆归因于人的欲望。管理组织中的人，就是管理人性，也就是管理欲望。组织管理的机理在于：基于人性，基于人的动机，基于人的欲望，通过管理行为，激发人天使的一面，抑制人魔鬼的一面，以实现组织的目标。

唐太宗说："国家大事，惟赏与罚。赏当其劳，无功者自退；罚当其罪，为恶者咸惧。夫为国之要，在于进贤退不肖，赏善罚恶。"

企业大事也是这样，其实质就是激励与约束的问题。激励必须多元化，也必须及时化，其包含物质激励与精神激励两个方面。奖励是激励的重要手段之一。下面从奖励的角度，看看任正非治下的华为是如何发奖的。

华为发奖的基本思路

"小改进，大奖励；大建议，只鼓励"是华为奖励的基本原则。这个原则确定的是奖励的基本对象，实际上也就是奖励的价值导向。

奖励的对象其实很重要，在政策层面激励什么样的行为，在现实中就会产生相对应的行为。奖励的对象如果是孤胆英雄，或者见义勇为、身残志坚的人，实际上政策背后的假设是这类行为有利于组织目标的实现，因而希望类似的行为不断涌现。但在现实中，这样的行为往往不能以个人的意愿为转移，也不是人人可为。激励的行为，一定是被激励对象依靠自身努力可以实现的，此其一。其二，企业的奖励应回归到企业的功利性质，奖励也应该是功利性的，不能等同于社会中基于道德良序的奖励。而改进则是人人可为、时时可为、处处可为的。把改进作为奖励对象，就是希望员工淡定下来，聚焦起来，坚持下来，以匠人的心态持续地改进、改良和改善。伟大当然是"熬"出来的，也都是"改"出来的。

2019 年 8 月 19 日在运营商 BG 组织变革研讨会上，任正非提出华为未来奖励的基本思路："'集体立功，集体受奖，少数人破格.'对于连续性作战，我也提到立功奖励分三种形式：破格、顺格、拿奖金。比如，高级领导参与作战可以升一级；中间级的这一批作战干将可以破格，破两格、破三格，你们去协商；对于有些我们不能直接去干预职级的人员，先给奖金，然后让他参与所在组织的顺级评定。"

在 2018 年 3 月公布的《华为人力资源管理纲要 2.0（讨论稿）》中，公司明确提出："要用好、用活荣誉仪式与荣誉信物，通过正向积极、感人至深、催人奋进的荣誉表彰仪式让优秀的组织与个人获得更大的荣耀感，让荣耀感进一步激发出组织与个体更大的责任感，让个体性'一枝先秀'的榜样引导出群体性'百花齐放'的奋进。"

发奖的基本要素包括荣誉仪式和荣誉信物。荣誉仪式，指的是发奖典礼等；荣誉信物，指的是有一定来历或与自己有特殊关系的奖品、奖章等。

华为的荣誉部

华为在公司人力资源部之下设立有荣誉部，设立于 1997 年。其职责是：贯彻公司"小改进，大奖励"的精神，建立和不断完善荣誉奖管理制度；遵照"在合适的时间，利用合适的方式，奖励该奖励的事，奖励该奖励的人"的原则，组织推动各部门荣誉奖工作的开展，鼓舞员工的工作热情和创新精神，提高工作效率；荣誉体系队伍建设及人员培养；此外，还负责员工关系与员工沟通、组织氛围管理、干部监察、员工个人诚信档案管理等。

奖励是一种重要的日常管理行为，因此也需要设立专职的奖励管理部门。

华为首任荣誉部部长是由公司党委书记兼任的，由此可见华为对奖励的重视程度。

华为"心声社区"有"荣誉殿堂"板块，分别展示"蓝色十杰""金牌团队""金牌个人""明日之星""战时英雄"等奖项获得者的风采。同时，员工还可以在"我的荣誉"板块查询个人及所在部门的获奖情况。

华为的各种奖项

华为到底有多少奖，或许没有人能给出具体的数字。华为一年一度的市场部大会，历时四五个小时，一多半的时间是用来发奖的，如战略项目奖、最佳销售项目奖、竞争优胜奖、战略竞争奖、区域能力提升奖、最佳专业职称奖、优秀行政服务奖、最佳机关支撑奖、区域优秀 BG 奖、优秀大 T 子网系统部奖、优秀大 T 系统部奖、优秀效果经营奖、优秀代表处奖等等。据统计，每年的市场部大会上发出的各种奖项有 300 多个，获奖的部门及个人达到 800 多个，堪称发奖发到头晕，拿奖拿到手酸，鼓掌鼓到手痛。

发奖成为华为管理的重要手段，评奖获奖成为华为人工作的一部分。目前，华为公司级的奖励项目包括"明日之星"奖、"金牌团队"奖、"金牌个人"奖、"蓝血十杰"奖、"天道酬勤"奖及重大即时激励奖。

"明日之星"奖

其实，我们对发奖有种思维定式，认为奖励只是对少数人的激励，奖励面不能太大，否则就会失去奖励的意义。所以，在奖励时，我们一直高度苛刻和吝啬。

为什么不能给平凡的人以感动？为什么要让获奖者感到孤独和被孤立？

华为 2015 年 3 月 25 日正式发布了《明日之星评选管理规定（暂行）》。

设置"明日之星"奖的目的是鼓舞正气上升，让英雄辈出，让大家看到前方的星，照耀着我们的前进道路，千军万马就跟着上战场。通过组织各部门民主评选"明日之星"并予以表彰，以鼓舞士气，激励员工践行公司核心价值观，持续艰苦奋斗。有人的地方就有模范，有人的地方就有英雄。人人均有机会获得"明日之星"的荣誉称号。

"明日之星"奖的人数按照部门总人数 20% 的比例进行评选，各个区域的评选比例可以有差别。

"明日之星"奖的评选方式为民主投票。道德遵从委员会组织选区全员进行民主投票，一人一票，当场计票，当场公布结果，选票当场销毁。

"明日之星"奖品为"明日之星"奖牌一枚。据说，奖牌是委托巴黎造币厂制造。巴黎造币厂诞生于1864年6月24日，是欧元的唯一指定制造商。获奖信息记入员工荣誉档案。

任正非接受央视采访时曾自豪地讲："我们的奖牌都是很厉害的，全世界的造币厂都在为我们公司造奖牌。"

截至2018年，公司已有14.8万人次获奖（有7511人三次获奖），累计获奖人次占员工总数的近80%。由于华为员工人数的增加，"明日之星"奖的获奖人数也在不断增加。

华为的"明日之星"奖是评奖领域一大创新。世人近来都喜欢讲"颠覆"，窃以为，华为"明日之星"奖颠覆了传统的评奖和发奖模式。

"金牌团队""金牌个人"奖

"金牌团队"和"金牌个人"奖是旨在奖励为公司持续的商业成功做出重大和突出贡献的团队和个人，是公司授予员工的最高荣誉奖励。"金牌个人"的获奖比例是100∶1，"金牌团队"获奖比例为400个人∶1个团队。2016年公司共评选出1777名"金牌个人"，505个"金牌团队"。获得"金牌个人"奖的人有资格在天鹅湖畔与任正非合影。

截至 2018 年，公司已有 1.2 万人获得"金牌个人"奖，其中 877 人两次获奖，93 人三次获奖。有 6.2 万人次获得"金牌团队"奖，6720 人获得过两次，2901 人获得过三次。应了任正非那句豪言："一代将星在闪耀。"

"蓝血十杰"奖

这是华为管理体系建设的最高荣誉奖。2013 年 11 月 29 日，董事会常务委员会做出评选管理体系中"蓝血十杰"事宜的决议，以表彰"对管理体系建设和完善做出突出贡献的、创造出重大价值的优秀管理人才"。2014 年 6 月 18 日，公司召开了首届"蓝血十杰"表彰大会，获奖者有在职员工，也有离职员工，还有咨询公司的顾问。这次颁奖典礼还邀请国内媒体观摩，会后，任正非首次接受了国内媒体的集体采访。很多记者接到邀请通知时，问的第一句话是"蓝色十杰是干什么的？"——科学管理真是任重道远！

截至 2018 年，华为已经有 1077 人获得"蓝血十杰"奖，他们为公司的管理平台优化添砖加瓦，提升管理效率，这契合了公司"管理是真正的核心竞争力"的价值观。

"天道酬勤"奖

"天道酬勤"奖于 2008 年推出，奖励的对象是在海外累计工作

10 年以上或在艰苦地区连续工作 6 年以上的国际长期派遣人员，承担全球工作岗位的外籍员工全球流动累计 10 年或在艰苦地区流动连续 6 年。奖牌为水晶材质，印有那双著名的芭蕾脚，上书罗曼·罗兰的名言：伟大的背后是苦难。

"天道酬勤"奖推出的当年仅有 17 人获奖，次年有 15 人获奖，2017 年共有 656 人得到该奖项。截至 2018 年初，共有 3943 人获得"天道酬勤"奖。

华为的特色奖项

除上文所列举的奖项外，华为还有一些极具特色的公司级大奖。

"大锅饭"奖

"大锅饭"奖，又称"火锅奖"，顾名思义，就是无差异、普惠式、人人有份的平均主义奖励，是华为基于社会主义共同富裕理念的不定期奖励方式。

以 2018 年为例，共有 59971 人获得过公司级奖项，约占员工总数的 32%，38446 人获得部门级奖项，约占员工总数的 20%。

2014 年 10 月，公司董事会做出决定：将反腐败所得的 3.74 亿元人民币平均发放给在职员工，以奖励遵纪守法的员工。这笔追缴资金以奖金形式随 11 月的工资一起发放，每位员工的工资账户多了2500 元。

2015 年 10 月，公司通过各项管理改进活动共节约了管理成本3.28 亿美元，风险应收回款避免了损失约 3 亿美元，服务成本降低 1.95 亿美元，公司车辆、场地、物业和后勤支撑等行政费用优化节约 5300 万美元，存货优化管理节约 4970 万美元，物流成本节约2980 万美元，资产盘活节约成本 1986 万美元……为使持续管理改进成为全体员工共同关心的工作并使员工从中受益，以促使管理持续改善从我做起、从点滴做起的氛围形成。2015 年 9 月 24 日 EMT做出决议：拿出 1.77 亿美元（约合 11.28 亿人民币）奖励员工，每人 1000 美元。

让廉洁的员工分享反腐败的成果，才能构筑强大的反腐倡廉的坚实基础；让改进的员工分享持续改进的成果，才能激发员工持续管理改进的动力。由于华为长期坚持福利货币化和社会化政策，每年都不会发月饼之类的福利，但这次奖金的发放时间正值中秋节，发的又是美元，所以，网友戏称这为"隔壁老王家的月饼"，且是USD（美元）馅的。

2019 年 11 月 11 日，华为的最新"大锅饭"奖又隆重出台：华为将给员工发放两份特别奖金：第一，人人一个月阳光普照工资，11 月发放；第二，向参与国产组件切换的人员发放 20 亿元的特别奋斗奖，颁发给为应对美国打击做出贡献的员工。具体的发放对象是 2019 年 11 月 1 日在职的华为公司员工，但是不包括 2019 年年中绩效为 C 和 D、违反竞业协议、有 BCG（《员工商业行为准则》）经济类违规或信息安全一级违规等的人。

"阳光普照工资"与"特别奋斗奖"，均属具有华为特色的"大锅饭"奖励。

"市场部集体大辞职"奖

2000 年 12 月 8 日，值华为市场部集体大辞职四周年之际，华为召开纪念大会，向当年参与集体大辞职的所有人员颁发了金质纪念章。任正非在讲话中提出："我首先认为不应该是发奖章，而是发纪念章，因为发奖章就一定得有评委，而评委的水平至少要比获奖人高。我认为你们的精神是至高无上的，没有人可以来评论你们，你们过去的行为是不需要任何人来评价的，你们的精神是永存的。"

汶川地震救灾抢通英雄纪念章

2008 年，汶川大地震发生，华为第一时间组织人员赶赴灾区，抢修通信设施。救灾完成之后，127 位在灾区最前线奋战的员工获得刻有任正非寄语"让青春的生命放射光芒"和签名的水晶砖作为永远的纪念。受当时条件限制，部分员工收到的是一块木质的荣誉证书。2015 年，任正非兑现诺言，用奖章换回木牌。2015 年，公司重铸"2008 汶川地震救灾抢通英雄纪念章"。

该奖可归于重大即时激励奖，参与日本、尼泊尔等地大地震时抢修，在埃博拉病毒疫区坚守，为世界杯和奥运会提供通信保障的员工可获此类奖。截至 2018 年，累计有 2035 人获得重大即时激励奖。

"待到山花烂漫时"奖

2019 年 3 月 18 日及 5 月 15 日，任正非两次签发总裁嘉奖令："特对以下参与民兵连和火箭军工作并且表现突出的人员颁发'待到山花烂漫时'总裁嘉奖令，予以通报表彰。"该奖项用于表彰那些对公司声誉提升做出贡献的员工。在与公司共克时艰的关键时刻，即使发出并不雄壮的声音，也应该被鼓励。

家属奖

2009 年华为市场部大会特别为华为人的家属发奖，任正非亲自颁奖，他指出："我们奋斗的目的，主观上是为了自己和家人的幸福，客观上是为了国家和社会。最应该获奖的，应该是我们员工背后几十万的家人。其实他们真的非常伟大。他们忍受了多少痛苦，才成就了华为的奋斗，没有他们就不可能有华为的今天。"

2019 年 5 月 20 日，"成研与智能存储产品部为存储将士授勋"

大会发放的勋章上，除了篆刻"与时间赛跑，一切为了胜利"及员工的名字外，有的应员工本人的要求，还特别刻上了他们爱人的名字。

"烂飞机"奖

本文写作时，此奖尚未正式发放，奖章正在制作过程中，发放的具体对象尚不清楚。2019 年 5 月 21 日在接受央视记者董倩的采访时，任正非提到了该奖："我从来没有觉得我们会死亡。我们已经做了两万枚'烂飞机'金牌奖章，上面的题词是'不死的华为'，在我们渡过一道道难关时发放。"届时，将有两万华为员工获此奖。

这里所讲的"烂飞机"，是指一架二战中被打得像筛子一样、浑身弹孔累累的伊尔-2 飞机，它坚持飞行，终于安全返回。获得"苏联英雄"称号的苏联空军上将 G. F. 拜杜科夫这样描述："伊尔-2！前线所有人都喜欢这种出色的飞机——苏联设计师和工人同志的杰作。尤其在战场上直接支援步兵和坦克作战时，它更是不可替代的……飞机的生命力让人叹服，机翼被子弹打穿，一侧支离破碎，飞机照样能飞，还能正常降落。即使稳定器只剩下不到一半，它还能飞！无论是坚不可摧的装甲、强劲可靠的发动机，还是简洁明快的结构，没有别的飞机与它媲美……"

这架飞机同那双著名的芭蕾脚一样，是华为精神与文化的象征。

任正非总有一种化腐朽为神奇的能力,这就是领袖的重要特质。华为总能够把领导的意图极致地贯彻落实落地,这就是华为可怕的执行力。明茨伯格将管理分为三个层次:手艺,科学,艺术。作为管理手段的发奖也应该有手艺、科学和艺术层次之分。华为的发奖是否已经达到艺术的层次?

华为的奖品很"奇葩"

发奖总离不开奖金、奖牌、奖杯、奖状之类的。这些年来,不论是政府组织,还是企业,奖品的模样几乎不变,一直保持高冷、严肃和简朴,尤其是奖杯,犹如旅游胜地的工艺品,千城一面,高度同质化。最近,本人获一小奖,获奖证书与 30 年前几乎没有任何差别,奖品也很奇葩——一条毛巾,奖励从教 30 年!

华为有很多奖品含金量很高,发的就是纯金奖牌或奖章,如市场部集体大辞职纪念章、公司级"金牌个人"奖、公司级"金牌团队"奖。奖牌上是中英文的任正非名言"让青春的火花,点燃无愧无悔的人生",下面是任正非的签名。华为也有奇葩的奖品。

马掌铁

2015 年 10 月 30 日,任正非在消费者 BG 服务策略汇报会上发表题为《CBG 服务体系要做"成吉思汗的马掌",支撑我们服务世

界的雄心》讲话，他指出："要称霸世界就要钉马掌，没有钉马掌
的马蹄是软的，很快就磨损了，成吉思汗也不能称霸世界。所以服
务就要做'成吉思汗的马掌'，支撑我们称霸世界的雄心。"会上给
与会者颁发的就是马掌铁。

至于"成吉思汗的马掌"的材质，经多方打听，不得而知，估
计就是铁或者钢吧。

呆死料

2000 年 9 月，公司在深圳体育馆召开 6000 人参加的"研发体
系发放呆死料、机票活动暨反思交流大会"，会议的主题是"从泥
坑里爬起来的人就是圣人"，任正非做了《为什么要自我批判？》
讲话："今天研发系统召开几千人大会，将这些年由于工作不认真、
BOM（物料清单）填写不清、测试不严格、盲目创新造成的大量废
料作为奖品发给研发系统的几百名骨干，让他们牢记。之所以搞得
这么隆重，是为了使大家刻骨铭记，一代一代传下去。为造就下一
代的领导人，进行一次很好的洗礼。我今天心里很高兴，对未来的
交接班充满了信心。"

没错，这次发的奖品是呆死料。比如研发人员的奖品是用镜
框装裱的报废的板子，用服人员的奖品是用镜框装裱的使用过的机
票，生产制造人员的奖品是满满一竹筐的废铜烂铁、边角余料。如
此发奖，发如此奖，不敢说前无古人、后无来者，起码惊世骇俗。

千万不要小视这次发奖大会，它在华为发展过程中具有里程碑的意义，即通过有组织的自我批判，消灭"工程师文化"，把工程师变成"工程商人"，重新回归以客户为中心的正确轨道。事后来看，可以说，这次大会是公司研发体系的"遵义会议"。

皮　鞋

此奖设立于 1996 年，由任正非创立，奖品为皮鞋。此奖在华为只发过一次，只有两人获奖。1996 年 12 月 9 日，任正非在听取生产总部主管生产计划的葛才丰和销售计划部王智滨的计划与库存工作汇报后，认为我们知识分子有闭门造车之嫌，鼓励员工继续走与工农相结合的道路。如是，任正非发给两位各一双皮鞋，希望他们继续深入实际，仔细调查，到基层中去，到群众中去，到生产第一线，努力做实，摸清基层实际，尽心尽力做好自己的本职工作。葛才丰接到皮鞋后立即穿上，表示要从现在开始"行万里路"；王智滨决定珍藏这双皮鞋，时刻策励自己。

西　服

突尼斯时间 2002 年 5 月 7 日下午 3 点 30 分，埃及航空公司一架从开罗直飞突尼斯的客机在突尼斯郊区坠毁。机上 65 名乘客和机组人员中有 15 人遇难，多名旅客受伤，华为 GSM（全球移动通信系统）产品经理吕晓峰恰巧在此班机上，万幸的是他只受了一点轻伤。吕晓峰逃出机外后，并没有马上撤离空难现场，而是和一个英国人一起把几个受伤的妇女从山坡搀扶到了一块平地上。他的西服已经在逃出飞机时披在了一个两岁的突尼斯小朋友身上。此事后来被突尼斯官方报道，给突尼斯人民留下了深刻印象。任正非多次打电话询问吕晓峰情况，还趁到突尼斯访问的机会，亲自带吕晓峰购买了西装。

铁指环

余承东曾在其微博爆料，2015 年，华为无线系统 20 周年发的奖品是 20 年前退网的基站铸造的戒指，且有图有真相。网上有人发帖："不惜代价，求购。"

还有些"奇葩"奖品在现实中并没有发出来，只存在于任正非的讲话中，例如"组织一定要在他冲上上甘岭时，多给他一包方便面"。

华为的奖金

2013 年 1 月 14 日，华为召开 2013 年度市场大会，公司对取得优秀经营成果的小国办事处进行了隆重表彰。共有 11 个小国办事处获得二等奖，9 个小国办事处获得一等奖，2 个小国办事处获得特等奖。大会分别向他们颁发了奖盘、奖牌和高额奖金。

但不要以为华为每次发奖都会发很多钱，也有不发钱的时候。在此次表彰会上，还有一项特殊的表彰——"从零起飞"奖。在过去的一年里，有一些团队历经奋勇拼搏，虽然取得重大突破，但结果并不尽如人意。这些团队的负责人兑现当初"不达底线目标，团队负责人零奖金"的承诺，他们拿到的是"零奖金"。"从零起飞"奖获奖人员是徐文伟、张平安、陈军、余承东、万飚五位高管。不过，他们也并未空手而归，公司也发给了他们伴手礼——一架飞机模型。不要小看这架飞机模型，任正非亲自参与设计，选定"航母起飞 STYLE"图案，并将其命名为"英雄万岁"，指定由巴黎造币厂设计制作。

任正非在为他们颁发"从零起飞"奖后发表讲话："我很兴奋给他们颁发了'从零起飞'奖，因为他们 5 个人都是在做出重大贡献后自愿放弃年终奖的，他们的这种行为就是英雄。有他们的英雄行为和我们刚才获奖的那些人，再加上公司全体员工的努力，我们除了胜利还有什么路可走？未来人力资源政策的改进还会更加激励我们。我们在讲热力学第二定律的时候，反复说要拉开差距，现在人力资源政策刚刚拉开差距，以后还会有进一步的改进，会让优秀员工得到更多的鼓励。"

作为获奖者之一，余承东在微博中写道："从零起飞，新的征程。我所获得的年度零奖金——起飞奖的奖品，中国第一代舰载机歼-15 战斗机正从我国第一艘航母'辽宁号'甲板上起飞的模型，意义深远，值得珍藏！"

华为 2012 年销售收入没有完成任务，比目标差 2 亿多元，按制度规定，除了上述 5 人，轮值 CEO 郭平、胡厚崑、徐直军，CFO 孟晚舟，片联总裁李杰，以及任正非和孙亚芳，7 位人员拿到的奖金也是名副其实的"零奖金"。(华为 2012 年发放的年终奖一共 125.3 亿元！按当年员工的人数，人均 8 万元。)

除了物质奖品或奖金，华为还注重精神激励。2019 年 12 月 15 日晚上，在央视 2019 中国品牌强国盛典上，华为获得年度荣耀品牌大奖。其他获奖公司上台领奖的人都是董事长、副总裁等高管，而代表华为领奖的是终端软件部的高级工程师聂星星，她是 2014 年应届毕业加入华为的。有人问，为何没有一个高管前来领奖，而是派来一名普通员工。这其实源于华为的核心价值主张，每一位奋斗者都可以代表华为，每一位奋斗者都能分享公司的成功，这样给平凡的员工以感动！

小结

1. 在任何组织中，发奖及荣誉不是件小事，而是大学问，千万不可小觑。

2. 奖励及荣誉是人力资源管理中重要的激励手段，既是物质激励，又是精神激励，既是短期激励手段，又是长期激励手段。其特点是投入小，成本低，而效果明显。

3. 奖励及荣誉应该制度化，形成体系化的"奖励荣誉制度"，形成制度化的奖励荣誉机制和实施制度。

4. 奖励及荣誉也需要创新，也要与时俱进。如果不知道如何创新，那就实行拿来主义，静下心来，谦卑地向领先者学习讨教。

5. 发奖也是生产力、战斗力，仪式感也是管理要素、管理举措，像任正非与华为那样把发奖这种仪式感做到极致，这就是管理创新。

6. 在奖励面前，企业家与公司干部要有风度，严格自律，懂得分享，不与员工争功。

7. 发奖也要与时俱进，依据激励的目的与对象、经营管理重点和目标，适时地调整体系的内部结构与内容，保持奖励体系的弹性。

华为的

惩罚机制

一个敢惩罚的公司

2018年1月17日，任正非签发15号公司文件——《对经营管理不善领导责任人的问责通报》，这个通报很简短，但内容却很沉重。

公司一直强调加强经营质量管理，杜绝做假。

今年，部分经营单位发生了经营质量事故和业务造假行为，公司管理层对此负有领导不力的管理责任，经董事会常务委员会讨论决定，对公司主要责任领导做出以下问责，并通报全体员工。

任正非罚款100万元；

郭平罚款50万元；

徐直军罚款 50 万元；

胡厚崑罚款 50 万元；

李杰罚款 50 万元。

这已经不是任正非第一次自己签发文件惩罚自己了，所以在华为内部并未引起多少关注，大家已习以为常。但当日这个通报就被转发到互联网上，引起了一轮不大不小的热议。

以上只是承担间接管理责任的人受到的处罚，而直接责任人受到的处罚肯定比此要严厉得多。

毫无疑问，华为是个敢激励与会激励的公司。另一方面，华为还是个敢惩罚的公司，这是被很多人忽视的一面，也是很多公司欠缺的一面。

激励与约束是华为文化、机制与管理的双翼，两者均衡才会有力量。

从实质上讲，既不是华为在惩罚任正非们，也不是任正非在惩罚任正非们，惩罚他们的是华为的制度。这些年华为管理与机制变革的一个重要目标就是让任正非的华为变为华为的任正非，让任正非守望华为变为让规则与制度守望华为。表面上是任正非们在惩罚任正非们，实质上是任正非们制定和遵循的制度在惩罚任正非们。

华为的惩罚体系

如同华为的奖励，华为的惩罚也多种多样。

例如，如果员工出现严重的违章违纪，将受到应有的惩罚。包括但不限于警告、通告、罚款、降薪、降奖金等级、职位降级、考核等级下调、劳动态度考核等级下调、扣发奖金、赔偿损失、无权获得当年度虚拟受限股分红、收回以往年度虚拟受限股分红、记入员工纪律处分数据库或记入员工个人诚信档案等，直至除名、劝退或送交司法处理。

所以，在华为内部的电子公告牌上，与员工相关的奖惩信息占了很大的篇幅，一边是表扬、晋升、破格晋级，一边是惩罚、通报与处理，对比强烈。

除了惩罚当事员工外，华为还要依据管理责任线，惩罚员工的直接主管、间接主管以至间接主管的主管。如前些年，员工提前就餐现象严重，一经发现，哪怕提前就餐一秒，也要罚款 1000 元，直接主管也要降薪 100 元。

管理者因连带责任受到的惩罚，包括但不限于：

（1）警告，分为警告、严重警告等；

（2）通报批评；

（3）检讨，一般在上层及本层组织范围内进行，书面检讨可能在公司公开；

（4）弹劾，一般由道德遵从委员会做出；

（5）撤职，由管理职务变为非管理职务；

（6）记入纪律处分数据库；

（7）降职，即降低管理职务，相应的职位级别也要下调；

（8）降级，即降低职位等级，在个人经济收入方面意味着降低基本工资；

（9）冻结个人待遇提升，包括冻结职级晋升、涨薪、干部向上任命（冻结期一般为半年或一年）；

（10）罚款；

（11）降低或限制劳动态度考核等级；

（12）绩效考核结果限制或下调，即限制绩效考核结果的档次；

（13）以上各项的组合使用。

例如某管理者因在业务运作过程中存在多项流程违规及工作质量问题，受到公司惩罚：予以严重警告，个人职级降两级，2018年度绩效不高于 B，回溯并收回因绩效差异而多发放的年度奖金，冻结其个人职级晋升、涨薪、干部向上任命，冻结期为 6个月，在地区部业务团队内做检讨等。还有一案例，某管理者因故受到的惩罚达 15 项之多，其中尚不包括对其直接主管和间接主管的惩罚。

华为的惩罚是基于事而不是基于人，华为惩罚的依据是基于事实而不是人际关系。如任正非所言："审计查到的问题必须要处理，谁违反纪律就处分谁，这和战时没关系，监管不敢'杀'人，就不叫监管。赚钱的也有违反纪律的，不赚钱的也有违反纪律的，不能说因为绩效好，查出问题就可以原谅。桥归桥，路归路，功过不能相抵。"

扬善必须惩恶

在企业人力资源管理中，比起奖励来，惩罚是一个长期被遗忘的话题，也是一个经常被忽视的管理工具，尤其在我国这样一个"高关系社会"里，在民营的家族企业中，在非民营的裙带企业中，惩罚甚至是一个讳莫如深的禁区，即使在学者的管理论文中，有关惩罚的研究也很鲜见。组织不敢施罚，管理者不敢言罚，被罚者不能认罚。面对员工或干部的违规违章行为，企业睁一只眼，闭一只眼，或者两眼都不睁地做只鸵鸟，或者用念其初犯、年轻、功臣等理由为其开脱。即使有惩罚，也是高高举起拳头，轻轻放下手掌，再温柔地安抚。忍让、宽厚、仁厚、以人为本等一直被"中国式"管理奉为圭臬与楷模。

需要说明的是，我并不认为惩罚是万能的，更鄙视那些把惩罚作为主旋律的企业，以惩罚替代管理，同样是管理的失败。

正如打造一支能征善战的铁军一样，一支宏大的人力资源队伍也是依赖激励与约束形成的。

扬善，必须惩恶；惩恶，也就是在扬善；善，需要弘扬、恶，需要抑制。管理的实质就在于对人性善恶的激发与抑制，组织可以给予的——不管是物质上的还是精神上的，同样也可以不给予，甚至剥夺，这也是管理之于组织的真正价值所在，也是管理与机制的力量所在。

人性一半是天使，一半是魔鬼，这一切皆归因于人的欲望。管理组织中的人，就是管理人性，也就是管理欲望。组织管理的机理在于：基于人性，基于人的动机，基于人的欲望，通过管理行为，激发人天使的一面，抑制人魔鬼的一面，以实现组织的目标。

驱使人们前行的动力，有愿景、使命和目标的牵引，有利益的回报与激励，还有对惩罚的恐惧。人们对惩罚结果的恐惧，对失去自己所拥有的精神或物质层面的东西的惧怕，也是一种巨大且长期有效的驱动力。因此，管理学将惩罚称为"负激励"。

赏罚分明，组织才有正义，才有士气，才有动力，才有活力。有功不奖，则难立新功；有过不罚，则过累出。

司马光言："治国之要亦有三：一曰官人，二曰信赏，三曰必罚。"唐太宗说："国家大事，惟赏与罚。"荀子言："是非不乱，则国家治。"有人云："有典有则，贻厥子孙。"

扬善易，惩恶难。相对于激励来讲，惩罚更难，因为其行为有违惩罚者和被惩罚者的自然人性。前者是予人玫瑰，后者是给人荆棘。

无论是奖还是惩，关键在于对度的认知与把握。这个"度"，不是"中庸"，也不是"平衡"，而一定是"灰度"，管理可以在广阔的空间中做出选择。

优秀的企业文化之所以优秀，不仅在于其弘扬了组织中人性的正能量，还在于其抑制了组织中人性的负能量，形成了"压差"，构建了组织中的熵减机制，抑制熵增行为，从而形成了组织的活力，构建了清新的组织氛围。

从管理原理上讲，人的工作行为与结果，不一定是正态分布的，也绝不会整齐划一，这就是激励与约束存在的客观基础，人性的善与恶仅仅是一种管理假设，而不是客观的现实。

需要强调的是，惩罚不能滥用，必须基于制度，必须基于事实。正如古人所言："百善孝为先，论心不论迹，论迹贫家无孝道。万恶淫为首，论迹不论心，论迹世上无完人。"

如果说，华为在使用一切行之有效的举措激励员工，调动员工积极的正能量；那么也可以说，华为也在使用一切行之有效的举措约束员工，抑制员工消极的负能量。

敢于惩罚的公司，一定拥有清晰的是非善恶判断标准，表现出的是对核心价值观的自信。

敢于惩罚的公司，展现的是强大的管理能力，体现出的是组织制度的正义。

敢于惩罚的公司，表现出的是对组织机制的重视，是有组织活力的体现。

敢于惩罚的公司，其表象背后是对善的呵护，因为不能惩罚恶，就是对善的打压。

敢于惩罚的公司，一定有完善的制度、规则与程序作为后盾，而绝不会基于某个人或某些人的怒与哀做出决定。

敢于惩罚的公司，实际上是对员工与干部形成了一种保护，进而强化干部与员工的自律意识与他律机制，保持队伍持久的活力与战斗力。

华为人力资源管理 30 年：
在坚持中优化，在继承中发展

华为的人力资源管理是在静水潜流中走过 30 年的，在坚持中优化，在继承中发展。

华为于 1987 年 9 月 15 日正式注册，从一无所有经过了三分天下，从一个积极的跟随者变成行业领先者，直到今天进入无人区。每个公司的发展都是一个非常艰难的过程，在这个发展过程中，每个公司都有许许多多的问题，会遇到很多的风险，会经历苦难，华为也不例外。正因如此，这些企业都值得尊重。

2017 年华为在《福布斯》全球品牌价值 100 强中排名第 88 位，2018 年排名 79 位，2019 年排名 74 位。在 Interbrand 2018 年全球最佳品牌榜单中，华为位列第 68 位，与 2017 年相比又上升 2 位，品牌价值提高 14%，达到 76 亿美元，这是华为连续 5 年上榜全球最佳品牌前 100 名，是中国改革开放 40 年来唯一一个上榜的企业。

华为取得今天的成绩，其根本的原因是什么？关于这个问题，从不同的角度有不同的解读，外界也存在诸多误读。《华为人力资源管理纲要 2.0》的结论是："人力资源管理是公司商业成功与持续发展的关键驱动要素。"注意，这里没有说"要素之一"，也就是说只有这一个驱动要素，驱动华为 30 年发展的关键要素就是人力资源管理，而人力资源管理驱动组织的结果，就是让组织始终充满活力。当然技术很重要，人才很重要，方法也很重要，但人力资源管理的一个核心作用是保持这个组织的活力，如果这个组织失去了活力，那么这个组织也走不远。

下面，我们分阶段对华为人力资源管理 30 年的演变过程做一个简单的梳理。

野蛮生长时期：在试错中探索

从 1987 年到 1996 年，华为像许许多多中国民营企业一样，走过了一个野蛮生长的阶段。这一阶段是华为的生存期，也是华为文化的孕育期，企业文化处在自发形成过程中。这一阶段的特征是野蛮，其文化是野蛮的，管理是野蛮的，营销是野蛮的，人也是野蛮的，说句不好听的，企业家也是野蛮的，因为在这种一无所有的状态下，不可能规范。在这一阶段，华为既没有规范的愿景与使命，也没有系统的经营管理体系，驱动公司艰难前行的或许只有梦想。

在企业愿景方面，这一时期的华为以竞争型愿景或行为典范型愿景为特点。

1992 年华为的销售收入仅有 1 亿元，员工人数不到 200 人。华为提出"超越四通"的目标。（当年中国高科技企业的两个典范叫"南巨人，北四通"，前者转行做保健品和游戏，后者已经从中关村消失了。）

1994 年华为的销售收入为 8 亿元，员工人数达到 1000 人。任正非提出"10 年之后，世界通信行业三分天下，华为将占一份。"10 年后这一目标没有实现，而是到 2008 年，也就是用了 14 年华为才真正实现了三分天下。

这就是愿景的力量，这就是梦想的力量。华为是一个被梦想驱动的公司，人是需要一点梦想的。

在这一阶段，华为的使命也是借用的：产业报国，科教兴国。当年很多企业都以此为企业使命，如联想、海尔、长虹等。这一使命充满了家国情怀，企业要把自己和国家的命运联系在一起。尽管这样的愿景、使命并不规范，但是它们有一腔热血，这就是那个年代创业者的家国情怀。

至于其他价值主张，也没有成形的，都是一些口号式的，但是这些口号挺有意思，很多一直传承到现在。"胜则举杯相庆，败则拼死相救""是太阳总会升起的，是金子总会发光的""狭路相逢勇者胜""烧不死的鸟是凤凰"这几个口号在华为延续了 30 年。

在这一阶段，华为的经营管理体系也包括人力资源管理体系，就是在试错中探索，没有什么系统的东西，只是摸着石头过河。在人力资源管理方面，华为并没有什么值得我们惊讶的伟大创举，没有一些里程碑式的、划时代的、具有历史意义的东西，也没有什么体系的系统构建，而仅仅有一些职能模块的建设。

理性成长时期：用《华为基本法》构建系统价值主张

从 1996 年到 2005 年，这一段时期为华为的理性成长时期。华为的人力资源管理体系建设也进入了理性阶段，这一阶段很重要的一点就是《华为基本法》的诞生，因为《华为基本法》本身就是一种系统思考，也是一种顶层设计。

如果说华为在成长阶段有里程碑的话，《华为基本法》的诞生就是一个重要的里程碑。《华为基本法》的制定预示一个重要的转变，就是把任正非的华为变成了华为的任正非，让制度和规则守望这个公司，而不是让任正非守望这个公司。《华为基本法》让华为走出混沌，走向了理性，这也是华为有今天的成绩的重要基石之一。

自此，华为开始有了明确的使命和价值主张，这些主要体现在《华为基本法》的第一章，核心价值观的七条基本上把华为的愿景、使命，华为是谁，华为从哪里来、到哪里去等一些问题都解释清楚了。但这一阶段华为不仅仅制定了《华为基本法》，《华为基本法》定稿之后，华为进入系统理性的制度建设过程。任正非说，如果没有《华为基本法》，华为会崩溃，指的是思想的崩溃、不统一；而没有 IBM 就没有华为的全球化，因为 IBM 给华为带来了系统的制度建设。

在这个阶段，企业家的重要使命是使企业结束野蛮生长模式，结束人治的管理模式，走向由企业家到员工的群体理性，构建企业的经营管理体系，打造队伍，优化机制与组织，强化企业的核心竞争力。很多中国企业现在确实需要补课，如果这个阶段不下功夫，光靠弯道超越、变道超越或造道超越，都是机会主义的表现。市场经济不相信眼泪，不同情弱者，市场经济只相信实力，喊口号没有用。

在这个阶段，华为的人力资源体系构建就有了一个明确的导向，这个导向就是基于顶层设计，开始系统地构建人力资源管理体系，经过系统制度的建设，形成了华为的人力资源管理平台体系，又被嵌入华为整体平台体系，在华为形成一个结构化的平台体系。我认为华为最重要、最可怕的就是这个平台体系。

个人因为组织而伟大，每个伟大的人力资源都需要一定的平台，在平台上成长，而且这个平台是统一的。华为的可怕就在于一旦它认定了要做什么，这个平台可以迅速集中资源，用任正非的话讲就是扑上去，以巨大的代价不顾一切地压上去。所以我们看到的是华为做什么都成功，这凭借的是什么？我认为就是平台优势。

华为人力资源管理平台的最大特点就是三个字——结构化。这不是一个模块化的人力资源管理平台，而是结构化的，也是平台化的。所谓结构化就是各个结构之间有内在联系，相互支撑，使得这个平台更有力量。

华为在这个阶段的制度体系建设涉及很多职位管理制度的内容。人力资源管理体系之所以难以形成一个体系，核心关键点是没有重视职位平台的搭建和职位管理。

职位是人力资源管理的基础和平台，人力资源管理的所有活动都是在职位这个平台上展开的，职位体系在人力资源管理体系中起着重要的基础作用。所以在现实中，不管是公共组织还是企业，都已经到了强化职位管理的时候，从这个角度，我们也可以大致明白为什么华为在前期有那么多与职位相关的制度。

全球发展时期：价值观和战略与国际接轨

从 2005 年到 2010 年，华为进入全球发展时期。华为的愿景、使命和核心价值观更与国际接轨了。《华为基本法》是不与国际接轨的，带有明显的华为特色。现在我们看华为的愿景、使命，都开始带有国际范儿了，具有简单、聚焦的特征。

华为于 2005 年 5 月 8 日推出了新的企业标识，并以此为契机，历经半年，对企业文化进行了提炼与升华。

愿景：丰富人们的沟通和生活。

使命：聚焦客户关注的挑战和压力，提供有竞争力的通信解决方案和服务，持续为客户创造最大价值。

战略：（1）为客户服务是华为存在的唯一理由；客户需求是华为发展的原动力；（2）质量好、服务好、运作成本低，优先满足客户需求，提升客户竞争力和赢利能力；（3）持续管理变革，实现高效的流程化运作，确保端到端的优质交付；（4）与友商共同发展，既是竞争对手，也是合作伙伴，共同创造良好的生存空间，共享价值链的利益。

2008 年华为成立了核心价值观研讨小组，经过反复讨论，形成了目前的六大核心价值观。公司标识也发生了变化，由红太阳状的11 条放射线变成渐变色的菊花，之后又做了调整，取消了渐变色，意味着保持价值观的纯洁。

12 月经公司 EMT 审议批准，华为核心价值观正式面向全体员工征集意见。

成就客户：为客户服务是华为存在的唯一理由，客户需求是华为发展的原动力。

艰苦奋斗：我们没有任何稀缺的资源可以依赖，唯有艰苦奋斗才能赢得客户的尊重与信赖。

自我批判：自我批判的目的是不断进步、不断改进，而不是自我否定。

开放进取：为了更好地满足客户需求，我们积极进取、勇于开拓，坚持开放与创新。

至诚守信：我们只有内心坦荡诚恳，才能言出必行，信守承诺。

团结合作：胜则举杯相庆，败则拼死相救。

华为的愿景、使命、战略和核心价值观基本上形成了体系。

在这一阶段，华为的人力资源管理体系建设开始关注组织能力、组织效率、组织活力。公司在这一阶段的人力资源管理制度体系构建基本上都和这三个核心问题相关。华为搞了"寻找史今"① 的活动，它是华为人力资源管理的伟大创作，让各级主管关注人力资源。很多基层管理者只关注业务，眼中有事、目中无人。华为通过这个策划，做了一次人力资源管理的普及。

组织变革时期：聚焦未来的成功要素

第四阶段是从 2010 年开始，为组织变革期。这一阶段华为的核心价值主张是组织优化，提升组织能力和组织效率。

2008 年，华为成立 20 年，没有举办庆典活动，而是召开了 5 次奋斗者大会。任正非在这 5 次大会上有 5 次讲话，实际上既是对华为过去成功的一个解读，也是对华为未来成功的一种展望，他在寻找一些未来的成功要素。基于对公司成长历程进行总结，任正非系统地思考了华为 20 年的成败，并在此基础上完成了对华为未来成长道路、战略和企业文化的全面定位。

2008 年 5 月 31 日，华为召开无线系统产品线奋斗表彰大会，任正非做了题为《让生命的火花，点燃无愧无悔的青春》的讲话。

---

① 史今为《士兵突击》中贴近基层、战斗在一线的班长典范。

2008 年 9 月 22 日，华为召开中央平台研发部表彰大会，任正非做了题为《从汶川特大地震一片瓦砾中，一座百年前建的教堂不倒所想到的》的讲话。

2009 年 1 月 16 日，华为召开销服体系表彰大会，任正非做了题为《谁来呼唤炮火，如何及时提供炮火支援》的讲话。

2009 年 3 月 23 日，华为召开财经系统表彰大会，任正非做了题为《市场经济是最好的竞争方式，经济全球化是不可阻挡的潮流》的讲话。

2009 年 4 月 24 日，华为召开运作与交付体系表彰大会，任正非作了题为《深淘滩，低作堰》的讲话。

历时近一年的 5 次讲话，对象不同，内容有差异，但主题与目的是相同的，就是重新回到发端于《华为基本法》的三大命题：华为为什么成功？支撑华为以往成功的关键要素是什么？华为要取得更大的成功还需要哪些关键要素？

2010 年 1 月 20 日任正非在市场工作会议上发表讲话，标志着他完成了对华为文化的系统理性思考，也预示着华为新的核心价值主张的出台。

2018 年华为推出了新的使命、愿景："把数字世界带入每个人、每个家庭、每个组织，构建万物互联的智能世界。"前半句是华为的使命，后半句是华为的愿景。

华为同时更新了关于公司使命和愿景的相关管理规定，在这个管理规定中讲了三点，包括为什么要重视愿景、使命和核心价值观的管理：

> 让员工感受到来华为是在做一件伟大的事情，产生加入其中、为之奋斗的热望，而不仅仅是为了挣钱；
>
> 让所在国家、社区、合作伙伴等，感受到华为公司在做的事情是促进其国家进步和当地社会及产业生态发展，而不仅仅是向其销售产品和获取当地资源；
>
> 体现华为作为一个全球化公司在整个地球上存在的价值，让全世界人看到华为是在做一件推动世界繁荣和社会发展的伟大事业，通过持续的创新，开创和改变产业，为客户创造价值，承担社会责任，而不仅仅是为了获取商业利益。

在这一阶段，人力资源管理制度体系建设的重点就是简化与优化，在继承中持续地优化。例如，出台关于使命、愿景的管理规定，发布《华为人力资源管理纲要 2.0》，成立总干部部，设立首席知识官。

结语：天道酬勤，自强不息

从华为公司的成长发展来看，公司的人力资源管理没有什么神奇的东西：第一是摸着石头过河，这个探索阶段是必需的；第二是在自我批判中进步；第三是在持续优化中成长；第四是在顶层设计中变得卓越。这是华为持续成长的四部曲。

先僵化—后优化—再固化—又简化，这是华为管理进步的四个阶段。

华为人力资源的四个要点是：一切为了价值创造，一切为了业务发展，一切为了效率提升，一切为了机制与活力。

华为人力资源管理的基石是核心价值观，特征是形成体系化、平台化、结构化的金刚石模型。因为这个管理体系有力量，所以才能影响人，改变人。

华为人力资源构建的路径就是在坚持中优化，在继承中发展。

《华为人力资源管理纲要 2.0》解析

2018 年 3 月 20 日，任正非签发了总裁办电子邮件，标题为《关于〈华为公司人力资源管理纲要 2.0 总纲（公开讨论稿）〉公开征求意见的通知》，并向公司内外公布了《华为公司人力资源管理纲要 2.0 总纲（公开讨论稿）》。

《华为人力资源管理纲要 2.0》的形成过程

《华为人力资源管理纲要 2.0》源于之前的《华为人力资源管理纲要 1.0》。

2010 年 3 月华为公司成立"公司人力资源管理纲要"整理小组，轮值 CEO 胡厚崑任组长，李杰任副组长，有组员 7 人。最初小组的名称为"公司管理哲学整理工作小组"。

该小组成立的目的是从华为过去所取得的成功和经历的挫折

中，总结华为在人力资源管理方面的战略理念、价值体系、基本政策、框架体系、管理原则和基本方法工具，以识别那些未来能够支撑华为长期成功的人力资源管理关键要素，以及那些未来可能导致华为走向失败的潜在风险。通过广泛的开放研讨（范围包括用心研究理解华为的外部人士），使归纳和总结出的指导华为成功的人力资源管理体系获得组织内外广泛的理解与共识，深入人心，以指导和帮助华为继续活下去，实现长治久安。

2014 年 11 月，历经四年的《华为人力资源管理纲要 1.0》正式出版，被命名为《以奋斗者为本》，与后续出版的《以客户为中心》（业务纲要）、《价值为纲》（财经管理纲要）构成了华为的"管理哲学"。

《华为人力资源管理纲要 1.0》与《华为人力资源管理纲要 2.0》之间存在着紧密的联系，二者有着深刻的历史渊源，前者是后者的基础，后者是前者的升华。

2017 年公司启动《华为人力资源管理纲要 2.0》的讨论修改工作。经过近一年的高层酝酿与研讨，人力资源委员会纲要工作组初步形成了《华为公司人力资源管理纲要 2.0 总纲（公开讨论稿）》。

2018 年 3 月开始，公司高管发文参与讨论，心声社区开始讨论人力资源管理纲要，不到半个月，已有 30.5 万人次阅读，2071 人次参与讨论。

从 1997 年的《华为基本法》（有关人力资源的内容占 1/4），2005 年对愿景、使命与战略的重新定位，2008 年的核心价值观梳理，2010 年"三个根本保障"的提出与公司管理哲学的提炼，2017年新的公司使命、愿景的提出，到 2018 年的人力资源管理纲要的制定，这是一个延续 20 余年的跨世纪管理工程。

任正非论《华为人力资源管理纲要 2.0》

如同《华为基本法》的制定一样，《华为人力资源管理纲要 2.0》的制定也是任正非直接领导参与的"一把手工程"，他是《华为人力资源管理纲要 2.0》的顶层设计师。以下是任正非在多次讲话中提出的要求和指导意见。

（1）共同的价值观，是共同发展的基础；有了共同发展的基本认知，才可能针对业务特点展开差异化的管理；共同的平台支撑，是我们在差异化的业务管理下，守护共同价值观的保障。"天"和"地"是守护共同价值的统治，中间业务的差异化是促进业务有效增长的分治。

（2）公司未来的运作模式是在共同价值守护、共同平台支撑下的各业务或区域的差异化运作，是从"一棵大树"到"一片森林"的改变，要统一思想，但也要耐心改良。

（3）如何形成共同基础？我们要有价值创造及价值分配的共同思想基础。为客户服务是我们共同的价值观，支撑这个价值观的长期、短期激励机制，是实现这个目标的有力措施。精神激励要导向奋斗，物质激励要导向多产粮食。我们的长期激励，是对员工已有贡献及可持续贡献的价值分配，这也是共同的基础、共同的理想，是不可动摇的理念。短期激励，是对当期贡献的分配，同时兼顾其为增加土地长期肥力的隐形努力，这是我们努力改进的方向。

差异化只能在共同的"天"和"地"中间产生，必须是"顶天立地"，中间放开，这样就可以在共同价值的基础上激活各模块的创造合力。共同价值、差异化是什么，我们将来都要注释清晰。

（4）我们要有统一的思想，也要有耐心改良，思想松土可以走在前面。将来董事会主要承担战略洞察、规则制定、关键干部任用、监督；机关平台更重在建设而不重在操作；前方平台重执行、服务、支持与监督；前线作战指挥者就应该走主官责任制的道路，一心关注如何指挥战争取得胜利；职员及专家队伍支撑决策的实现。主官对不确定的事情承担决策责任，主官对确定性事情承担责任，可以实行首长负责制，提高运作效率。

（5）我们现在的机关平台的工作是收敛、汇总，再转发，今后要转向服务与支持，平台的指挥作用会降下来，服务能力会升上去。欲速则不达，变革也不要急于在短期达到目的，用10年时间去逐步实现《华为人力资源管理纲要2.0》。

（6）公司的使命是促进智能社会的转型、为客户创造价值、为社会做出贡献，员工的目标是为组织的使命达成进行高质量的工作。公司的商业成功与员工获得的回报是上述努力的结果。未来我们要认清中基层员工、中高级干部、高层领袖的不同使命动机，要进行差异化识别与规划。如果从上到下都是一个使命，那不正确，基层不需要担负这么重的东西。价值观不一样，不同的工作人员有不同的动机和要求。领袖、主官、执行者站在不同角度，对同一事件有不同看法，是正确的，是合乎社会发展哲学的。

（7）在坚持核心价值观和责任结果导向的基础上，通过开放迭代、汇聚智慧的过程，逐步构建面向未来的人力资源管理纲要。

（8）纲要的制定要坚持成功的核心理念。首先"以客户为中心，以奋斗者为本，长期艰苦奋斗"不能变。我们必须正确地以客户为中心，否则就会以领导为中心，帮派林立；如果不强调艰苦奋斗，到了一定程度，大家就可能惰怠了；我们还要坚持责任结果导向的评价原则。有了这些基础，业务是可以差异化管理的。

（9）要采用开放众筹、快闪方式录用顶级科学家及管理者，形成领导世界的能力。以持续迭代的方式来制定纲要。纲要的版本和结构就像安卓系统一样。安卓是开源的，免费给大家使用，大家的讨论又反馈给它，它不断地吸收建议。让大家去讨论，群众是聪明的，允许每个人、每个小组都能输出一个版本和结构。将来有五花八门的版本，纲要小组吸收以后沉淀净化，纲要也越来越完善，生成最后的版本。所有文件起草人员，必须有基层成功实践经验，文秘除外。开放讨论其实也就完成了对大家的思想松土，公司出正式版本时，愿意读第二次就等于读了一个正确版本。在研讨纲要哲学的过程中，大家不断输出只言片语，要慢慢去引导，允许跨领域、多元化的交流。

（10）《华为人力资源管理纲要2.0》主要思考从过去的"不信任"管理体系，向信任管理体系转变。在内外合规的情况下多产粮食，减少不必要的汇报、报表，这样管理层级就会缩小。让作战的力量多用在产粮食上。

（11）"一棵树"理论在"多棵树"场景下的使用过程中，我们还会存在很多新问题，需要理念的扬弃与发展。成功不是未来可靠的向导，企业生命长存要遵循生物学的进化法则。在外界环境变化缓慢时，持续积累是优势；而在外界环境快速变化时，要警惕依赖过去经验造成的发展障碍。总结和扬弃的原则是，和人性相关的管理经验未来可能依然适用，和业务、和时代环境相关的经验可能发生了变化，不能依赖路径。要坚持公司核心价值观的形而上的核心理念，可以逐步日落过去为适应阶段性需求采取的形而下的表象做法，积极开放探索适应变化的新方法。开放是企业进化的前提，只有开放，保持空杯，洞见和学习吸纳外部信息，才不会使自己成为商业丛林发展中的孤岛，才有机会改变、迭代和进化成始终适应时代的先进企业。

（12）公司未来遵循的是统治与分治并重的分布式管理体系，采用"横向分权，纵向授权"的权力结构。统治系统各机构间是分权制衡关系，统治系统与分治系统间是授权与监管关系。立法权高于行政权。

（13）公司共同价值管理是董事会承担的总责任，主要有四条：一是战略洞察；二是建立业务边界与管理规则；三是管理高层关键干部；四是监督。

（14）人力资源管理要用好精神与物质两个驱动力，精神激励要导向持续奋斗，物质激励要基于价值创造。

（15）坚持基于成功实践选拔干部，打造富有高度使命感与责任感，具备战略洞察能力与决断力、战役管控能力，崇尚战斗意志、自我牺牲和求真务实精神的干部队伍。敢于选拔优秀的低级别员工，也敢于淘汰不作为的高职级主官。

（16）《华为人力资源管理纲要2.0》的一个重要目的就是要祛除30年积淀的问题，帮助组织重新焕发青春。

（17）坚持努力奋斗的优秀人才是公司价值创造之源。让内部英才辈出，外部优才汇聚，建设匹配业务、结构合理、专业精深、富有创造活力的专业人才队伍。

（18）坚持业务决定组织，适应不同业务特点、发挥大平台优势，构建聚焦客户、灵活敏捷、协同共进的组织。

（19）人力资源工作的重心是以业务为导向，一切都是为业务服务的。

（20）总结出来的管理思想通过更多人的传承，并作为基础制定各项制度，确保相对正确的思想稳定落地，我们为什么不能继续成功下去呢？

（21）思想权和文化权是企业最大的管理权，思想权和文化权的实质是假设权。我们这次讨论修改管理大纲，就是探索一个科学的假设。

（22）接班人是用核心价值观约束、塑造出来的，这样才能使企业长治久安。接班人是广义的，不是高层领导下台就产生一个接班人，接班人的产生是每时每刻都在发生的过程，每件事、每个岗位、每个流程都有这种交替行为，是不断改进、改良、优化的行为。我们要使各个岗位都有接班人，接班人都要承认这个核心价值观。

（23）"红过十分就成灰"，华为正处于一个盛极必衰的阶段。我们也要看到我们的对手中有很多精神值得我们学习。价值观都是对立统一的，没有绝对的正确，希望这次研讨能够把指导我们成功的管理哲学总结得更加清晰，更加系统，逻辑关系更加严谨。

任正非的上述深邃洞察为《华为人力资源管理纲要2.0》构建了完整的架构体系和内在逻辑，任正非无疑是纲要的总设计师和思想贡献者。

《华为人力资源管理纲要 2.0》的架构体系

总结与提炼

纲要的第一部分提出了"人力资源管理是公司商业成功与持续发展的关键驱动因素"这一核心结论。此句是《华为人力资源管理纲要 2.0》的点睛之处,是对华为 30 余年成长发展历程中成功关键要素的高度概括,也是探索与理解华为以往成功之道的钥匙。华为在 30 余年的发展中,在管理模式、战略、营销、研发上有很多成功要素,但华为的成功可以理解为人力资源管理的成功,无论在理论层面,还是实践层面,其重要的贡献就是找到了一条中国式管理与开发中国人力资源的道路。

纲要从人力资源管理的基本出发点、人力资源管理的坚实基础、人力资源管理的理念与实践体系三方面对过去的人力资源管理体系做出概括性的提炼,并对以往人力资源管理存在的问题与挑战进行了分析。

理念与框架

纲要的第二部分,在分析公司内外业务环境变化的基础上,基于新的愿景、使命与发展战略,提出了新的人力资源管理的理念与基本框架:让组织充满活力,进一步优化人力资源管理价值链,构筑两个驱动力，管理好干部、人才和组织三个对象。

"让组织始终充满活力"是《华为人力资源管理纲要2.0》的核心命题，是人力资源管理对公司未来发展的价值贡献，也是在新的发展阶段，华为面临的最大挑战。未来的发展充满了不确定性，任正非提出的应对举措就是，以内部的确定性应对外部的不确定性，方向要大致正确，组织要充满活力，这是华为人力资源管理的愿景与使命，也是未来人力资源管理架构的顶层设计。

"在继承中发展"是人力资源管理的核心理念框架。在新的发展阶段，人力资源管理能否继续成为华为商业成功与持续发展的关键驱动因素，取决于对以往成功实践的继承，同时也取决于对以往存在问题的分析基础上的持续改进与优化。所以说，未来人力资源管理的架构绝不是"颠覆式"的重起炉灶，而是在顶层设计基础上的持续优化，这也是《华为人力资源管理纲要2.0》的重要价值所在。

新时期的机会与挑战是"三万"：万物感知，万物智能，万物互联。

未来的经营模式：以核心价值观为天，以共同平台为地，实现差异化经营的业务模式；建立"共同价值守护与共同平台支撑下的统治与分治并重"的分布式经营模式。

核心目标：让组织充满活力。

核心框架：优化人力资源管理价值链。

关键举措：构筑物质与精神两个驱动力。

管理重点：干部、人才和组织。

《华为人力资源管理纲要 2.0》的重点是对"两个驱动力"和"三个对象"的管理理念、框架、方向、体系和举措做出详尽的顶层设计。

继承与创新

《华为人力资源管理纲要 2.0》准确地把握好了总结、提炼与创新的关系，基于历史、现实与未来，形成了纲要的主线，不是颠覆性创新，而是连续性、继承性地提升与提炼，在总结公司人力资源管理的经验与教训基础上，对未来的人力资源管理做了系统的前瞻性提升。

《华为人力资源管理纲要 2.0》不追求形而上的文本之美和理论的完美，而是简略、朴实、接地气，以问题、现实、未来为导向，层次分明，内在逻辑清晰。

通读《华为人力资源管理纲要 2.0》，不难发现其到处显现着思想智慧的结晶和实践之树的长青。它涉及人力资源的各个层面，但是又不是教科书，尤其是对一些经实践验证的理论的新提法，对中国企业是很有启发的。

获取分享制

由过去的分配评价制到现在的获取分享制，是华为的一个重要变化。过去是先考核，给出评价，然后再进行分配。实际上华为这几年一直在实践获取分享制。获取分享制是解决机制的活力问题和人力资源管理的有效途径。

基于信任

《华为人力资源管理纲要2.0》提出了"基于信任简化厚重的管理体系"和"逐步实施以信任为基础的管理"。有人把此解读为"基于信任的人力资源管理"，当然也说得通，但是这并不意味着华为过去30年的人力资源管理实践是基于"不信任的"。其实，这里主要是指以往的"三过现象"：过度考核，过度监管和过度问责。简化的目的是提高管理效率，在引进与变革管理体系的过程中，华为奉行"先僵化，后优化，再固化，还简化"。厚重指的是统一的强大的管理平台，以及这一平台能够输出强大的管理力量。

多劳多得

《华为人力资源管理纲要2.0》多次提到多劳多得，其实是解决分配问题。尽管这是一个老话题，但是很多企业并没有解决这个问题。多劳多得为企业赋予了一种机制性的力量，华为赋予这个老词很多的新意。多劳多得是获取分享制的核心与目标，同时也是责任结果导向的目的。

劳动回报优于资本回报

《华为人力资源管理纲要 2.0》中提出"坚持劳动回报优于资本回报，让公司的创造价值主体获得更多价值回报"。它与获取分享制、多劳多得共同构成了华为的回报与激励管理哲学。只有抑制资本的贪婪索取，才有更大的空间实现获取分享制和多劳多得，才能真正实现力出一孔和利出一孔，才能驱动组织与员工进行价值创造，才能避免食利者和食利阶层的出现或固化，当然，这也意味着资本所有者要做出必要的牺牲。

人　才

在《华为基本法》中几乎没有"人才"这个词，而是使用"人力资源"。2000 年后，人才开始进入华为的语汇体系，之后成为与干部、组织并列的人力资源管理的三大管理要素之一。《华为人力资源管理纲要 2.0》提出："员工的个体分配既要落实责任导向，大胆打破已有平衡，向做出突出贡献的'优秀人才''超优人才'倾斜，首先给予其更多的机会上战场接受挑战，再用实战磨炼促进成长。"在这里，人才指的是优质的人力资源，而超优人才、优秀人才或优才是指人才中处于金字塔塔尖的部分。

干部管理模式

继承现有干部标准中的高绩效导向及从成功实践中选拔干部的成功实践，建立面向主官的新标准，优化面向干部的新要求。要求"主官要具备使命感、责任感，具有战略洞察能力、战役管控能力、战斗意志和自我牺牲精神"，以及干部要具有变革领导力、愿景领导力、整合领导力及求真务实等。可以认为这是华为在新时期在干部任职资格和关键行为标准方面的新要求，同时也是后备干部选拔的新要求，以此促进干部群体的自我提升和自我改进，适应公司业务发展的新需求。

集体奋斗中的个人英雄主义

《华为人力资源管理纲要 2.0》强调了个人英雄主义，但是它是有约束的，是集体奋斗中的英雄主义，这也是华为和任正非灰度管理思想的一个典型体现。

要用活荣誉感与荣誉信物

荣誉感和荣誉信物实际上在人力资源管理中是非常重要的，但是被很多企业忽视了。其实这就是《华为基本法》中的"小改进，大奖励"。人力资源管理的核心就是让组织保持活力，而让组织充满活力的无非是两个因素——激励与约束。激励包括物质激励和精神激励，荣誉感和荣誉信物是非常好的精神激励。

统治与分治的平台模式

这是华为对未来组织模式的总结，即从"一棵大树"到"一片森林"，建立"共同价值守护与共同平台支撑下的分布式经营模式"，实现公司业务持续健康发展。未来管理架构是统治与分治并重的分布式管理架构。

纲要中还提出了很多互联网时代的一些新的概念，比如说平台＋业务、生态共赢、众筹快闪……这些都是互联网时代的语言，但是纲要中没有用"去边界化""去KPI化"等词。

纲要还使用了很多外人可能不太知道而只有华为人清楚的一些语言，使其生动、鲜活、非常耐读，还有故事性。比如"全营一杆枪"，来自电视连续剧《绝密543》，描写我国第一支导弹部队怎么打下美国飞机；又如"干部在日常工作中要践行核心价值观，学习与发扬'满广志''向坤山'的求真务实精神"；再如"转人磨芯""打粮食""增加土壤肥力"等。

纵观《华为人力资源管理纲要2.0》，实际上就是强调团结一切可以团结的人，调动一切可以调动的积极性，挖掘一切可以挖掘的潜力。里面有很多新的提法，这些探索和创新对很多企业都会有启发。随着华为的进一步实践探索，其人力资源管理纲要会越来越丰富。

《华为人力资源管理纲要 2.0》的不足之处

当然，《华为人力资源管理纲要 2.0》还存在不足之处，例如，没有明确提出对知识劳动的有效管理问题；没有把信任机制提出来，没有把打造人力资源队伍的目标提出来；未来转型升级的总体方向没有明确，新的使命、愿景与人力资源管理的连接不清晰；没有明确提出对组织、干部与员工的赋能；没有明确提出信任文化中的开放、灰度、妥协、宽容；应该旗帜鲜明地提出人力资源的作用，不能以劳动替代；基本没有涉及人力资源管理队伍与组织自身建设；纲要的后半部分叙述与语言风格拖沓，不简练。

解析华为的
员工持股计划

　　员工持股计划与实践需要系统化的制度设计，因此，只有搞清楚员工持股计划的基本理念与理论，了解系统的工具与方法，才能保证实行方向的正确性和实践的可操作性。

员工持股计划的溯源及本质

　　企业运行的基本原则是谁出资谁受益，所以在《公司法》中，关于企业资本有两个法律界定。一个是资本所有者出资，获取利润。另一个是劳动所有者，以自身的劳动能力加入组织，获取工资、奖金及福利等。而员工持股计划是什么？它解决什么问题？它是如何产生的？

溯源员工持股计划：路易斯·凯尔索及其二元经济学理论

一个经典的管理实践是要有理论指导的，没有理论指导的管理实践仅仅是一个工具。员工持股计划起源于被称为员工持股计划之父的路易斯·凯尔索（Louis O. Keiso）。他并不是管理学家，而是律师出身，在 1956 年设计了世界上第一个员工持股计划。1958 年，路易斯·凯尔索出版了《资本主义宣言》，在这本书里提出了员工持股计划的基本实现及构建的体系。1986 年，他和夫人合著了《民主与经济力量》，提出了二元经济学理论。这本书的观点是基于 20 世纪 50 年代资本主义国家的一个客观现实：资本产生财富，而劳动最多只能维持生活。我们常说劳动致富，但在现实中有多少人是通过劳动致富的？这仅仅只是个口号而已。因为富裕通常是资本的产物，而不是劳动的产物。因此，凯尔索提出，把一般劳动者的身份转化为资本工人，虽然还是工人，但是有了身份。如何使一般劳动者成为资本工人？实行员工持股计划，员工通过持有公司的内部股份，参与公司财富的分配，与资本所有者共享公司的成功，这就是员工持股计划理论的基本构架。从劳动者的角度来看，员工持股计划使员工拥有双重身份：一重身份是劳动工人，通过劳动取得工资报酬，用来养家糊口；另一重身份是作为资本工人，通过持有公司的股份，积累公司财富。从企业的角度，员工持股计划通过内部设计，给企业带来了力量，这种力量，一种叫作经济的力量，一种叫作民主的力量，这就是凯尔索讲的二元经济学理论。

员工持股计划的六种形式及适用范围

员工持股计划是一个体系，应该基于不同的目的，针对不同的对象，采用不同的形式。从 20 世纪 50 年代的早期员工持股计划到今天成熟的员工持股计划，其主要有六种形式：

（1）员工持股计划，主要针对一般企业；

（2）员工股票购买计划，主要针对高科技企业，以惠普式体现；

（3）股票认购权，主要针对高科技企业的关键员工；

（4）受限股，为赠送股形式，主要针对管理层；

（5）随意股，主要针对小企业中的特殊员工；

（6）奖励股，属于员工股票购买计划的一种，要限制使用。

每一种员工持股计划的方式特点和适合对象不同，达到的目的也不同。比如受限股是赠送的，交易范围被严格限制，很多企业在实行员工持股计划的时候就送干股，干股的一个重要特点就是受限。

员工持股计划的主要目的

员工持股计划的主要目的有两个：首先这是一种奖励机制，奖励股东及为股东做出贡献的人，因此它具有回报属性；其次是使股东利益和员工利益紧密结合。孔子曾说："上下同欲者胜。"大家有同一个欲望、同一个追求、同一个利益源，因此能创造更大的价值。任正非提出的"力出一孔，利出一孔"也是如此。

员工持股计划的基本原则

国外员工持股计划的规范性文件中，只要讲到员工持股计划的基本原则，都是先让员工分担公司的风险，然后才是员工分享公司的成功。例如微软、IBM、谷歌等公司，都是如此。因此，员工持股计划可以造就百万富翁，也可以造就穷光蛋。国内的员工持股计划导向是有偏差的，过多关注分享的层面，而实际上，共担风险、共享成功，才是员工持股计划的基本原则。

员工持股计划的五大价值

员工持股计划的作用不仅仅是让员工富裕起来，它具有多层目的，是一个多体系的制度，概括来讲，它对企业的价值体现在五个方面。

第一，员工持股计划是静悄悄的革命。

在《资本论》中，马克思揭示了一个深刻的命题：资本主义的发展必然带来无产阶级的绝对贫困化和相对贫困化，因此最终无产阶级是资产阶级的掘墓人。列宁也得出结论，帝国主义是腐朽、没落和垂死的。马克思的理论学说为资产阶级敲响了警钟，使资产阶级看到了资本主义的基本矛盾导致社会矛盾冲突，使无产阶级成为资产阶级的掘墓人。因此，资产阶级在理性地分析和反思后，发现资本主义制度确实蕴藏着巨大的风险。如何解决资本主义的基本矛盾？以路易斯·凯尔索为代表的人进行了思考和探索。既然无产阶级是资产阶级的掘墓人，那把无产阶级变成资产阶级，掘墓人没了，就可以实现长治久安。员工持股计划就是实现这个设想的途径。成熟的市场经济国家都是一个枣核形的社会结构，大量的中产阶层成为主体。员工持股计划就是一场静悄悄的革命，意在改变资本主义深层次的矛盾。

第二，员工持股计划是金色的梦。

作为一名劳动者，其工资、奖金、福利只能养家糊口。一个人，最怕的不是眼前的不如意，而是未来没有希望。员工持股计划就是让员工对未来充满了希望，它就像一个金色的梦，让人觉得拥有一个美好的未来。

第三，员工持股计划是金饭碗。

对普通员工来讲，一份稳定的工作是非常重要的，无论是铁饭碗、泥饭碗还是大锅饭，肯定比不上银饭碗、金饭碗。员工持股计划正是将员工的铁饭碗、泥饭碗变成金饭碗，这也意味着这份工作更有保障，更具安全感，使人未来可以更加体面、更有尊严，幸福生活正是因此而来。前面提过员工持股计划的双面性，因此，这只金饭碗里边也有风险，可以说，它是一只金饭碗，但是碗里没有饭。

第四，员工持股计划是金手铐。

员工持股计划是非常有效的留人手段，例如国外实行股权计划，如果按 5 年来算，第一年叫窗口期，另外 4 年是实施期，因此这 5 年之内员工是不能离开的，因为被"金手铐"锁住了。5 年结束之后，这黄澄澄、金灿灿、沉甸甸的金手铐就归员工了。因此，员工持股计划是留人的有效手段。

第五，员工持股计划是"金色的握手"。

通过员工持股计划，资本所有者和劳动所有者握手，他们之间已经不再是冲突和矛盾的关系，而是合作共赢的关系，两者之间最终成为利益相关者和共享者。

这就是员工持股计划中的"四金"和"一个革命"，其中"金色的梦"和"金饭碗"有正面激励的作用，而"金手铐"和"金色的握手"是一种相互约束。

员工持股计划的四个特点

第一，出资认购股权。员工持股计划是指企业内部员工出资认购股权，这绝不是天上掉馅饼，也不是赠送股权，如果有赠送，也仅仅是少部分，其关键词是出资，这是必要的条件。

第二，委托集中管理。委托员工持股会作为社团法人托管运作，工会可以成立员工持股会，作为社团法人来托管，对员工持股的股权事务进行集中管理，员工持股管理委员会或理事会作为社团法人进入董事会，称为"民主的参与和民主的力量"。

第三，参与经营决策。员工持股计划进入公司的治理结构层面，参与公司经营决策活动。

第四，获取经济利益。员工按股享受分红，即"经济的力量"。

员工持股计划的六个技术要点

第一，参与条件。经典的员工持股计划为工作满一年、年龄超过 20 岁的员工都可以参股，没有其他的限定条件，所以又叫普惠制。

第二，评价依据。股份的分配以工资为基数，是工资的倍数，这样比较简单，同时还兼顾工龄和工作业绩。这主要也是因为以往的评价体系很少，只能以这些可衡量的直观要素作为评价依据。

第三，托管机构管理。员工持有的股份和股票交公司外部的公共托管机构或者内部的托管机构管理。为什么要有托管机构？因为持股员工数量很多，如果单个员工来处理员工持股计划的相关事务，一是不专业，二是会耗费大量的时间。

第四，公司回购制。如果符合规定的时间和条件，员工有权出售持有的股份和股票，公司有责任收购，所以员工持股计划基本上是以公司回购结束的。

第五，分期授予。员工持有的股份或股票，在凯尔索的设计中，期限是 5~7 年，和现在的股票期权大致一样。现在一般以 4 年为周期，以往时间更长一些。假如员工获得了 100 股，但这 100 股所有权要真正变为员工自己的，需要 5~7 年的时间。在这期间，上市公司持股员工享有与其他股东相同的投票权。

第六，参与决策。非上市公司的持股员工对公司的重大决策享有发言权。员工持股计划不仅仅是一个经济问题或者管理问题，也不仅仅是薪酬问题，它涉及两种力量，即经济力量和民主力量。

随着美国员工持股计划的大量涌现，政府给予实行员工持股计划的公司税收优惠政策，这是员工持股计划在美国大量出现的一个重要助推器。例如硅谷为什么能发展起来？主要有两个原因，一个是风投的出现，第二个就是实行员工持股计划，这是助力硅谷起飞的两只翅膀。

员工持股计划的六种实施形态

员工持股计划一般有六种形态，是经典的员工持股计划实施的前提条件。

第一，雇主出卖公司，员工出款购买，这是最简单的方式，解决了股权的来源问题。

第二，公司有两个出资者，一个不愿意继续经营了，其股份由两个及两个以上购买者购买，剩余部分由员工购买。

第三，公司要关闭分公司或者子公司，由员工收购。

第四，为了防止恶意收购，公司实行持股计划，将公司卖给员工。

第五，公司面临倒闭，由员工收购公司股份。

第六，家族公司因为没有人继承，将原公司卖给员工。

实施员工持股计划的三大核心问题

第一，企业所有者的境界。国有企业实行员工持股计划靠政策，民营企业实行员工持股计划取决于企业所有者的境界，他愿不愿意拿股份出来是最大的问题。在中国，叶公好龙的管理者太多了，这也反映了民营企业老板的境界问题，实施员工持股计划的关键是企业所有者的格局与境界。

第二，托管机构。雇主愿意把股权转让给员工，而员工没钱购买，怎么办？这是员工持股计划的一个重要机制，也是凯尔索的一个很重要的理念。由公司出面向银行贷款，银行为托管机构，或者由公司担保，托管机构向银行贷款，解决员工购买股份的经济来源问题。

第三，金融机构。托管机构按照市场价，以贷款的形式购买老板自愿让出的股份。股份是放在托管机构员工的暂记账户上，因为实施期员工没出钱，还没有完成交易。公司以红利的形式发放持股回报，公司用红利向托管机构提供偿还贷款的本金和利息，因为钱是从银行借的。员工持有的股份不到规定时间不能买卖兑现，只有时间届满或者离开公司或者退休才可转让，一般是由公司回购。所以员工持股计划是一件技术性很强的事，很多企业搞不清楚，就留下很多隐患。

由此我们可以看出员工持股计划的运作流程，首先是公司的股东或者叫资本所有者、股份所有者，愿意出让股份，然后信托方或者内部委托管理机构从银行贷款购买公司出让的这部分股份。这里的参与者有原公司股份的所有者、托管机构、银行即外部金融机构，这三个主体是员工持股计划得以实施的关键，如果这几个核心问题解决不了，员工持股计划很难有效实施。

那么银行的钱怎么还呢？一是经典员工持股计划。CEO买了公司这份股份的本金或分红，来还银行贷款。之后，公司的股份转移到委托机构，最后转移到内部持股会，这时候员工开始持有本公司股份，由此员工持股计划才正式实现。这就是经典的员工持股计划，值得很多企业借鉴。

二是股权，股权是股票认购权的简称，也叫股票期权。股票期权是企业中部分员工未来购买股票的权利，所以它一般按授权价格售卖，是一种长期激励。这种长期激励的重要特征就是具有时间性，如果不经过一定时间，就不叫长期激励，而是叫即时激励了。还有一个前提条件，就是股票价值上升，这样激励才有效。如果股票价值低于授权时的市场价格，就没有办法激发员工的积极性。所以这样，一是分担风险，二是分享成功。股票期权的一个重要特点就是不涉及现金成本。现在很多上市公司的股票期权，从理论来讲，在增加底层员工工作积极性方面是十分有效的，但从实践上讲，在中国股市条件下实行的股票期权存在很大的外部风险，因为中国的股票市场充满了太多的不确定性。

员工持股计划的三大作用

第一，提高企业整体竞争力。实施员工持股计划，一方面可以激励在职员工努力工作，积极奋斗，从而获得丰厚的奖金、福利和保险等，另一方面，可以吸引人才，提升公司人才的竞争力，进而提升公司整体的核心竞争力。

第二，扩大资金来源，降低成本资金。通过员工持股计划获得的资金比从银行贷款的成本要低，从而扩大了资金的来源，同时又降低了资金成本。

第三，可以减少税务负担。在美国，政府激励员工持股计划，通过员工持股计划，可以有效防止其他公司的恶意收购或者兼并，信托方代表员工有 26% 的表决权，可以否决恶意兼并。在中国，未来这种恶意兼并会越来越多，实行员工持股计划，对未来可能出现的恶意兼并将会起到防火墙的作用。

员工持股计划对各层面员工的意义及国内外现状

普通员工持股主要有两方面的作用。一方面，员工可以分享公司的业绩和资本增值，增加收入，减少纳税费（美国规定员工持股计划所获得的收益的税率和工资收入是不一样的）。另一方面，能够提高员工参与经营管理的意识，员工持有公司的股份，将会更加关注公司的经营，否则只会以一个打工者的心态关注工资的发放。

实行员工持股计划后，员工除了关注自己的工资外，还会主动关注
自己的资本回报，具备了股东的意识。

高管持投，一是让高层管理者的个人利益和投资者利益相结
合，解决委托人和委托代理人之间的利益结合问题。二是保证高层
管理者的薪酬和业绩相结合，保证高层管理人员对公司忠诚，保
证对优秀人才的吸引，这也是高管持股一个很重要的出发点。三
是保证高层管理者的薪酬具有动态性。动态即不稳定，不是旱涝保
收，不像按月或按年发放工资那样是固定的。四是保证变动性薪酬
占总薪酬相当的比重。在中国，除了销售岗位的变动性薪酬比较高
之外，很多企业高管的变动性薪酬占总薪酬的比重都过低。很多企
业没有系统分析过工资结构，大多数企业员工的变动薪酬占比在
10%~20%，而正常应该是变动性薪酬占60%及以上，这是国际经
验数据。中国的小企业员工变动性薪酬比例都很大，一旦企业做大
了，变动性薪酬就开始慢慢下降，固定薪酬就开始增加，到最后就
会变成干好干坏都一样，员工就失去了干好的动力。

在国外，对高管的激励，长期激励占绝对比重。而国内对高管
的激励其实是短期激励太多，长期激励太少。

华为员工持股计划的理念

华为员工持股计划一直延续着华为文化的两个特点：一是先僵
化，后优化，再固化；二是持续改进、改良和改善。华为早期的员

工持股计划基本上在野蛮生长，因为没有理念指导，是在高层的推动下实施，再逐步完善的，但它最终形成了一套完善的理论体系和实践体系。

华为员工持股计划的基本理念

华为员工持股的基本理念在 20 余年前的《华为基本法》里就已经明确提出：

> 华为主张在顾客、员工与合作者之间结成利益共同体。
>
> 努力探索按生产要素分配的内部动力机制。
>
> 我们坚决不让雷锋吃亏，奉献者定当得到合理的回报。
>
> 我们是用转化资本这种形式，使劳动、知识以及企业家的管理和风险的积累贡献得到体现和报偿；利用股权的安排，形成公司的中坚力量和保持对公司的有效控制，使公司可持续成长；知识资本化与适应技术和社会变化的有活力的产权制度，是我们不断努力探索的方向。
>
> 我们实行员工持股制度。一方面，普惠认同华为的模范员工，结成公司与员工的利益与命运共同体。另一方面，将不断地使最有责任心与才能的人进入公司的中坚层。
>
> 我们实行按劳分配与按资分配相结合的分配方式。

在《华为基本法》出台之后，华为又有新提法，比如"深淘滩，低作堰"，这既是对外部合作者、客户讲的，也是对华为的资本所有者讲的。肥水不流外人田，最后会导致一方富裕而另一方贫困。"深淘滩，低作堰"就是让利益相关者都能够共享公司的成果。

华为员工持股计划的定位

第一，员工持股计划是人力资源管理的手段。

《华为人力资源管理纲要2.0》中提出了两种创造驱动力，精神文明建设和物质激励，其中物质激励的一个重要来源就是员工持股计划。物质激励的重要基础是员工获取的经济回报，尤其是可持续的不断增加的经济回报。而在员工的回报体系中，薪酬与奖金等短期回报的水平除了取决于当期企业可分配收入之外，还取决于外部劳动力市场的供求状况与企业间人才竞争的状况；增加薪酬与奖金的支出，企业与员工还会承受现金流压力与税务压力。员工持股计划不仅可以为员工带来长期的物质激励，实现财富的长期积累，还能够激励员工持续地创造价值，实现公司层面与员工层面的物质文明基础。

第二，员工持股计划是让组织充满活力的重要手段。

组织要充满活力，必须解决不懈怠的问题，员工持股计划正是解决这个问题的重要手段。

首先，员工持股与工资、奖金及福利相比，属于长期激励与长期牵引力，企业需要员工长期艰苦奋斗，必须有长期的激励机制，短期激励是不可能导致长期行为的。其次，员工持股计划的长期激励，能够使员工与企业之间不仅建立起利益共同体，还能够构建起命运共同体和使命共同体。再次，有恒产者有恒心，长期激励机制能够抑制员工的短视、短期行为和投机行为，更大限度追求公司利益的最大化，以及在此前提下的个人利益长期化。最后，员工持股计划是实现"力出一孔"与"利出一孔"的重要制度设计，既把员工的奋斗导向客户，同时又实现以奋斗者为本的核心价值理念。

要坚定不移地拉开薪酬差距

很多企业的薪酬差距越来越拉不开了，基层员工和最高层管理者的薪酬差距在 8 倍是最合适的，但很多企业达不到这个标准。华为提出要拉开差距，要给火车头加满油，火车头就是给公司拉车的那些人。这些拉车的人可以流汗，但绝不能伤心流泪，拉车的人和坐车的人获取的回报就不应该一样，拉车的人创造价值、创造业绩，为客户服务，坐车的人坐享其成。如果坐车的人获取的比拉车的人更多，谁还会再为公司拉车？大家全坐到车上去，在公司就会形成一个食利者阶层。大家都不拉车了，坐吃山空，即使再好的公司，过不了两三年也会倒闭，这就是核心问题。

依靠工资与奖金等短期收入会在一定程度上拉开薪酬差距，但很难拉大这个差距，这是由薪酬结构、薪酬水平决定的。而员工持股计划可以使员工收入差距进一步拉大。因为员工持股的数量可以累加，因此员工获取的收益也会累加，表现在员工总收入水平上的差异就会更大。收入落差越大，矛盾也越大，而矛盾本身就是动力。

坚持多劳多得的价值分配观

员工持股计划本身就是价值分配的一种方式，总原则是多劳多得。想获得更多，就要多劳，多劳才能多得，少劳少得，不劳不得。如果看别人多得就眼红，还想要获得更多，这就会造成劣币驱逐良币。

华为一直强调薪酬向劳动所得倾斜，同时控制劳动所得与资本所得的比例，即公司的利润有多少被劳动者拿走，多少被资本拿走。现在这个比例为3∶1，即三份归劳动者，一份归资本。华为严格控制资本对价值分配的贪婪。资本是坐车的，劳动者就是拉车的。

全体员工艰苦努力，不断创造成就，推动公司的发展，他们是公司价值创造的主体，理应得到更多的回报。公司一方面实行员工持股计划，基于责任贡献分配虚拟受限股及 TUP（time-based unit plan，基于绩效的现金激励计划），以肯定员工过去的贡献，让员工分享公司持续发展的红利；另一方面形成劳动所得优先于资本所得的分配原则，既承认资本承担了发展风险，应获得合理的回报，又更注重让劳动者获得更多的激励分配。

在《华为人力资源管理纲要 2.0》中，我们也能看到华为员工持股计划的一些最基本的设计初衷，也就是顶层设计关注的问题：公司建立将公司的工资性薪酬与其业务经营发展结果相挂钩的机制，将奖金的管理从自上而下、人为分配改变为自下而上获取分享。奖金不是发的，而是被获取的，然后才进行分享。员工的主要短期激励来源于业务发展与经营发展结果，组织形成创造分享、利益分享、风险共担的机制。这是最基本的个体激励及贡献回报机制，也是华为员工持股计划的一个重要原则。

华为员工持股计划的倾斜原则

员工持股计划必须有所倾斜，比如说艰苦地区员工所持股份肯定高于非艰苦地区员工。通过政策的倾斜，引导干部、员工积极奔赴艰苦地区。不形成大锅饭式的员工持股计划，股权分配向核心层、中坚层和骨干层倾斜，股权结构保持动态合理性。

按生产要素分配的理念

从最基本的理念上讲，华为员工认同的是，顾客、员工与合作者是利益共同体。探索按生产要素分配的内部动力机制，按生产要素进行价值分配。在很多企业，工龄、年龄、学历、职称、职务等都参与了价值分配，而这些都不是生产要素。

以客户为中心，以奋斗者为本

以奋斗者为本的核心有两个：第一，公司提倡奋斗；第二，公司向奋斗者承诺，绝不让奋斗者吃亏。所以以奋斗者为本具有两层含义：首先是在精神、文化价值观导向上提倡奋斗，消除惰怠；其次是在制度与机制上让奋斗者不吃亏。

员工持股计划与价值评价体系

实行员工持股计划很重要的一点是要有评价体系。没有评价体系搞员工持股是可怕的，为什么这么说？如果没有评价体系做基础，最后员工持股计划的依据就是工龄、年龄、学历、职称和职务。很多企业搞员工持股计划没有效果，最大的原因就是没有评价体系。华为的评价体系实际上为股权分配建立了客观的依据。

实施员工持股计划，你要知道哪些人可用，哪些人需要员工持股计划来激励，哪些人需要被淘汰。员工持股计划的最基本理念是奖励那些为公司做出贡献，未来还继续做贡献的人。如果企业没有评价体系，员工持股计划就要缓行，否则，可能会在原来的"大锅饭"机制上再叠加一个新的"大锅饭"，危害更大。

当我们知道哪些是促使公司成功的关键业务，我们也就知道用什么样的薪酬政策去管理，即可以通过薪酬政策来调节关键成功要素。员工持股计划是公司成功要素的调节力量。

华为员工持股计划的演变

1990 年为探索阶段。基于任正非的分享意愿，这时实施的是一种自发形成的朴素的员工持股计划，没有制度设计，也根本称不上规范。正如任正非所讲："我创建公司时设计了员工持股制度，通过利益分享，团结起员工，那时我还不懂期权制度，更不知道西方在这方面很发达，有多种形式的激励机制。仅凭自己过去的人生挫折，感悟到要与员工分担责任、分享利益。最初我与我父亲商讨过这种做法，结果得到他的大力支持，他在 20 世纪 30 年代学过经济学。这种无意中插的花，竟然在今天开放得如此鲜艳，成就了华为的大事业。"任正非的分享意识是华为员工持股计划的源头，而其分享意识的产生来自其家庭教育与家庭背景、军旅生涯、人生挫折等。

1997 年为规范阶段。这一时期的基本特征是工会代持，形成了规范的员工持股计划的雏形。

2001 年为重新设计阶段。到了 2001 年，华为才真正实施了进入员工持股计划系列的虚拟受限股，也就是说，今天的华为员工持股计划是从 2001 年开始的。虚拟饱和受限股，创始人与工会共持。这时的员工持股计划借鉴了国外员工持股计划的理念和实践，是华为的员工持股计划进行的第一次顶层设计。它有几个关键：第一，它是虚拟的；第二，华为的员工持股计划是饱和的，按照职位评价、职位等级设定了上限；第三，它是受限股，不能交易、转让、继承。

关于员工持股计划需解决的几个问题

员工持股计划是一种机制，还是万能良药？

员工持股计划仅仅是，也只能是现代企业制度的一个构成部分，而不是现代企业制度的全部。员工持股计划只能建立在现代企业制度之中，而不能凌驾于现代企业制度之上，或独立于现代企业制度之外。员工持股计划不能解决企业经营的所有问题，其定位只能是企业人力资源管理领域的一部分。

员工持股计划是激励机制，还是约束机制？

如前所说，员工持股计划所提供的并不仅仅是一种激励机制，更是一种约束机制，是激励中的约束，也是约束中的激励，偏向任何一方，都是对员工持股计划的曲解。值得注意的是，激励的内涵是提供一种压力，绝不是花钱买积极性，长期持续的积极性是任何金钱也买不到的。

是企业家持股，还是全员持股？

员工持股计划面向的是全体员工，而不仅仅是企业家个人或企业家群体，企业家仅仅是员工的组成部分。从某种意义上讲，在员工持股计划面前，人人平等。

员工持股计划是投资，还是投机？

投资是有规则的长期行为，其目的是取得更大的回报。投资是建立在对机会和风险的预期基础上的。投机是无规则的短期行为，其目的是不投入或少投入而取得回报，它对风险不承担责任。所以，员工持股计划要促成的是一种长期的投资行为。

员工持股计划是送股，还是买股？

人们一般不会珍惜轻易得到的东西，这是人的天性，得到得越容易，失去得越快。没有投入，就不会珍惜产出。毋庸置疑，员工持股计划必须将股票放在高高的山上，而不是放在员工的手上。

员工持股是重点倾斜，还是平均主义？

失去了重点倾斜，员工持股计划就失去了激励性。平均主义的最大缺陷就是没有激励。同时必须注意的是，倾斜的重点是那些为企业曾经做出和将继续做出贡献的员工，还必须建立在企业价值评价体系基础上。

要股票增值，还是股票分红？

股票增值是一种持久的长期激励，股票分红特别是高额分红，将长期激励演化为短期刺激。刺激能否发挥作用，不仅取决于刺激的力度，还取决于员工的反应程度。在国外，高速成长的企业一般是不分红的；国内公司则大多采用高分红的回报方式。

华为的
干部管理

在企业中，干部管理是人力资源管理的重要组成部分，干部管理必须回归制度、机制与规则。要把干部交给制度来管理，而不是交给理念，也不是交给领导，要相信制度的力量。

干部是特殊的人力资源

从人力资源管理的角度讲，干部有三个特点。

第一，干部在人力资源管理体系中，是一个职位，是一个承担管理责任的职位，不是一个职务。在中国，一般人会认为"干部"是一种职务，但在企业中，干部其实是一个职位，是企业中必备的职位。这个职位的特殊之处在于，这个职位有下级，也可能有上级。员工则没有下级，只有上级。

第二，干部这个职位要为三种绩效负责，这是和其他职位有差异的地方。一是要为本人的绩效负责；二是要为组织的绩效负责，为部门或团队的绩效负责；三是要为下属的绩效负责，下属如果做得不好，也是干部的责任。

第三，干部是特殊的人力资源。所谓特殊，是指干部不是人人可为的，需要天赋、悟性、实践，并不是有学历、有资历就能当干部。对此，有些企业的认识还不到位，比如很多企业的职位晋升设计是，员工的绩效好就能当干部。其实干部需要特殊的管理能力、经营能力，必须具备必要的任职资格，必须有行使其职责的关键行为能力。

互联网企业现在非常重视干部管理，比如阿里巴巴搞政委制，小米成立干部部。这是一个好现象，说明这些互联网企业、新经济企业开始重视管理了。经济可以虚拟化，管理没法虚拟化，许多企业面临着由传统企业的人事管理向现代人力资源管理的转变。

2018年很多互联网企业倒下了，可能有商业模式的问题，也有其他问题，但很重要的一点是跑得太快，人才招聘太多，管理跟不上。管理200人很轻松，管理2000人是需要管理体系的。互联网可能带来颠覆性的商业模式，可以无边界地招人，但管理的基本规律颠覆不了，管理的常识颠覆不了，管理的系统构架缺不了。

在这个基础上，大家开始重视干部部的设立。

干部的首要作用是承担责任

为什么企业要重视干部？

第一，因为干部的特殊作用——责任主官。任正非一直叫干部为"主官"，主官就是一把手，是对整个组织负责的。主官不一定只有一个，在《亮剑》里，李云龙是主官，赵刚也是主官，一个是军事主官，一个是政治主官。主官强调责任性，要在自己的职责范围内负责。

第二，各级干部都承担着传承、培育、延续公司文化的重要使命。在企业里，普通员工往往很难见到高层领导，尤其是最高层领导，只能通过讲话、故事、传说来了解他们。干部必须承担企业核心价值体系和文化的传承责任，并且要身体力行，带好队伍，让下属认同公司的企业文化。

第三，干部肩负着人力资源培养的责任。现在很多干部都"不务正业"，眼睛只盯着业务，这叫"眼中有事，目中无人"，都是"伟大的个体户"，什么事都自己干，亲力亲为，但是不关注队伍建设，不关注下属培养，不关注文化建设，不关注氛围建设。

原因是很多干部都是专业人员出身，是业务高手，而不是管理高手，缺乏对自身领导力的提升，甚至没有这个概念，单纯认为业务好就行，不重视组织的力量和团队的力量。强化干部管理，就要使各级干部承担人力资源管理的责任。把人力资源管理的责任都推给人力资源部是一种管理者缺位和失位的行为。

干部的作用很大，责任很大。但从反面讲，干部是容易出问题的。干部出了问题，带来的影响很大，会影响一片人。员工出了问题，很多原因在于干部，因为干部管理不到位，下属才会出问题，比如干部懈怠、不思进取、保守、安于现状等。在华为，员工出了问题要惩罚主官，就是因为责任问题。

2019 年 1 月，任正非提出了"三个祛除"。一是祛除平庸的干部，就是整天坐着，没有什么追求，也不追求挑战的干部。二是祛除惰怠。在华为，惰怠是广义腐败的组成部分，一个干部干了二三十年，觉得该歇一歇了，该做到生活和工作的平衡了，奋斗精神就消失了，这样会导致团队的奋斗精神也消失。三是要祛除"南郭先生"，就是滥竽充数的人。

任正非提出："华为进入战时状态，不能再陶醉于过去的成功，不能再把自身利益、自身得失看得那么重。"这就是强调使命感，冯仑讲过一句经典的话："把自己的事儿不当事儿，把别人的事儿当事儿就叫使命感。"所以，一个干部得看到组织的绩效、公司的利益，不能整天只算计自身的利益。

把干部交给制度来管理

关于干部队伍建设、干部管理的问题，其实是每一个组织都面临的问题。中国古代历朝历代，皇帝管的都是干部，有句话叫"明君治吏不治民"，抓住干部这个牛鼻子就可以解决更多的问题。

中国企业走过了改革开放 40 年，现在到了该强化干部管理的时候。很多企业已经二三十岁了，因为取得的成绩很辉煌，个人收益也很好，有的人就懈怠了，也认为该懈怠了，所以，如何从制度方面、文化方面激励干部的斗志，带公司走得更远，是一个很重要的课题。

干部管理和干部队伍建设几乎涉及人力资源的所有问题，缩小一点来看，这些问题最终都要回到制度，回到制度管理和体系管理。中国的企业从来不缺少理念，但是好的理念没有促成好的实践，讲一套做一套，讲的和做的差距很大。为什么会出现这样的问题？就是因为制度建设。

成立一个部门很简单，但制度建设是核心，没有制度建设，干部的所有问题都很难解决；没有制度建设，干部管理就只能是运动式的或过程式的。

1996 年的华为市场干部大辞职被称为"在华为开启了干部能上能下的制度先河"，是制度让人上或者下，而不是人，一旦涉及人，所有问题都复杂了。所以干部管理要回归制度，相信制度的力量。

回归制度，就要进行制度体系建设，要从干部选、育、用、留的制度体系做起，如果没有这四个体系，管理就变成了应对式、个案式、讨价还价式的管理。企业要打造一支干部铁军，这支铁军要靠组织和纪律，不是靠某个人。

实际上，现在很多企业没有独立的干部管理制度体系，干部管理由人力资源部负责，但干部是特殊的人力资源，需要依靠系统的制度体系管理。

华为干部管理的八大系统

在华为，干部管理体系与人力资源管理体系是相对独立的，其干部管理体系具体可以划分为 8 个系统。

干部的档案管理系统

很多企业都只有传统意义上的档案，华为的干部档案管理系统包括培训记录、个人诚信记录、个人绩效记录、个人荣誉记录等，将一些很重要的过去的干部基本资料汇总，形成一个资料库。

干部的职位管理系统

这里需要指出，职位管理在很多企业的人力资源管理中被忽视了。职位和岗位不一样，职位是人力资源管理的基础，是人力资源管理的平台，没有职位管理，人力资源就会失去根基。这是因为人力资源所有的活动都是基于职位平台建立的，华为的人力资源管理体系中，职位体系就是核心，有了这一体系，操作就会变得很简单。

华为人力资源管理体系中的职位体系包括职位描述和职位评

价。在华为，干部的"职级"指的不是职务级别，而是职位等级。职位是客观存在的，并不与任职者挂钩，职位等级是对各职位相对价值贡献的评价。职位描述则是对各职位的职位目的、应负责任、衡量指标、职责范围及任职资格要求的界定。每个部门设几个副职、几个助理是制度决定的，要不要副职，以及副职和一把手的薪酬待遇差别都需要制度规定。华为为了避免副职过多，在职位管理中规定，副职的职位等级比正职低两级，这样就拉开了差距。华为的北京研究所有1万名研发人员，但只有一个所长，没有副所长，也没有所长助理，就是根据职位设置的。职位是基于制度设计的，什么样的职位需要安排副职、什么样的职位需要安排助理，这些基础工作要交给制度，而不是交给领导。干部管理要淡化职务导向，强化职位导向。

干部的任职资格系统

干部的任职资格系统是对干部胜任某职位的资格与能力的评价体系。对于什么样的人能当干部，很多企业也有一些条件，但标准有较大的弹性，为干部的提拔晋升提供了腐败的空间。

华为的任职资格有五项，可以简单归纳为"二四五八九"。

"二"是指干部的两个责任：一是干部要"种粮"，判断干部好坏的标准是"种粮食"没有，他给公司带来了什么，其实就是绩效责任；二是"种不了粮"就要"肥沃土壤"，比如进行基础管理、文化建设、流程建设等，虽然今年没有"打到粮"，但是为明年"打粮"提供了基础。

"四"是四个能力，即华为的干部"四力模型"：决断力、执行力、理解力和人际连接力。干部四力是干部带领团队持续取得高绩效的关键行为，是员工和各级干部追求进步的方向和自我学习、自我修炼的路标。"干部四力"是绩效的过程因素，绩效是干部四力的结果。

"五"是五个任职资格的关键行为。这是华为任职资格体系中的干部任职资格要求，相当于干部的应知应会，如四级管理者的五个关键行为包括：目标管理与促进决策，组织文化建设，组织流程建设和周边协调，职业素养与工作态度，品德。

"八"是"干部八条"，这八条虽然是软约束，但其实是在向我们党学习，中央八项规定推出后第 5 天，华为就推出了"干部八条"，每年年底的市场部大会，各级干部都要宣誓，这是对干部提出自律要求。

"九"是九项素质，主要是组织、客户、个人三方面的素质，包括关注客户、建立伙伴关系、团队领导力、塑造组织能力、跨部门合作、成就导向、组织承诺、战略性思维和理解他人。

干部的绩效管理系统

绩效管理在华为干部管理体系中具有重要的作用，也是干部实施人力资源管理的重要手段。在华为干部绩效管理中，有 PDCA

（计划、执行、检查、处理）四个循环过程；绩效指标采用的是KPI，考核内容为绩效结果、关键措施与团队三个方面，绩效目标的确定采用自下而上的承诺制。

干部的任用选拔系统

华为的干部选拔任用采用的是分权制衡的制度，即干部选拔任用的建议权、评议权、审核权实行"三权分立"。具体来讲，负责日常实际运作和员工或干部直接管辖的组织具有建议权，属于矩阵管理（包括在跨部门委员会中担任成员）的员工所属的相关管理部门在相关建议阶段具有建议否决权，促进公司过程成长中的能力建设与提升的组织具有评议权，代表日常行政管辖的上级组织具有审核权，代表公司全流程运作要求、全局性经营利益和长期发展的组织应具有否决权或弹劾权。"三权分立"可以避免由少数人决定另外少数人的命运，避免干部任命上的腐败行为。

后备干部的培养系统

早期华为干部的晋升方式是"不拘一格降人才"，看好了就提拔；后来变成"之"字形成长，就是干部必须要有经历，不能坐"火箭"。要想升一级，必须在两个相关部门干好才可以，这是经验积累过程。同时，华为所有的干部任期都是两年，包括任正非。华为的干部任前公示是一个很重要的机制，公司不了解的事情，下属和其他人都可以举报；华为的道德遵从委员会也可以进行调查，如果有事实依据证明一个干部确有问题，哪怕已经任命了，也可以直接弹劾，这是对干部的监督，也是对干部的尊重。

中国有很多企业，尤其是民营企业，干部老龄化很严重，当年跟老板一起创业的干部年老后，后备干部跟不上，出现了断代。华为善用"学生兵"，华为的干部也都是从"学生军"出来的，"空降部队"极少，"空降部队"在华为成活率不高，是"死亡率"最高的"军种"。让新人成长，就需要后备干部培训体系。在部门层面上，华为的一个干部职位有很多人可选。

干部的培养体系

华为的后备干部分为 14 个战略预备队，采用的是训战结合的培训方式。采用案例教学，大家一起讨论，相互竞争，这是从实践到理论再回到实践的过程，是促进干部成长的较快方式。当然干部培养需要进行一定的知识培训，华为的干部培训是收费的，只有赚了钱才能良性发展，只靠公司拨款不行。这些收入来自哪儿？干部参加培训要交钱；要自己买教材，且教材很贵；到总部学习的差旅费、住宿费自己出，而且去几天就扣几天的工资，因为学习是给自己赋能，给自己长本事。这其实是一种机制，学习是自愿的，你可以不学，但你的干部档案里没有参加过培训的记录，下次提拔你就出局了。

干部的薪酬待遇系统

华为干部的薪酬包括基于职位等级的基本工资，基于绩效考核的奖金，基于职位等级、绩效考核、任职资格及劳动态度考核的员工持股和 TUP，以及福利保险等。

华为的干部管理中还有一个自愿降薪机制，这个机制已经启动过两次。《华为基本法》中有相关规定："公司在经济不景气时期，以及事业成长暂时受挫阶段，或根据事业发展需要，启用自动降薪制度，避免过度裁员与人才流失，确保公司渡过难关。"很多公司是一出事就差别裁员，员工成为企业业绩不好的最终替罪羊，但华为是首先进行干部自动降薪。2002 年，华为所有的干部自动降薪10%，包括任正非。2015 年，因为消费者 BG 和企业 BG 没有达到承诺绩效，导致公司的整个目标没有完成，这两个 BG 的董事长和总裁一分钱奖金都没有，同时，公司的 9 位 EMT 成员中有 7 位都是零奖金，包括任正非和前董事长孙亚芳，而公司当年发放的奖金为 125.3 亿元。

问题与挑战

面对干部在新时期遇到的很多问题，要回归到管理的一般意义上来，强化干部管理的制度建设、体系建设和机制建设才是核心。弥补这三方面的短板，使之系统化，目的是以制度和规则作为干部管理的基础、干部培养的基础、干部激励和约束的基础，这样干部队伍的成长会快一些，干部自身的能力提升会快一些，干部能出的业务问题和其他问题会少一些，因为制度是可以不断补充的。

干部管理要回归制度、回归管理体系，要用管理的方法体系而不是用短期的、运动式的就事论事的方式来解决问题。

干部管理制度化体系一旦建立起来，在未来很长时间都可以用，有可延续性、可复制性、可衡量性、可信赖性。如果组织做大了，可以快速把干部管理体系复制到下属组织或分支机构，它也不依赖于某一个或几个人运转。

制度永远会起作用，要让制度、规则、机制和管理体系来守望干部管理，这样才更可靠一些。

华为干部管理体系值得借鉴，但并不是说华为的干部队伍建设和干部管理就一点问题也没有，我个人认为，华为的干部队伍也存在一些问题和挑战。这些问题也不限于华为，实际上是中国企业发展到今天面临的一个较为普遍的情况。

第一，年轻干部的抗压能力差。现在华为的很多干部很年轻，80后、90后占的比重越来越大，他们的人生阅历、所处时代和进入公司的时间点都不一样。这代人很聪明，但经受的人生苦难少，没有经过磨难，抗压能力比较弱。我们经常讲，苦难造就了华为。人生的苦难和历练，也造就了优秀干部。

第二，奋斗精神在减弱。华为经过 30 年的发展，懈怠、不思进取、小富即安、奋斗意识衰弱等问题在干部身上也体现了出来。华为讲的奋斗首先是思想上的奋斗，即在思想上不能惰怠，要持续学习。

第三，复杂环境下更需宏观视野。华为走到今天，面对着复杂的环境和不确定性，干部需要在宏观视野、国际视野上，在"仰望星空"上做得更好一些。当然，这要靠两方面：一是公司赋能，二是自我赋能。

第四，干部的态度与责任问题。面对新的挑战，干部要从更宏观的角度思考，要像任正非说的那样，从一杯咖啡吸收宇宙能量。另外，管理者要承担人力资源管理的责任，要关注人力资源管理，而不能仅仅成为业务高手。干部要培养下属，要承担责任。有的干部自私，害怕把下属培养起来后他会顶替自己的位置，有的干部不重视这个问题，有的干部没有培养下属的能力，这些都是要重视的问题。

第五，企业文化的传承问题。干部要承担企业文化传承的责任，这点很重要。随着公司的高速成长，华为的干部呈现年轻化的趋势。这些干部没有经过《华为基本法》时代的熏陶，没有亲身经历多次华为冬天的洗礼，对公司核心价值体系的演变背景与过程没有刻骨铭心的感受，加之个人的顺利成长与公司的高速发展叠加在一起，造成其对公司的企业文化与核心价值体系缺乏深刻的理解与感悟。虽然模仿式的管理风格是干部成长过程的必要阶段，但这与公司的发展要求还存在着很大的差距。因此，任正非多次要求干部要承担企业文化传承的责任。

第六，需强化激励与约束机制。干部管理的核心内容是激励与约束。所谓约束，其实是一种负激励，可制造紧张感，比如末位淘汰，绩效与奖金、晋升直接挂钩等。这样一来，就把规则变简单了，绩效达标了才能当干部，绩效不达标则一票否决，使干部晋升制度化。

华为过去提出"先僵化，后优化，再固化"，现在其实是在简化。比如，干部的职位可以连升三级，炸开组织的"金字塔顶"；还有就是不拘一格降人才，英雄不问出处，也不问背景。

华为还有一个观点，叫"有缺点的英雄也是英雄，犯过错误的英雄也是英雄"，这相比以前是在做减法。但是，首先要有基本的东西做保障，在这个基础上去做减法。华为现在要求，干部晋升每增加一个流程必须减掉两个流程，每增加一个评分点必须减掉两个评分点。这就是防止流程叠加得越来越复杂，最后制度与制度打架，要使管理适当变轻，而不是越来越重、越来越复杂。

管理永远是需要制度的，但制度永远是为了业绩、为了发展、为了成长，为提升竞争力服务，不能本末倒置。

华为
总干部部解析

2019 年 4 月，华为对人力资源管理的组织架构进行了调整，重新界定了人力资源管理职能。对此，外界有诸多迷惑，甚至有评论认为这是对原人力资源部的拆分，也有人认为是公司因人力资源部工作不力而对其进行打压。

人力资源管理部体系下的干部部

其实，干部部在华为的人力资源管理体系中早已存在，时间可追溯到 20 世纪 90 年代中后期。当时华为的人力资源管理体系是由公司级的人力资源管理部和各业务线（如产品线、研究所、代表处等）及各职能部门的干部部组成。

干部部设立的主要初衷，是降低人力资源管理的重心，使公司级的人力资源管理工作有"拐棍"。同时干部部实际上就是当前流行的 HRBP（人力资源业务合作伙伴）管理理念的华为实践。

在"人力资源管理部＋干部部"的体系下，人力资源部的职责主要聚焦于：基于公司的经营发展战略，制定人力资源管理政策，以保证公司人力资源政策的统一，企业文化导向的一致；人力资源制度的制定、实施与评估；人力资源管理组织体系及公共平台的建设。干部部的职责主要聚焦于：管理责任，包括公司人力资源政策在本部门的实施与落地，部门组织文化与组织氛围的建设，落实与细化人力资源管理制度；业务责任，包括以业务为导向进行人力资源的建设与管理，协助部门主管培养、考核与推荐干部。

干部部接受人力资源管理部的人力资源政策与业务指导，同时接受所在部门的行政指导，干部部部长一般由所在部门的二把手兼任。由于干部部在干部管理中承担重要的职责，故命名为干部部。

长期以来，华为的人力资源管理体系还包括：2006 年 4 月成立的公司组织干部部，该部接受党委领导，其主要职责是根据公司发展战略的需要，加强对干部以及干部后备队职业操守、个人道德素养、自我批判能力等方面的考察、评价和监察，维护干部队伍的先进性、积极性，提升干部的作战能力；2014 年 2 月成立的公司道德遵从委员会，其主要职责为实施员工的道德教育和监管，进行文化宣传，持续建立良好的道德遵从环境，维护公司稳定。

人力资源管理部与总干部部

总干部部是基于任正非以下构想设立的："未来华为公司人力资源管理总的体系包括人力资源体系和总干部部两个系统，它们不是对立的关系，而是两个分工各有侧重、相互协同的系统。到了基层组织，两个系统可以融合，以提高效率与协同。"

总干部部是基于分工、专业、效率及责权清晰的组织机构设置基本原则设立的，它是华为人力资源管理体系的一次变革。但总干部部并不是重起炉灶的新机构，而是对原有干部部体系的一次整合。

2018年4月20日任正非在《关于人力资源组织运作优化》的讲话中，对总干部部的成立做了明确的阐述。

背景：以前我们的人力资源整体是政策规则要管，具体的人也要管，变得过于权力中心化，也造成两件事都没有完全管好。

目的：首先要明确未来人力资源总的体系的整体定位是为公司找英雄、找领袖、鼓励员工冲锋，管缺点的是道德遵从委员会，管坏人坏事的是审计部。……人力资源政策管理和干部管理都是推动公司前进的动力……人力资源体系要从权力中心变成服务支持中心。人力资源改革首先强调深入战场，人力资源的价值就是要懂业务、做好业务的助手，多一些适应业务的构想。

分工：强调立法权高于行政权，主张政策制定的权力在董事会，人力资源部管规则与监督，干部部管人。……人力资源体系主要负责公司人力资源政策与规则的体系性、专业化的建设；而干部部体系主要负责在人力资源政策与规则框架下将政策、规则与业务部门的实际相结合，具体执行人的管理，最终让政策的效果能达到预期，符合差异化实际需求。……我们要把原来在人力资源部具体管人的权限拿出来，建立一个总干部部。总干部部本身是要管人的，管在全局范围内协调干部队伍，管跨领域成长、流动，管干部能力成长，管干部的后备平衡体系。

关系：人力资源体系要认认真真把各种规则管好，交给干部部体系去统筹应用；各级干部部是业务领导的助手，要更加贴近业务，把人管好。

界定：人力资源部主要管好规则，包括规则的建议，以及对规则执行的监管。总干部部是公司整个干部管理的COE（专家中心），各级干部部是业务领导的助手。要把干部、专家、职员全部纳入，面向不同业务和对象进行政策适用的差异化匹配。

总结

第一，总干部部的设立是为更好地解决人力资源管理体系存在的现实问题，进行的人力资源管理组织体系的一次组织变革。

第二，总干部部的设立目的是将以往人力资源管理部下设的干部部职权进行提升，给原有职能的强化以组织保证。

第三，总干部部的设立还是为了降低人力资源管理的重心，使人力资源管理真正放下身段，深入业务，一切为了前线，一切为了服务，一切为了胜利。

第四，总干部部的设立为公司加强人力资源管理的三个对象（人才、组织与干部）管理的专业化提供组织上的保证。

第五，总干部部的设立有利于进一步强化对干部这一特殊且重要的人力资源的管理，以保证方向大致正确，组织始终充满活力。

最后需要说明的是，华为总干部部的设立，是在其用 10 余年的时间引进和构建了相对完善的现代人力资源管理体系基础上，所做的一次人力资源管理体系的组织变革。如果其他企业还没有构建起充满活力的、完善的、体系化的人力资源管理体系，请先别学华为成立总干部部。

华为门徒
眼中的华为

——《华为离职江湖》读书笔记

据说华为有 16 万离职员工（任正非接受记者采访时亦提到过这一数字），这些离职员工离开华为的原因多种多样，有主动辞职的，也有被动离开的。在离职员工眼中，华为到底是一家怎样的公司？他们是如何看待老东家的？因距离导致视角的变化，他们会从另外一个角度，重新审视这个公司。

傅贤伟与王海燕主编的《华为离职江湖：华为系创业板图中崛起的 30 位门徒》一书（海天出版社，2019 年 2 月出版），为我们打开了华为离职员工回看华为的一扇窗户。

"华为人从来不看工资条"

不看工资条，是基于对公司的信任，而无关乎工资水平的高低。自成立以来，从"不让雷锋穿破袜子，不让焦裕禄累出肝病来"，到"绝不让雷锋吃亏，奉献者定当得到合理回报"，再到"以奋斗者为本"，是华为一直秉承的核心假设，长期验证的结果使得员工与公司达成了强大的基于相互信任的心理契约：假如我努力奋斗，公司不会让我吃亏的。对于员工来讲，无须关注工资条上的数额，公司不会亏待一个好人。

书中介绍，即使在华为的"冬天"，公司资金周转困难的时候，很多离职员工拿到的金额也比自己算出来的还要高。在早期，公司也确实给员工打过"白条"，但最后这些白条都变成了真金白银。

在计薪与发薪方面，很多企业是本月发上月的薪酬，且计薪区间为一个月，而华为采用的是本月计薪本月发薪的方式，即本月 15 日发本月的薪酬，并以半个月为计薪区间。这意味着只要在 14 日报到上班，就能得到当月全月薪酬，或者在当月最后一天上班，也能拿到半个月的薪酬。这一做法最晚在 20 世纪 90 年代初就实行了。如此做法，肯定会有员工利用制度的漏洞，但面对如此基于信任的薪酬制度，员工真的好意思占制度的便宜吗？即使占了便宜，其内心不会愧疚吗？华为的员工大部分并没有掉到钱眼里，他们是有良知的。当然也不可否认员工中有唯利是图的小人，但这些毕竟是少数。

企业要有"三信"：信仰（与文化相关）、信任（与关系相关）和信用（与承诺相关）。其中信任是基础，以信任强化信仰，以信任强化信用。无论是分享经济还是共享经济，没有信任就只能是基于金钱的交易和利益的博弈。

不看自己工资条的华为人，体现的就是对公司的信任。信任是相互的，也是持久的。公司对员工的诚心，能够换取员工对公司的诚心。

另外，华为也不允许员工打听他人的工资收入，这一点在员工守则上有明确的规定，目的是让员工聚焦于工作。

"华为跌倒了，会很快爬起来"

在外人看来，华为的发展一直顺风顺水，一路高歌猛进。其实，失败与挫折一直伴随华为的成长过程，换句话讲，是失败、挫折与苦难造就了华为。正可谓："没有伤痕累累，哪来皮厚肉糙，自古英雄多磨难。"

为什么会有这样的反差？原因在于，前面的人倒下了，后面的人立马补上去，队形没有乱，让人感觉他们一路向前。原因还在于，华为跌倒得快，爬起来更快，让人觉得它一直昂首挺胸地站着；华为犯错误快，改正错误更快，使外人觉得它一直正确着。

华为能做到此，源于不撞南墙不回头，撞了南墙拱个洞的强大的执行力，还源于华为对他人狠，对自己更狠的强大的自我批判能力。

"不好意思按时下班"

华为的所谓"加班文化"一直被外界诟病，当下关于"996"的争议不绝于耳。

在华为"工作节奏很快，都不好意思按时下班，就像在高速公路上开车，你不动，后面的人都在按喇叭，你只能硬着头皮前进"。这就是华为的组织氛围。

如同不加班不能说明任何问题一样，加班也不能说明任何问题。

有梦想者，就必须比别人多付出，否则就别做梦了！

不满于现状者，就必须比他人多付出，唯有此才能过上有尊严的、体面的、比同龄人更美好的生活。

落后者，就必须比先行者多付出，否则何谈追赶？何谈超越？弯道超越只是机会主义者的借口。兔子们已经早起跑了几十年了，乌龟们如何追赶？

以客户为中心者，就必须比别人多付出，这样才能比竞争对手更好地满足客户的需求。

客户不会要求你加班，但客户有选择权。你不是客户的员工，故客户不会对你仁慈和宽容。

"华为人尚斗"

尚斗之斗，不是斗争之斗，而是奋斗之斗。

华为人尚斗，是公司长期提倡狼性精神价值观使然，坚强的意志出自本能的进攻欲望，不畏强手，敢于亮剑，群体进攻，这是华为骨子里的血性表现。私以为，血性是理解华为文化和其30年成长发展的关键。

华为人尚斗，既表现在与外部竞争对手的较量过程中，也表现在企业内部的竞争过程中，还表现在员工对高绩效目标的追求过程中。一个企业的外部竞争力是在内部培养的，一个企业的国际竞争力是在国内培养的，在公司内部是"喜羊羊"，在外部就不可能变成"灰太狼"。

华为人尚斗，还在于华为建立了一套有活力的让尚斗者不吃亏的机制，以奋斗者为本本来就有两层含义：一是提倡奋斗，二是让奋斗者不吃亏。

"离开华为，无工可打"

虽然离开了华为，但华为人身上被打上了深深的华为烙印，在华为的经历会影响他们以后的职业生涯。

当他们离开华为时，其自身携带的华为文化基因与新东家的文化会因配型问题产生排异反应，很多人也由此产生困扰；此外，华为的职业分工细化与大平台运作模式与新东家所期望的全能型人才的需求也会产生冲突与矛盾，正如某位老板的评价：华为人厉害，但并没有想象的那么厉害。

个人因组织而伟大。离开了组织，个人必须对自身价值进行重新评价。

也有很多人选择了创业，从被采访者的创业经历来看，40 岁左右离职，远离原有的通信行业，连续创业，秉承华为文化，低调淡定，是这些创业者的共性。

"华为人只聊自己的一亩三分地"

华为人单纯、简单与率真，他们身上缺了些职场人常见的油滑、权谋、势利与狡诈，原因在于绝大部分华为员工都是从相对单纯的校园直接进入人际关系单纯的华为。在华为，人们很少有朋友，也很少有敌人。工作在这样的职场中，身累，但心不累，不像很多组织"上午《甄嬛传》，下午《纸牌屋》"，身不累，心累。

华为人很少指点江山，激扬文字，他们谈论更多的还是工作。不论在公司内部，还是在公司外部，他们专注于自己的一亩三分地，多打粮食，肥沃土壤。

华为的战略理念就是聚焦，是压强原则，是厚积薄发，是杀鸡用牛刀，是力出一孔，是水滴石穿，是久久为功，华为人"只聊自己的一亩三分地"也是其战略理念的一种体现。

如何向华为学习

学华为的今天，不如学华为的过去

学华为的今天，不如学华为的过去，寻找华为的成长逻辑，寻找华为在成长路上坚守的一些东西。华为最成功的是管理，学习它坚守了哪些理念、哪些常识，在不同阶段它有哪些思考，它做了什么，这可能更重要。

不管是经验还是教训，华为在成长路上的成功、失败，应该带给我们很多启发。

学华为的理念，需要理解它的灰度哲学

任正非最重要的经营管理思想精髓就是灰度。黑是一个极端，白是一个极端，华为实际上是在灰度的空间里面。尊重知识很重

要，但是绝不迁就人才，这就是一个广阔的灰度。华为有大量的灰度语言，民主决策、权威管理、从贤不从众，都是灰度，这是制度上的创新。

学习华为的文化管理，需要做落地功夫

文化就是长期的牵引力，很多企业建设企业文化都信奉机会主义，想解决眼前的问题。文化不解决眼前的问题，文化解决未来的问题。

企业文化是一个需长期建设的系统工程，以华为为例，有 9 条企业文化建设的经验：第一，建立"宪章"；第二，高层以身作则；第三，高层的传播；第四，舆论宣传；第五，制度牵引；第六，培训引导；第七，荣誉激励；第八，行为规范；第九，仪式浸染。其中，建立"宪章"、高层以身作则和制度牵引是华为企业文化建设最重要的三个方面，是落地的关键。

学习华为的高层自律，正人先正己

干部承担着传承企业文化的责任，员工认同公司文化的前提条件是，其上级在言传身教地传播企业文化。干部是企业文化的传播者，也可能是企业文化的破坏者。

华为把认同企业文化作为选拔任用干部的标准，把企业文化建

设作为干部的任职资格标准，优秀的干部不仅能够产生高绩效，还必须能够坚守和传播公司的文化。如华为"干部八条"所要求的："正人先正己，以身作则，严于律己，做全体员工的楷模。"

学习华为的人力资源管理：分享分担，向责任与贡献倾斜

很多企业随着自身的成长，机制慢慢退化，表现为：第一，拉车的人越来越少；第二，抱怨越来越多；第三，山头林立，形成帮派。所以，小富即安、不思进取、惰怠，都是机制退化的表现。

华为的人力资源管理是一个金刚石式的结构化模型，包括价值创造、价值评价、价值分配。首先是价值创造，调动一切可以调动的因素，以客户为中心，为客户创造价值，然后挖掘这些价值创造要素，激活要素，任正非说："华为没有可以依存的自然资源，唯有在人的头脑中挖掘出大油田、大森林、大煤矿。"把这些能量调动起来，创造更多的价值。

价值评价是什么？即论功行赏，干得好干得坏都要评一评。进行价值分配时，给干得好的人、奋斗者多发报酬，叫激励；给干得一般的人发合适的报酬，叫回报；给那些干得不好的人少发报酬，叫约束。

华为薪酬体系的核心基本上可以概括为四句话：以岗定级，以级定薪，人岗匹配，易岗易薪。

华为是全世界最大的员工持股公司，现在有 9 万多员工持有公司的股份，而且员工持股的比例超过了 98%。通过员工持股，形成风险共担、利益共享的长期激励机制。

学习华为的组织与流程管理，理性构筑分工与协同体系

华为的流程概括起来就是三个字"端到端"，从客户来，最后到客户去。用任正非的话说，流程就是修好堤坝，水自动自发地流，流到海里蒸发成空气，空气遇冷变成雪，下到喜马拉雅山，喜马拉雅山上的雪融化，变成水，流到江里，如此反复。

华为的组织是典型的矩阵结构，与其他组织结构相比，矩阵结构是面向客户，以客户为导向的。

学习华为的创新能力，同时强化创新管理

华为是一个创新能力很强的公司，但是华为保持着对创新的高度警惕，也一直强调对创新进行管理，没有管理的创新是可怕的。所以任正非讲了一句话：华为所有员工、上上下下都讲创新的话，就是华为的葬歌。华为的创新是 70% 的继承加 30% 的创造，创新不是推倒重来。华为坚决反对新官上任三把火，反对推倒重来，反对改革，华为提倡的是改良、改进、改善。什么叫创新？任正非的解释是，70% 的继承是牛粪，30% 的创造是鲜花，鲜花一定要插在

牛粪上，这才叫创新。

如任正非所说："不能盲目创新，分散公司的投资与力量。非主航道的业务，还是要认真向成功的公司学习，坚持稳定可靠运行，保持合理有效、尽可能简单的管理体系。要防止盲目创新，四面八方都喊响创新，就是我们的葬歌。""要延续性创新，继续发挥好自己的优势。小公司容易进行颠覆性创新，但大公司不要轻言颠覆性创新。"

学华为，为什么学不会

在学习华为的过程中，以下几点值得注意：

- 学习的前提是痛苦的自我批判；
- 学习是建立在理性的智慧思考基础上的；
- 学习不是模仿，也不是拿来；
- 学习是成长的机会，但不是机会主义；
- 学习是一个持之以恒的过程；
- 学习是为了付诸实践；
- 学习首先要谦卑地放下身段；
- 学习的大敌是强调特殊性；
- 学习它，首先要深刻理解它；
- 学习别人，别迷失自己。

其实，学不学华为不重要，是否学得会也不重要，关键在于回归商业的本质，回归基本的商业常识，理性地构建企业的经营管理体系，打造一支宏大的人力资源和干部队伍，形成充满活力的内在机制，持续地为客户创造价值。

如果要学习华为，其他可以循序渐进地实施，首先要做的是学习华为是如何学习他人的，以及华为是如何进行自我批判的。

三

负重前行的
不老英雄

不可否认，每一个成功企业的前面或者背后，都有一位伟大的企业家。作为创业者，他们缔造了一个企业；作为企业家，他们驱动企业由小到大走向成功。任正非无疑是一位成功的企业家，但他又是一位自律且孤独的企业家。30 余年来，他一直默默地躲在成功的华为的背后，不断为公司洞察未来，把握航向，身体力行地带领公司砥砺前行。他是华为思想和行为上的奋斗者，是充满理想主义和英雄主义情怀的不老英雄。

任正非的
英雄观

22年前，在撰写《华为基本法》辅导报告时，我对于"价值创造"部分提出过一个问题："历史，到底是谁创造的？是英雄，还是群众？"并与任正非一起探讨过这个话题，但具体的结论已经回忆不起来了。伟人毛泽东的一句名言我倒一直铭记于心："人民，只有人民，才是创造世界历史的动力。"

随着年岁的增长，我心中这个问题的答案基本上清晰了：历史不是英雄创造的，历史也不是人民群众创造的，历史是由英雄带领人民群众共同创造的。但是，由于历史的硬盘存量有限，记入历史的大多是英雄，人民群众成了没进入历史的虚拟群体。

任正非是华为的英雄，没有任正非可能（抑或是注定）就不会有今天的华为；没有华为的19万员工，也可能（抑或是肯定）不会有今天的华为。

任何一个组织，要成就一番伟大的事业，要达成一个宏伟的目标，都离不开英雄（或称领袖），当然也离不开群众（或称为人力资源），古今中外都是如此。我们是否可以理解为，领袖是英雄，人民群众也是英雄？

如果上述说法成立，那由此得出的结论是：华为是由一位英雄缔造的公司，这位英雄率领千千万万的英雄（简称"群英"）成就了华为的伟业。

此文的重点不在于研究任正非本人的英雄情结或英雄主义及其行为，而在于探讨作为企业家，任正非是如何看待企业中的英雄的，是如何赋予华为人以英雄主义之灵魂的，是如何把平凡的华为员工打造为一支英雄的铁军的。

当然，这要从任正非的英雄主义情结谈起。

任正非是位英雄主义者

什么是英雄主义？按照《辞海》的解释，就是"主动为完成具有重大意义的任务而表现出来的英勇、顽强和自我牺牲气概和行为"。可以看出，英雄主义可以由内心的情结与实际的行为来判断，前者称为英雄主义的情怀，后者称为英雄主义的行为。

俗话说，没有从天而降的英雄，只有挺身而出的凡人。其实，每个人都有英雄主义情结，起始于孩童时代。随着环境变化，在生活中遇到挫折，梦想破灭，很多人的英雄主义情结开始衰减，他们流入平庸，自甘堕落。当然，也有少数人随着经历和阅历的增长，英雄主义情结成为其人生观和价值观。

任正非是位典型的英雄主义者，他身上几乎充满所有的英雄主义元素——血性、悲壮、理想，其个人成长历程完美地诠释了英雄主义的含义。

任正非的英雄主义价值观大致是由如下要素造就的。

第一，时代的滋养。

任正非出生于新中国成立前，其小学、中学和大学时代是在 20 世纪 50 年代至 60 年代，其军旅生涯是在 70 年代至 80 年代，进入企业和创业是在 80 年代。其人生的不同阶段，均有鲜明的时代印记。这些时代都有一个共性：这是一个英雄主义的时代，遍地英雄下夕烟。在供给侧，时代不断地推出各种英雄；在需求侧，人人怀揣英雄梦，学英雄、做英雄成为社会的主流价值观；处于那个时代的人卷入或嵌入英雄主义的供求关系之中，当然，任正非也不会例外。时势造英雄，当这个世界还不完美时，总会有人站出来做出改变，因为人们需要他。怀揣英雄梦的人需要一个孕育英雄的时代，任正非生逢其时。

第二，家庭教育。

任正非在 2011 年 12 月 25 日发表的《一江春水向东流》中，明确地回答了其英雄主义情结的家庭渊源："小时候，妈妈给我们讲希腊大力神的故事，我们崇拜得不得了。少年不知事的时期我们又崇拜上李元霸、宇文成都这种盖世英雄，传播着张飞'杀'（争斗）岳飞的荒诞故事。在青春萌动的时期，突然感到李清照的千古情人是力拔山兮的项羽，至此'生当作人杰，死亦为鬼雄'又成了我们的人生警句。当然这种个人英雄主义，也不是没有意义，它迫使我们在学习上争斗，成就了较好的成绩。"

1996 年的《华为文摘》中有篇短文《谁是英雄》，其中写道："爸爸只要一有空就会让我坐在他膝盖上，给我讲董存瑞、杨靖宇、刘胡兰、王二小的故事，大概是希望我能成为一个坚强的女孩。"该文的作者署名"晚舟"，文中的爸爸就是任正非。透过此文，我们看到英雄主义在任家是如何薪火相传的。每一个二等兵的背包里，都有一支将军的权杖。每一个孩童的心中，都有一个英雄的梦。

第三，军旅生涯。

与其他组织相比，军队更加崇尚英雄，英雄是这个群体的象征或代名词。

任正非曾有名言："养猪也要成为养猪状元。"（据说，任正非在从军期间确实养过猪。）1977 年 10 月 14 日《文汇报》的报道《我国第一台空气压力天平》中说：解放军基建工程兵某部青年技术员任正非在仪表班战士的配合下，研制成功我国第一台高精度计量标准仪器——空气压力天平，为我国仪表工业填补了一项空白。任正非 1978 年 3 月出席了全国科学大会（6000 人的代表中，仅有 150 多人在 35 岁以下，任正非当年 33 岁）。1982 年 9 月任正非出席了党的第十二次全国代表大会。军旅生涯让任正非的英雄情结得以张扬，在部队，任正非实现了英雄的梦想。

第四，苦难与失败。

罗曼·罗兰广为人知的名言，道出了英雄的本质："世界上只有一种真正的英雄主义，就是认清了生活的真相后依然热爱生活。"英雄必定与苦难相伴，与失败相随，苦难与失败是英雄的背书，沧海横流方显英雄本色，苦难与辉煌不过是英雄的两面。任正非遭受的苦难与失败，正是其英雄主义的肥沃土壤。正如任正非所言："当我走向社会，多少年后才知道，让我碰到头破血流的，就是这种不知事的人生哲学。我大学没入团，当兵多年没入党，处处都处在人生逆境，个人很孤立，当我明白团结就是力量这句话的政治内涵时，已过了不惑之年。想起蹉跎了的岁月，才觉得，我怎么会这么幼稚可笑，一点都不明白开放、妥协、灰度呢？"

但是，任正非从来没有把自己当作英雄，尽管其身上充满了英雄主义情怀和英雄主义行为。2019 年 5 月 21 日，央视记者董倩女士向任正非发问："美国压境的时候人们觉得您是民族英雄，您愿意接受这样的称号吗？"任正非回答："不接受，狗熊。我根本就不是什么英雄，我从来都不想当英雄。"

英雄观在华为的演变

呼唤英雄（1987—1997 年）

可以说，任正非是怀揣英雄主义的情怀创立华为的。自华为创立之初，一直到 20 世纪末，任正非一直在呼唤英雄。

公司创立之初，华为不仅技术有限，资源、市场、人才、品牌、产品等都是有限的，同时，没有完善的管理体系，没有明确的战略方向，没有雄厚的技术积淀，也没有客户的认同，有的只是满腔的热血及诸如"超越四通""三分天下"的梦想，对于以"活下去"为目标的任正非和华为来讲，需要的是英雄主义的情结与行为。

在这一时期，任正非对英雄及英雄主义已经有了清晰的把握，他认为："儒家文化强调中庸之道，基督教文化突出个人英雄主义。而华为的英雄不是指个人英雄，而是指英雄行为。公司目前要强调英雄，以形成新的增长机制，形成突破。所谓英雄，既包括核动力、电动力、油动力，也包括煤动力、沼气动力，这些都要考虑，都要肯定，公司的发展不能只靠核动力。公司所推崇的英雄应该是一种行为和在行为中做实的精神，而不是具体的个人。因为人会沉淀，而精神却是可以永存的。在尊重个性与共同奋斗的问题上，我们要向日本人学习，日本人顽强地表现自己，但高度团结。我们号召集体奋斗，又不让雷锋吃亏，就是为了实现这种平衡。不让雷锋吃亏本身就是崇尚英雄的表现。"

在这一时期，任正非以"英雄"为题的文章或讲话，至少有三篇。另外，在其讲话或文章中，"英雄"一直是一个高频词。

1995 年 3 月 19 日的《英雄好汉站出来——在市场总部高、中级干部就职仪式上的讲话》中有：

市场也是严酷的，这里虽然没有战火纷飞、硝烟迷漫，但这里也是战场，是没有硝烟的战场。在这个战争中，永远不会有第二名。市场竞争的结果只有胜利者与失败者。失败者将得不到任何同情与怜悯。但真正的热血儿女、英雄好汉更应该在这样的舞台上站起来。狭路相逢勇者胜。您不是一直渴望着一展身手吗？不是一直盼望着自我实现吗？您勇敢地站出来，这个伟大时代呼唤着特有的英雄骄子。

看看外面的世界，群雄逐鹿，中原振荡。是英雄好汉，就站出来。唯有这样，我们华为公司才会大有希望。唯有这样，我们的民族通信业才会大有希望。

1997 年 1 月 23 日的《不要忘记英雄——在来自市场前线汇报会上的讲话》中有：

要永葆英雄本色，就要不断地学习，戒骄戒躁，不断超越自我。我们呼唤英雄。

我们每一个人的身上都有英雄的行为。当我们任劳任怨、尽心尽责地完成本职工作，我们就是英雄。当我们在思想上艰苦奋斗，不断地否定过去；当我们不怕困难，愈挫愈勇，您就是您心中真正的英雄。我们要将这些良好的品德坚持下去，改正错误，摒弃旧习，做一个无名英雄。

1997 年 6 月 26 日的《呼唤英雄——在公司研究试验系统先进事迹汇报大会上的讲话》中有：

> 历史呼唤英雄，当代中国更迫切地呼唤英雄的群体，华为青年应该成为这样的英雄。
>
> 公司的总目标是由数千数万个分目标组成的，任何一个目标的实现都是英雄行为所致。我们不要把英雄神秘化、局限化、个体化。无数的英雄及英雄行为就组成了我们这个强大的群体。我们要搞活我们的内部动力机制，核动力、油动力、电动力、煤动力、沼气动力……它需要的英雄是广泛的。由这些英雄带动，每个细胞直到整个机体产生强大的生命力，由这些英雄行为促进新陈代谢，推动我们的事业向前进。
>
> 华为将自己的目标选定为向世界一流公司靠拢，而现在差距又这么大，更迫切地需要英雄，那种群体奋斗的英雄，那种勇于献身、无私无畏的英雄。一切有志的热血儿女都应为中华的振兴而奋不顾身。献出你的青春，献出你的热血，拥抱你的事业，享受奋斗的人生。

消灭英雄（1998—2013 年）

这一时期，随着 1998 年《华为基本法》的诞生，以及其后引进以 IBM 为代表的世界级先进管理体系的变革，华为结束野蛮生长期，开始跨入理性变革期。在此期间，任正非不再呼唤英雄，"英雄"一词开始退出任正非的话语体系。

1998 年 9 月 28 日任正非发表了《不做昙花一现的英雄》。他呼吁："要把生命理解成一种灵魂和精神，就是要将这种灵魂和精神注入管理中。""我希望大家不要做昙花一现的英雄。华为公司确实取得了一些成就，但当我们想躲在这个成就上睡一觉时，英雄之花就凋谢了，凋谢的花要再开，那是很成问题的。在信息产业中，一旦落后，那就很难追上了。""做华为的干部就不能满足于个人成就，任何未经社会责任改造的人，不能成为高中级干部。"

显然，在任何组织的管理变革期，最大的阻力来自那些既得利益者，来自对以往成功的强大的组织记忆以及由此产生的狂妄自大，来自那些在公司发展中立下汗马功劳的老臣或忠臣。实际上，1997 年华为市场部集体大辞职已经预示着华为"去英雄化"的开始。

人言：大树底下不长草，一将功成万骨枯。在变革时期，少数英雄的存在，必然会抑制群策群力的发挥，抑制更多的员工全力投入变革管理中，抑制更多员工聪明才智的发挥。

这一时期任正非关注的是管理架构的顶层设计、核心竞争力的构建和核心价值体系的建立及认同，所以对组织与干部的自我批判成为管理变革的主旋律。

因此，消灭枭雄，消灭孤胆英雄，消灭草莽英雄，抑制英雄主义和个人英雄主义，也就是任正非的必然选择。要做到此，任正非必须首先压制个人的英雄主义情结，打压孤胆英雄的行为，去除任正非这个华为最大的英雄的光环，实现由任正非的华为到华为的任正非的转变，而这一转变是非常艰难和痛苦的。

2000 年，任正非为华为的高管们布置了一篇命题作文，"无为而治"。任正非的无为而治理念实际上在两年前就已经提出，他在《要从必然王国，走向自由王国》一文中对此做过系统论述。

任正非在《职业管理者的使命与责任》中提出：

> 华为曾经是一个"英雄"创造历史的小公司，正逐渐演变为一个职业化管理的具有一定规模的公司。淡化英雄色彩，特别是淡化领导者、创业者们个人的色彩，是实现职业化管理的必然之路。只有管理职业化、流程化才能真正提高一个大公司的运作效率，降低管理内耗。公司第二次创业的最大特点就是职业化管理。职业化管理就是要使英雄难以在高层生成。
>
> 任何一个只希望自己在流程中贡献最大、青史留名的人，一定会成为黄河的壶口、长江的三峡，成为流程的阻力。这就是无为而治的必要性。
>
> 我们将逐步引入西方公司的职业化待遇体系，如工资、奖金、期权、期股……让职业管理者默默无闻、踏踏实实地工作。我们实现了这些，高层领导就难以成为英雄。这就是无为而治的基础。

任正非多次提到一篇短文《无为而治》（作者为殷志峰），作者开头就提出一个命题："一次偶然看见一句话：'没有英雄的民族是幸福的。'我很吃惊，因为我们历来生活在一个歌颂英雄、呼唤英雄的意识形态中。然而我细细品来，又觉意味深长：纵观历史，往往是因为矛盾已积累、恶化到了'不能不解决的地步了'，英雄出现，拨乱反正，气贯长虹。所谓时势造英雄，原来如此。丘吉尔、甘地、曼德拉，这些伟大的人物，无不和时代的苦难紧密相连，而在他们之前呢？其实矛盾早已酝酿了很久了，危机不是一天诞生的。"

"一个拥有众多英雄的民族，必定是一个历史上屡遭外族欺凌的民族。而现在被公认为人类文明楷模的瑞士、比利时、瑞典、挪威等国家，已久无英雄之说，因为它们基于全民族的智慧已使各类重大矛盾在萌芽时就被清除了。"

很多高管的文章中都引用了一句出处不明的话："没有英雄的民族是幸福的。"不过也有人说过"没有英雄的民族是可悲的"。在公司初创时期，公司可依赖的资源只有人，确切地讲是人的精神而不是技能，依赖少数人杀出一片天地，并感召更多的人前赴后继，拖动公司前进，这就是英雄的价值所在，这个时期如果没有英雄或振臂一呼，或舍生取义，当然是悲哀的。英雄的力量总是有限的，如同榜样的力量一样。当企业度过创业期之后，公司需要注入新的力量，这就是组织的力量、管理的力量、领导力的力量，而个人英雄行为往往会破坏这些力量的构建，成为企业变革的阻力，因此，必须抑制英雄主义行为，使企业静水潜流，企业也因没有英雄而获取持续成长的动力。

但在这一时期有一例外，在 2005 年修订的第二版《致新员工书》中，任正非定义了华为的英雄及英雄行为："我们呼唤英雄，不让雷锋吃亏，本身就是创造让各路英雄脱颖而出的条件。雷锋精神与英雄行为的核心本质就是奋斗和奉献。雷锋和英雄都不是超纯的人，也没有固定的标准，其标准是随时代变化的。在华为，一丝不苟地做好本职工作就是奉献，就是英雄行为，就是雷锋精神。"需要注意的是，任正非这里针对的是新员工，而不是管理者。

呼唤群体英雄（2014 年至今）

经过了为期 10 余年的管理变革，华为的世界级管理体系基本打造完成，任正非的英雄主义情结在华为满血复活，因为被压抑的时间很久了，这一阶段对英雄的呼唤更猛烈，更迫切，更执着。

英雄重新回归任正非的话语体系，英雄重新回归华为。

任正非在 2013 年 7 月 23 日的重装营座谈会上，重新评价华为历史上的英雄们：

> 我们不能忘却历史上的英雄，特别是那些默默无闻的英雄。我们要回溯历史，看看对谁还有不公平的地方。你们认为对哪一个人不公平，就站出来给他写报告，别人不表彰，自己

给他发个奖，贴在心声社区上。这种呼声一定会促使人力资源系统回溯过去哪一点做得不对，让员工感到温暖。你们不帮他陈述，他又悄悄不吭声，我们怎么知道他的成绩。回溯历史只会激发起今天的员工更大的干劲，而不是忘却历史英雄，我们去开创激动人心的未来。作为英雄，也要理解有时候会受委屈，要看到明天的光明，金子最终是不会被埋没的，可能将来在新创造出的环境中，对你的评价还要跳得更快些。

我们要团结一切可以团结的力量，因为一群农民独自去参加现代武器战争是不行的，华为公司从来不提"原装的革命者"，英雄不问出处，遍地英雄下夕烟！

2014年4月17日，任正非发表《聚焦商业成功，英雄不问出处》，再次呼唤英雄：

我们要团结一切可以团结的人，董事会决定要团结一切可以团结的力量，有广泛的思想。我们从来英雄不问出处，管他是从什么地方来的，只要是真英雄。

5月22日的《一杯咖啡吸收宇宙的能量》中提出：

现在我们缺思想家和战略家，只停留在将军层面。如果我们都只会英勇奋战，思想错了，方向错了，我们越厉害就越有问题。所以我们希望你们中间能产生思想家，不光是技术专家。要产生思想家，构筑未来的世界。我们为什么为一条路起名叫稼先路，就是尊重无名英雄；我们为什么为一条路起名叫隆平路，就是说不要在乎你的学历，不要有自卑感，人人都能做出贡献。所以，我希望你们上研所也能出现一批思想家。我们已经有些将军了，下面要成为思想家的时间更漫长，我们已经等不了这么多时间，我们三五年内一定要决策我们的战略是什么。

8月19日的《在人力资源工作汇报会上的讲话》中提出：

非物质激励就是要把英雄的盘子画大，毛泽东说"遍地英雄下夕烟"。现在我们要把英雄和先进的比例保持在60%~70%，剩下的30%~40%每年进行末位淘汰。这样逼着大家前进。

2014年12月19日的《与道德遵从委员会就非物质激励工作优化的座谈纪要》指出：

国家可以"六亿神州尽舜尧"，"遍地英雄下夕烟"，我们为什么不可以英雄辈出。为做出优秀贡献的员工发个金牌，人人都可争当英雄。有人的地方就有英雄。我认为公司每年30%~40%的表彰覆盖面应该是可以接受的，比如，公司或部门金牌奖的 5%~10% 由行政管理团队管理，公示出来接受员工评议；道德遵从委员会组织民主评选的"明日之星"，占比为 20% 或多一点。这么高的覆盖率，大家都有可能被评选上，才会去积极争取。公司在非物质激励的机会管理上，也会增加机会激励。

按地域概念，英雄不用横向与别的部门比较，在你所在单位的人数中按比例涌现就行。

2015 年 3 月在战略务虚会上，任正非提出：

时势造英雄，大时代一定会产生大英雄。我们一定要让公司 50%~60% 的人是优秀分子，然后在优秀的种子里再选更优秀的苗；中间分子占 20%~30%。让优秀分子来挤压稍微后进的人，这样他们可能也会产生改变。对英雄也要不求全责备，要接受有缺点的美。我曾在汶川抗震救灾的文件上批示"只要过了汶川救灾线，尿了裤子的也是英雄"，一共 427 名人员，都发了金牌。有一点点成绩就是英雄，将来才有千军万马上战场。

2015 年 10 月任正非提出：

不要过分讲资历，优秀员工干得好，为什么不能提拔得快些？华为正处在大浪淘沙、英雄辈出的时代，"六亿神州尽舜尧",咱们十几万人怎么不能都当英雄呢?当然我们没有毛泽东那种气概,那么打个折,让 25% 的人当英雄难道不行吗?所以,公司每年有 25% 以上的人员能获得明日之星、金牌奖。

在这一时期,任正非的关注点是英雄辈出和英雄不问出处两个问题。接下来,他进一步修正英雄的定义:不完美的英雄也是英雄,要宽容英雄,不以成败论英雄。

2016 年 3 月 22 日,总裁办发出《关于组织学习〈不完美的英雄也是英雄〉文件的通知》,任正非亲自为该文撰写编者按。

在一次私人谈话中任正非指出:

> 我们也要改变公司对人要求完美的做法,这抑制了很多干部的成长和发展。我们现在看,什么是英雄?在那一段时间做出了贡献,就是英雄。不要求他在孩童时代就有远大理想,也不要求他以后背负着这个荣誉包袱而任何时候不能玷污了我们这个队伍。不这么过度要求,我们的千军万马就能上来。你不能要求一个英雄是一个完人、圣人,我们对人有完美的要求,就抑制了英雄的产生。

6 月在人民大会堂的汇报发言中,任正非提出:

> 不以成败论英雄,从失败中提取成功的因子,总结,肯

定，表扬，使探索持续不断。对未来的探索本来就没有"失败"这个名词，不完美的英雄也是英雄。鼓舞人们不断地献身科学，不断地探索，使"失败"的人才、经验继续留在我们的队伍里，我们会更成熟。我们要理解歪瓜裂枣，允许黑天鹅在我们的咖啡杯中飞起来。

2017 年 1 月 11 日，在市场工作大会上，任正非提出：

> 我们对英雄要有正向肯定，过去我们进行 360 度考核，可能总在挑英雄的缺点，而不是挑优点，考核方式需要改变。我们各级干部对人要多鼓励，不要指责过多。当大多数人沉默的时候，就麻烦了。人的见识比知识更重要，我们还是强调以贡献为中心，不是因为学习成绩好，就被提拔、涨薪。

3 月 30 日任正非在《华为的胜利也是人力资源政策的胜利》讲话中提出：

> 如果我们不想灭亡，只能聚焦、聚焦、再聚焦。公司要有整体的商业战略，各个业务的战略要支持这个整体战略，促使我们在这个领域领先，并有广泛良好的客户关系。我们只有聚焦在主航道上，呼唤英雄，激活英雄，千军万马往前奔，我们才能在未来社会立足。

随着全公司各部门缓慢公布相应人员的职级，我们 17~19 级有 5 万 ~6 万人。这是我们的主力部队，他们的激活，会焕发我们无穷的力量。英雄万岁。

9 月，在一篇关于孔令贤事件的按语中，任正非提出了对华为英雄的反思：

为什么优秀人物在华为成长那么困难？被破格提拔三级的人为什么还要离开，我们要依靠什么人来创造价值？为什么会有人容不得英雄？华为还是昨天的华为吗？胜则举杯相庆，败则拼死相救，现在还有吗？有些西方公司也曾有过灿烂的过去。华为的文化难道不应回到初心吗？三级团队正在学习"不要借冲刺搞低质量""满广志、向坤山都是我们时代的英雄"，不是导向保守主义，而是让一些真正的英雄的血性偾张，脚踏实地，英勇奋斗，理论联系实际，让这些人英勇地走上领导岗位。为什么不能破格让他们成为主官？为什么不能破格让他们担任高级专家与职员？为什么不能按他们的实际贡献定职、定级？遍地英雄下夕烟，应在 100 多个代表处形成一种正气。对于形不成正气的主官，要考虑他的去留。

我们要紧紧揪住优秀人物的贡献，紧紧盯住他的优点，把他当作榜样。这要成为一种文化，这就是哲学。

2018 年 3 月公布的《华为人力资源管理纲要 2.0》中也特别提出：

> 鼓励集体奋斗中的"个人英雄主义"：个人成功的评价首先要基于对部门及公司集体成功的贡献，而在评价公司与部门的集体成功中也要识别驱动成功的个体与群体英雄。要回归不同业务的管理特点，针对不同业务特点以及不同层级、不同类别的员工贡献特征，做好鼓励集体奋斗与鼓励个人英雄主义间的激励导向取舍。
>
> 要用好、用活荣誉仪式与荣誉信物，通过正向积极、感人至深、催人奋进的荣誉表彰仪式让优秀的组织与个人获得更大的荣耀感，让荣耀感进一步激发出组织与个体更大的责任感，让个体性"一枝先秀"的榜样引导出群体性"百花齐放"的奋进。

任正非不仅重新呼唤了英雄，而且重新定义了英雄，在新的发展时期，他再次给以 80 后和 90 后为主体的华为员工注入英雄主义的情结，塑造其英雄主义的品格，激发其英雄主义的行为，使这个由 19 万余员工构成的组织始终充满活力，以实行多路径、多梯级的进攻，密集弹药，饱和攻击。

在这一阶段，华为在管理实践中采取的诸多举措，目的在于重唤华为员工的英雄主义情结和英雄主义行为，激活组织活力。

纵观华为的成长与发展，不难看出，这是一位英雄主义的企业家所造就的充满英雄主义的公司。由此可以得出一个重要的结论：不是时势造英雄，也不是英雄造时势，在华为，是英雄造英雄——坚守英雄主义的任正非，不断地赋予华为人以英雄主义的情结，打造出一支英雄主义的队伍。

纵观这一阶段任正非关于英雄的论述，其英雄观与第一阶段的英雄观有了明显的区别。

第一，重新定义了英雄的内涵，扩展了英雄的外延，放宽了成为英雄的条件，提倡人人皆为英雄，呼唤群体英雄。

第二，宽容英雄，包容英雄的缺点，为英雄辈出营造良好的氛围与土壤。

第三，采用多种管理举措，呼唤英雄，评价英雄，回报英雄，激励英雄。

从呼唤个体英雄，到消灭英雄，再到呼唤群体英雄，这就是任正非的英雄观。

任正非经营管理
思想的源头是哪里

——与《华为之熵 光明之矢》作者商榷

2017 年 1 月 7 日，朋友圈中一篇名为《华为之熵　光明之矢》的文章被刷屏了。文章基于物理学理论以及华为已有的理论与实践探索，提出了华为的宏观活力引擎与微观活力引擎，我反复阅读，深受启发。此文对于企业管理具有重要的实践价值，同时也具有深远的理论价值。对于破解任正非提出的"让组织始终充满活力"的命题，作者做出了非常有价值的理论与实践两方面的贡献，同时也为外界深入了解华为内部管理机制和发展打开了一个崭新的视角。

初读一遍，感觉作者以一个新的视角解读任正非与华为，颇有新意且立意高远，正如作者所说，该文是"目前为止对华为发展之道最不为人知的一个视角"。

但仔细阅读几篇之后，我疑惑渐多，随之进入迷惑状态，并未如作者所言"一切仿佛豁然开朗"。在此，做一个蓝军中不在编的"蓝人"，提出两个问题，与作者商榷，并求教于作者。

任正非的经营管理理论的源头真的是三大定律吗？

作者在文中用大量篇幅介绍了鲁道夫·克劳休斯的热力学第二定律、普里高津的耗散结构理论和薛定谔的生命活力理论（以下简称"三大定律"），并认为这是任正非管理理论的源头，进而进一步论证：热力学第二定律、熵理论与生命力理论催生了厚积薄发、以奋斗者为本和长期坚持艰苦奋斗，耗散结构理论催生了开放合作。

于是，作者得出了以下结论："任正非说，（企业）要想生存就要逆向做功，把能量从低到高抽上来，增加势能，这样就发展了（于是诞生了厚积薄发的华为理念）；人的天性就是要休息，舒服，这样企业如何发展（于是诞生了以奋斗者为本，长期艰苦奋斗的华为理念）？任正非正是通过洞察人性，激发出华为人的生命活力和创造力，从而得到持续发展的企业活力。"

在文章的结语处，作者认为："以前作者学习华为管理思想，只是知其然而不知其所以然。任正非的管理主张都能直指人心，也在华为实践中得到了验证，但从来都找不到源头。"

"当作者把熵、生命活力、耗散结构一一解读之后，从厚积薄发到开放架构，从人力资源的水泵到炸开人才的金字塔，一切仿佛都豁然开朗。"

这一论断犹如幼儿园老师常讲的牛顿与苹果的故事。苹果的落地让牛顿发现万有引力理论；冥思苦想的任正非看到了三大定律，恍然大悟，于是一套管理理论横空出世，成为"任正非之矢"。如此描述故事性很强，有很强烈的现场感和传奇色彩。但是，并没有自圆其说，缺乏内在的逻辑，并没有形成闭合的结论。

任何理论都来自实践，作为功利性很强的企业管理理论尤其如此。长期的管理实践是管理理论的土壤，也就是人们所说的"理论是灰色的，实践之树常青"。任正非的理论来自管理华为的艰苦卓绝的实践，在实践中的探索，在失败中的煎熬，在成长中的总结，在四处碰壁时修正。任正非讲"从泥坑中爬起来的人是圣人"，圣人不是来自苦思或顿悟，而是出自"泥坑"，这个泥坑就是华为苦难而辉煌的实践。实践滋生了理论，实践验证了理论，实践修正了理论，实践也提升了理论。

正如爱因斯坦所说："一个希望受到应有的信任的理论，必须建立在有普遍意义的事实上……从来没有一个真正有用的深入的理论果真是由纯粹的思辨去发现的。"毛泽东也曾说过："真正的理论在世界上只有一种，就是从客观实际抽出来又在客观实际中得到了证明的理论，没有任何别的东西可以称得起我们所讲的理论。"

问渠哪得清如许？为有源头活水来。企业管理实践是企业管理理论的活水，也是后者的源头。

任正非认为："没有正确的假设，就没有正确的方向；没有正确的方向，就没有正确的思想；没有正确的思想，就没有正确的理论；没有正确的理论，就不会有正确的战略。"这段话应该是对这一命题的最好解释。

在"摸着石头过河"中探索，在自我批判中进步，在自我优化中成长，在"顶层设计"中卓越，可以讲这是华为成长壮大的四部曲，也是任正非管理理论产生、形成和完善的过程与路径。这一点在任正非 2011 年的文章《从"哲学"到实践》中有非常清楚的阐述。

如果读一下任正非的早期文章，不难发现，开放、机制、活力、活下去、以客户为中心、以奋斗者为本、长期坚持艰苦奋斗，在 20 世纪 90 年代初就被论及，只不过说法不同，如"不让雷锋吃亏"不过是"以奋斗者为本"的一种形象表达。我想任正非那时并没有读到过三大定律。

对任正非讲话及公司文件稍加检索，就不难发现，"以客户为中心，以奋斗者为本，长期坚持艰苦奋斗"正式形成于 2007 年，当时正值公司成立 20 周年，任正非在各体系奋斗表彰大会的一系列讲话中正式提出。而此时，任正非是否与三大定律相遇，问一下那位送书的教授即可。在此，我并不否定三大定律对任正非的启示，也不否定三大定律在华为管理实践中的运用，但问题是要搞清何是源头，何是长河，何是本，何是末。

其实，任正非已经回答了这个问题。

2013 年 10 月 19 日在《用乌龟精神，追上龙飞船》一文中，任正非讲道："我把热力学第二定理从自然科学引入到社会科学中来，意思就是要拉开差距，由数千中坚力量带动 15 万人的队伍滚滚向前。我们要不断激活我们的队伍，防止'熵死'。我们决不允许出现组织'黑洞'，这个黑洞就是惰怠，不能让它吞噬了我们的光和热，吞噬了活力。"其中的关键词是"引入"。

2019 年在接受记者采访时，任正非再次回答了关于其思想源头的问题："小说太假，不真实，很多管理类书籍都是教授们闭门造车，读多了限制思想，真正的管理哪是几条原理那么简单。我读过很多书，我喜欢稻盛和夫的书，但不知哪本书影响了我，思想是怎么生成的。我脑袋里产生的想法我也找不到源头在哪里。"

思想者自己也没有搞清自己的思想源头，任正非给出这样的答案，非常实事求是。

还有一点，任正非的管理理论涉及面很广，有些确实与三大定律有异曲同工之处，但更多的理论与后者几乎没有交集。如灰度理论，其源头来自哪个定律？

提示一下，如果哪位套用作者的标题，写一篇《华为之美　任正非之灰》，或许是很有价值的文章。

王民盛先生所著《华为崛起——深度解读华为从中国走向世界的崛起之路》一书（台海出版社 2019 年 8 月出版）用一章的篇幅研究"任正非世界观的破与立"，分析了任正非思想的演变过程。作者认为，任正非是以"牛顿的机械世界观"为主导的，这是由任正非所处的特殊时代背景、专业背景和个人职业经历所决定的。牛顿的机械世界观体系的特征是还原论（任何复杂的系统、事物和现象都可以拆解为各部分的组合，系统特征可以从组合特征中寻找）、机械论（将世界万物的运动都理解为机械运动）、决定论（一切运动都是由确定的规律决定的）和静态均衡（物体静止或匀速直线运动的前提，是其受到的合力为零）。现代企业管理学也是建立在牛顿的机械世界观之下的。

牛顿的机械世界观并不重视信息与机械的相互作用，所以"率先在通信行业遭遇与现实之间的显著失洽"，也给华为的管理带来困境。正是在此背景下，任正非重塑自己的世界观，由牛顿的机械世界观走向耗散结构，即"自组织系统"。其特征是非还原论、非机械论、非决定论和动态演化均衡，这些构成了任正非管理哲学的核心，开放、妥协、灰度、耗散、反惰怠、组织活力等也就更多出现在任正非的管理体系中。

笔者认为，以上分析是客观的、尊重现实的，也是令人信服的。

任正非真的是用人性的贪婪驱赶人性的懒惰吗？

作者在探究了任正非的管理理论源头之后，又提出："人的本性是贪婪懒惰和安逸享乐的，如何让人们长期艰苦奋斗，激发出生命活力？以奋斗者为本，长期艰苦奋斗，正是任正非用人性的贪婪驱赶人性懒惰的不二法门"。

如果说第一个结论还可以商榷的话，那对于这个结论本人无法认同。

第一，"用人性的贪婪驱赶人性懒惰"这句话非常令人费解，其理解难度远远超过上述熵理论。贪婪与懒惰，是复杂人性中类同的表现，两者具有包含关系，懒惰难道不是贪婪的一种表现？反言之，贪婪难道不包含懒惰吗？作者在不界定概念的前提下，就直接提出观点与结论，不是一种严谨的研究态度。

第二，作者提出了"用人性的贪婪驱赶人性懒惰"的结论，但并没有解释贪婪是如何驱赶懒惰的，没有对内在逻辑关系进行分析。如果没有研究假设，没有对自变量、因变量和媒介变量的内在关系的揭示，没有信度和效度的验证，将研究假设直接作为研究结论，是难以让人信服的。如果这种实证研究确实有难度，最起码可以列举系列现实案例，来证明任正非在现实中是如何"用人性的贪婪驱赶人性懒惰"的，很可惜的是，这些工作作者都没有做。例如"劣币驱逐良币"，我们不但能够解释其内在原理和作用机理，而且在实践中能够找到真实的现象，即可以认定它是正确的定理。而贪婪驱赶懒惰仅仅是一个未经论证和验证的观点而已。

第三，这一结论的前提是人性是贪婪的，这没错。但古今中外对人性本质的探索，都认为人性既有天使的一面，也有魔鬼的一面。而作者置人性善的一面不顾，仅仅把人性的贪婪作为驱动因素，是失之偏颇的。我们无法否定人性的贪婪与懒惰，因为它是真实存在的，在现实中可验证的；同样，我们也无法否定人的理性、成就感、使命感、责任感、价值感与志愿者行为、社会公民行为等，因为这些也是真实存在的，在现实中同样也是可验证的。或许有人认为，成就感、使命感等也属于人性贪婪的范畴，那只能重新回到对贪婪的定义、内涵与外延的界定上。建立在概念不准确基础之上的结论，是难以成立的，也是难以让人信服的。

第四，从管理原理上讲，企业管理确实是基于人性的，但它基于人性的两面，而不是一面。其基本原理是：激励人性的正能量，约束人性的负能量，由此把人的行为和行为结果导向企业的长期战略和短期目标，从而实现企业的价值。其中的关键不是"驱赶"，而是激励、激发与激活，而约束也是激励，只不过是"负激励"。

第五，"用人性的贪婪驱赶人性懒惰"的结论，既不能回归华为的实践，也无法解释华为的现实。如作者所讲，"任正非的思想源头摆脱了商学院式的理论框架，仿佛黄河源头的九曲十八弯，既有观察现实世界、不断实践的人性感悟，也有横贯东西方的科学和哲学洞察。"任正非确实是位人性大师，也是位激励大师，更重要的是位自我激励大师，但做到此，是基于他的贪婪吗？公司基于风险共担、利益共享的员工持股计划制度设计，也仅仅是基于人性的贪婪吗？1996 年的市场部集体大辞职，2003 年的集体自愿降薪，2007 年集体辞职竞聘上岗，员工到"蚊子龙卷风"等枪林弹雨中成长，也是基于公司奋斗者群体的贪婪吗？从市场部将士的"雄赳赳，气昂昂，跨过太平洋"，到 2000 位研发将士出征，是源于他们的何种贪婪？公司 30 年苦难而辉煌的成长与发展，真的是源于"用人性的贪婪驱赶人性懒惰"吗？本人认为，这一观点是对任正非管理理论与实践的误读，也有失对公司奋斗者群体的基本尊重。

第六，"用人性的贪婪驱赶人性懒惰"的结论，也忽略了华为核心价值观、组织氛围、内在机制与管理体系的作用。任正非对公司驱动力的问题早已做出了准确的回答："什么驱动力使华为成功，我认为是华为的核心价值观描述的利益驱动力，驱动了全体员工的奋斗，是一场从精神到物质的转移，而物质又巩固了精神力量。我可以告诉你，释放出我们 11 万员工的能量的背景是什么。就是近20 年来，华为不断推行的管理哲学对全体员工的洗礼。你身上的小小的原子核，在价值观的驱使下，发出了巨大的原子能。"（任正非《从"哲学"到实践》）

第七，"用人性的贪婪驱赶人性懒惰"的结论，也忽视了企业的目的与本质。企业本质上是功利组织，但又是一种责任组织，从外部看，创造顾客是企业存在的理由与目的；从内部看，企业必须实现员工价值与组织价值的统一，如德鲁克所言："组织的使命在于使平凡的人做出不平凡的事"。所以，企业与员工的关系并不是驱赶与被驱赶的关系，企业有前途，工作有效率，个人有成就，是企业经营管理的重要使命，三者互为因果，缺一不可。

文章的解读视角确实很新颖，其中的华为"活力引擎模型"颇具新意。对企业领袖管理哲学及企业实践的深度解读，必须回归真实，回归本质，回归本原，回归朴素，回归简单，回归常识。任正非在管理上，一直坚持管理必须简单，公司的变革就是让管理简单化、及时、准确和安全，其实这也是任正非管理理论的基本特征，真的没有那么玄。如有机会，很想与作者进一步探讨。

2018年，
任正非的脚步

2018年，任正非带领华为走过了艰难又辉煌的一年，我们追随任正非的步伐，看看他这一年走过的轨迹。

2月23日，任正非来到斯里兰卡的科伦坡，在科伦坡代表处，任正非对小国经营提出要求："我们需要的是有缺点的战士，不需要完美的幼童。我不是说人有缺点就能容忍，他要能改，主要还是要能攻上上甘岭。破格提拔就是拉开人和人之间的差距，我们的标准就是多产粮食。我们要看责任和贡献，这样我们的队伍才有希望。"

3月2日，任正非来到蒙古国，在听取办事处汇报后，他提出，小国办事处的员工要做"全科医生"，并要求："关注基层员工，创造和谐环境，全营一杆枪。艰苦危险的国家，可以多聘一些本地的司机，本地司机其实就是半个保镖。代表推动实行小费制度，这是对基层服务人员的一种感恩。建立起一种和谐关系，安全就有保障。"

　　4月11日，任正非出差到黎巴嫩。该国东部和北部与叙利亚接壤，南部与以色列（边界未划定）为邻，当时黎巴嫩边境地区形势依旧复杂，黎巴嫩同以色列关系紧张，叙利亚局势尚未实现稳定。就在4月7日，我国外交部提醒中国公民，近期谨慎前往黎巴嫩。在黎巴嫩办事处，任正非感谢员工在艰苦地区做出的贡献，并提出："我们是鼓励在集体主义下的个人主义，在本代表处做得好的情况下，员工个人才有成长路线。不要一事当前先想个人的成长。"

　　6月5日，任正非出差到英国，在剑桥研究所和伊普斯维奇研究所与员工座谈，提出："希望剑桥研究所能发挥喇叭口作用，吸收宇宙能量，吸引四面八方的人才。在科技战略前应先有思想战略，要让科学家安于研究，政策制定要宽容，鼓励科学家和员工灵活开放地开拓创新，既要有深厚的知识储备，又要有瞬间的奇思幻想，不断为万物智能的人类社会推动科技发展。"

　　7月1日，任正非来到非洲中东部的卢旺达，在著名的卢旺达饭店与卢旺达与布隆迪的公司员工聊天，他指出："我们为什么要在艰苦的地区、艰苦的国家奋斗呢？我们是履行为全人类服务的承诺，我们立志'把数字世界带入每个人、每个家庭、每个组织，构建万物互联的智能世界'。为了履行这个承诺，无论在人迹罕至的高山、荒漠，还是在疾病流行、战火纷飞的地区……任何有人的地方都有华为的员工。我们不要怕一些人嘀嘀咕咕，我们是在造福人类，而不是威胁社会。他们心胸狭窄，不要与他们计较，以免影响我们为人类服务的理想的前行。"

7月3日，任正非又来到非洲东部的乌干达、肯尼亚和非洲西部的加纳，在与代表处的座谈中，重点谈了代表处的管理问题，提出："制度管住人，流程管住事，简化组织结构。"

8月1日，任正非来到俄罗斯，在代表处要求管理团队进行职员系统变革，并提出："你们已经打开了城墙口，要纵向发展，横向撕开，做深做透。代表处要继续深化改革，把俄罗斯建设成为公司的战略大后方。"

8月3日，任正非又来到乌兹别克斯坦，对代表处提出要加强学习："这个时代，不进则退，千万不要偏安一隅。"

10月21日，任正非来到孟加拉国，在代表处做了关于《逐步分批分期地改善海外代表处的工作与生活环境》的讲话："改善工作环境与当地代表处产粮食多少无关，是为了让艰苦奋斗的员工有一个舒适的工作环境与生活环境，给员工提供一个家，这个家要温暖一些。艰苦奋斗是指思想上的，并非身体上的。家的建设与产粮食多少无关，行政不对成功负责，对人人关怀负责。人人都应享受奋斗的欢乐。就像儿女回家，妈妈并不关心你是否多产了粮食，妈妈也许更心疼赚不了钱的儿子，看到他累成那样子，还找不到生存支点，泪流满面。因此，代表处应建欢乐谷，越艰苦的地区越要好。"

11月21日，任正非来到日本，与日本研究所员工座谈，他希望科研人员："经常搞樱花树下喝小酒、薰衣草边座谈会，名字就叫数学家会、光学家会……汇聚全世界科学家一起喝咖啡，把全社会先进的东西粘在一起，集成的产品就是最有竞争力的。"

"你们以后都要向我学习，我其实什么本领都没有，我读大学的时候刚好碰上'文化大革命'，大学读了三年，相当于一个大专生。大家都没有学问，我的学问稍微高一点，就爬出来了。你们都是博士、硕士、大学生，我比不过你们，但我也很有本领，提了一桶糨糊，把大家粘在一起。外界说我强大，实际上我还是啥也不懂。将来我们的手机、系统设备等也是一桶糨糊，我们把日本的技术、法国的数学，全社会先进的东西粘在一起，集成的产品就是最有竞争力的，赚了钱大家一起分，这就是分享制。"

这一年，任正非先后到 12 个国家出差，足迹遍布亚、非、欧三大洲。除了国外，国内也遍布他的足迹：

7 月 13 日到上海研究所做了《在攀登珠峰的路上沿途下蛋》的讲话；

9 月 5 日到北京研究所做了《我们需要能战略领先的部门，一定要实现战略领先》的讲话；

9 月 6 日在公司中国区总部做了《一切变革、管理、流程都要导向多产粮食与增加土地肥力，否则是无效的劳动》的讲话；

9 月 21 日到成都研究所做了《都江堰渠水的温柔，别泡软了我们的骨头》的讲话；

10 月 13 日到南京研究所做了《六朝古都，秦淮河边，也可以掀起滔天巨浪》的讲话；

10 月 17 日到上海研究所做了《坚持多路径、多梯次、多场景化的研发路线，攻上"上甘岭"，实现 5G 战略领先》的讲话；

11 月 7 日到西安研究所做了《寂寞的英雄是伟大的英雄，我们要鼓励新旧循环》的讲话；

11 月 19 日在合肥中国科技大学与该校校长座谈时，做了《加强与国内大学合作，吸纳全球优秀人才，共同推动中国基础研究》的讲话。

看了任正非 2018 年的足迹，或许值得我们在管理层面做以下思考。

第一，企业家的视野与境界起始于其行动的脚步。

2016 年 5 月 30 日在全国科技创新大会、中国科学院第十八次院士大会上，任正非提出："华为的口号是'先学会管理世界，再学会管理公司'。个人的见识，首先来自'见'，然后在不断思考过程中形成'识'，见多才能识广。"认识这个世界，方可能改造这个世界。行千里路，历来都是增长见识的重要途径。任正非的国际大视野首先来自亲眼看见这个世界后的认知。未来世界既然是不确定的状态，企业家就必须扎进混沌之中，认知和洞察这个世界。

第二，传播公司文化的最好途径是到员工身边布道。

企业家的重要职能犹如牧师，需要不断地布道，日积月累地开拓自己思想的疆场。柯林斯在《基业长青》一书提出："利润是生存的必要条件，而且是达成更重要目的的手段，但对很多高瞻远瞩的公司而言，利润不是目的，利润就像人体需要的氧气、食物、水和血液一样，这些东西不是生命的目的。但是，没有它们，就没有生命。"他认为，利润之上的追求在伟大的公司里，更是作为"教派般的文化"被灌输。在公司内部讲话中，任正非多次提及牧师们的艰辛与坚守，特别是那位发现维多利亚大瀑布的戴维·利文斯敦传教士（1813—1873）。任正非在世界各地游走，每走一地，都与本地员工座谈或发表讲话，犹如播种机，实际上就是在传播公司文化与政策，这种身体力行的传播更有效果。

第三，被关注和激励的员工才能心甘情愿地为公司做贡献。

任正非每到一地，都要与员工座谈，他重点关注的是员工的生活与成长，以其长期坚持的沟通风格，推心置腹地与员工对话，这无疑使员工有成就感和获得感，感受到自己的价值被认同。每一位员工都会被感动，都会被激励。他们会以实践中的奋斗，回报任正非的关怀，因为每个被感动和被激励的人，都会心甘情愿以高绩效回报感动他的老板和企业，这些是金钱难以做到的。2018年初，华为2000名研发人员自愿要求上前线，且不承诺期限、地点与待遇，与任正非的身体力行和率先垂范是分不开的。华为人为什么愿意上战场？这是个值得深思的问题。

第四，践行公司文化的最佳途径是企业家的身体力行。

让员工认同企业的文化，首先是企业家必须自己有宗教般的虔诚，并付诸行动。让他人相信的前提，首先是自己相信。华为对内坚守的是奋斗的价值观，任正非以自己的实际行动，践行着他所提倡的奋斗理念，他为员工树立了奋斗的榜样和标杆。这里需要强调的是，任正非不仅在物质与行动层面，而且在精神层面，都恪守奋斗的价值观。

第五，在现场发现问题与解决问题是管理者的基本素养。

管理是实践，管理者必须关注现场。管理的问题在现场，管理的答案也在现场。目视管理、走动管理与现场管理应成为管理者的常态。因职责所限，企业家不可能天天在市场，天天在现场，很多时候他需要仰望星空，运筹帷幄，但这不是企业家远离市场和现场的理由。研究表明，当领导通过走动式管理，即去拜访客户（至少25%）、持续创新（25%）和激励员工（25%），激活这些创新变量，就可以释放组织持续创新的潜能。任正非走出办公室，深入一线，实行走动管理与现场管理，在现场倾听员工的心声，发现问题，总结经验，避免高高在上、神秘化和官僚主义倾向，这是其长期坚持的管理风格。华为的许多成功的管理实践来自任正非对现实的把握及总结提升，如"让一线呼唤炮火""训战结合""铁三角""账实相符"等，都是基于他对现实问题的把握提出的。人的正确思想来自实践，企业家的正确管理理念也来自实践。

第六，只有贴近客户才能真正了解客户的挑战与压力。

人是嗅觉迟钝的动物，华为坚持的狼性的第一条就是敏锐的嗅觉。既然我们的嗅觉不那么灵敏，弥补的办法只有最大限度地接近市场，贴近客户。任正非出差的一个重要日程就是拜访客户，零距离地倾听客户的心声，从而寻求未来的市场机遇，发现自身的不足与缺点，并以此作为改进公司运营与管理的依据。任正非作为一只头狼，自身不仅保持着敏锐的嗅觉，紧密地贴近客户，而且还要身先士卒地带领群狼们时刻保持对市场的关注、对客户的关注。头狼的作用就是建立与维持组织的秩序，维护与开拓组织的领地，发现并获取新的猎物，发现并实现新的机会。

第七，通过学习最优实践与最佳标杆持续地改进。

一个企业可能是行业翘楚、业界霸主，但这并不代表其一切都是优秀或卓越的。天外有天，总有他人在某些方面比你更优秀，更卓越，更完美。亲眼发现他人的优秀，也就能找到自己的差距，找到对标的标杆，找到自己改进的方向与目标。任正非游走世界，大到历史、人文、社会、文化与文明，小到美食、街道、建筑与花园，从世界各地不断地发现各行各业的优秀标杆，并带回华为，持续地改造、改变和改进华为，使华为的一切变得更优秀与卓越。实际上，任正非的每一次出差，都以"一杯咖啡主义"的心态，吸纳着世界的正能量，持续地为他自己赋能，也为华为公司赋能。

第八，只有不惰怠的企业家才能把企业带到新的高峰。

很多企业的天花板是老板，很多企业是被企业家压制了成长的空间和发展的速度。企业家的惰怠，既表现在心态上——不接地气、高高在上，也表现在头脑上——荒于思考、懒于探索，还有就是不聚焦，把自己的精力与体力分散于繁杂的事物，禁不起诱惑，耐不住寂寞，没有定力，不能自律。任正非通过"行万里路""读万卷书""与万人谈"，而聚焦于"干一件事"，不断为华为的未来探索前进的道路，不断为华为注入新的动力与活力，不断牵引华为这架战车冲破困境砥砺前行，不断把华为带上新的高度。

未来，道阻且长，但任正非的脚步依然不会停歇！

2019 年，
任正非的思想脚步

华为"以奋斗者为本"的价值主张，首先强调的是思想上的艰苦奋斗，其次才是身体上的艰苦奋斗。前文展现的是任正非在行动上的艰苦奋斗，本文展现的是任正非在思想上的艰苦奋斗。

2019 年，是任正非出面或出镜最多的一年，华为创业 32 年来，这实属罕见。低调的任正非被逼得不能继续低调，不得不频繁地接受中外记者的采访，于是任正非成了不断刷屏的"网红"，长期占领头条热搜，人们也得以全面了解任正非的思想，一睹任正非的风采，倾听任正非的心声。

有人说他大半年说了一辈子的话。确切地讲，他是被逼得大半年说了一辈子的话。

有媒体认为："他几乎以一己之力，把一直被妖魔化的华为，变成了人尽皆知的全球通信巨头，把'任正非'这个符号，变成了西方语境下'一个为观念而战的硬汉'。"

　　有人撰文称：任正非是 2019 年中国的最佳辩手；如果以企业家为标准，2019 年，可以称为"任正非年"。

　　有人做过统计，2019 年在各大媒体公众号上，"任正非"出现的频次为：央视新闻 23 次，人民日报 17 次，新华网 3 次，侠客岛 4 次，环球时报 62 次，央视财经 16 次，中国新闻网 15 次，中国证券报 43 次。

　　关于任正非接受采访的文章与评论已经太多，也充满了真知灼见，在此不再赘述。我印象最深刻的一句评论是："中国民众终于在任正非那里找到了社会最大公约数。"

　　任正非接受采访的内容非常宏大，涉及面极广，有媒体对任正非 2019 年接受媒体专访的 20 余万字的文字整理稿做过数据分析，结果如下。

　　接受采访最多的国别媒体：美国媒体占 38%，其次为英国媒体，占 17%。

　　出现最多的实词：美国（1348 次），中国（644 次），世界（294 次）。

　　提到最多的热点话题：美国政府，实体清单，后门。

　　提到最多的公司：谷歌（59 次），苹果（51 次），爱立信（40 次）。

　　提到最多的行业词汇：5G，人工智能，芯片。

　　提到最多的人物：孟晚舟（91 次），特朗普（56 次），乔布斯（27 次），图灵（10 次）。

从上面的统计可以看出，任正非与媒体的沟通，更多是站在宏观的角度来看待问题。尽管 5G 是华为最重要的战略布局，孟晚舟是其最牵挂的人，谷歌是可能对华为产生最大影响的公司，但是这些都没有进入高频词汇的前五名。

"'坦诚'是华为面向国际市场的整体态度，'开放'和'法制'是对国际环境的基本诉求，家庭和事业是任正非永远的牵挂，5G、人工智能、芯片，则是任正非对华为下一步技术攻坚提出的战略要求。"

另一项对任正非采访的高频词数据分析得出了大致相同的结果。排在前 10 位的高频词是："美国"1016 次，"中国"789 次，"未来"210 次，"技术"189 次，"法律"168 次，"加拿大"152 次，"5G"149次，"网络安全"142 次，"客户"141 次，"开放"140 次。此外，"科学"、"投资"与"教育"出现的频次也超过了百次。观此，不难发现任正非讲话涉猎范围之广，而其中更是充满了家国情怀。

向松祚先生在看了任正非接受国内近 20 家媒体的集体采访后，写下了《任正非先生真正的忧虑是什么？》一文，在媒体上广为流传，其中写道："洋洋两万余言，坦诚从容，全面深刻，大气磅礴，感人至深。读着读着，我突然仰天长叹，悲从中来。呜呼！任正非先生看似坦荡从容的话语，实在是饱含着深沉的悲壮和深深的忧虑。任正非先生所谈者看似是华为，所忧者其实是中华。他关注的问题表面看起来是华为如何应对当下所遭遇的困境，实际上内心深处所忧所虑者，却是国家的基础教育、人才培养、科学创造、科技创新、对外开放以及全球人才竞争。"

他总结出任正非的十八大忧虑，其中包括人才、与先进国家的差距、基础研究与基础教育、科技创新、开放、经济泡沫化、浮躁心态等。

截至 2019 年 12 月中旬，任正非在这一年共接受了 40 多次采访和对话，其频度每月超过了 3.5 次，累计会见记者超过了 3000 人。

以上所列只是任正非对外的交流，在公司内部，任正非思想的脚步也没有停下。据不完全统计，任正非在公司内部的讲话达 40 余次。

2019 年，任正非为什么要说，且说得这么多？ 7 月 18 日在回答意大利安莎通讯社记者提问时，任正非给出了答案：

第一，我不是一个不愿意多讲话的人。过去我在公司内部讲话非常多，因为我作为一个领导者，怎么领导？就是讲话。只是过去讲话不面对媒体。自从发生温哥华事件，美国在纽约东区法院起诉我们，再后来把我们纳入实体清单，国际媒体对华为几乎都是负面报道，因为他们对华为带有一种成见。我认为，我有责任在危难时刻站出来多讲话，把乌云抹去，透出一点光来。现在天有一点灰色了，不是完全的黑色了，大概有 30% 的媒体报道比较有利于我们，还有 70% 的报道比较负面。

第二，美国这个国家太强大了，控制了全球的话语权，美国说什么大家都容易相信，因此华为承受的负面压力过大，我有责任出来多讲一讲。一是增强客户对我们的信心，华为公司不会垮掉，会对客户负责任的；二是增强供应商对我们的信心，我们公司可以活下去的，他们卖给我们零部件，将来是能回款的；三是增强员工信心，要好好工作，公司可以活下去，尽管美国打击很厉害，但是我们公司也很厉害；最后，也向社会传递正确的声音，让社会理解我们，以前没有人这么尖锐地指责我们时，总不能跳出来自己说自己。现在美国这么尖锐地指责，我们正好有机会解释自己，让大家了解华为。现在社会舆论对华为理解的大概有30%，70%还是不够理解，所以还要继续说下去。

我也不只是为了救我的女儿，也为了救我们公司，所以我要挺身而出。

特朗普政府对华为的极限施压，把华为这架战机打得伤痕累累，把不愿出头露面的任正非逼到了一线，也使他有机会向全世界展示其人格魅力，传播他与公司的世界观与价值观，展现其个人的思想体系与公司的自信和力量。

华为提倡的奋斗，首先是指思想上的艰苦奋斗。任正非不仅在本职工作上身先士卒地奋斗着，而且在思想上也一直保持着艰苦奋斗，其思想的脚步也在负重前行。

任正非与一杯咖啡主义

咖啡，是一种主义

任正非似乎很喜欢咖啡。在他的讲话中，多次涉及与"咖啡"相关的话题。

2014 年 4 月 23 日，任正非在上海研究所专家座谈会上的讲话，题目为《一杯咖啡吸收宇宙能量》，以咖啡开头："我今天就是过来喝杯咖啡。"

而且他也让华为的专家与研发员工们多喝咖啡："一杯咖啡吸收宇宙能量，你们这些 fellow（华为内部院士）的技术思想为什么不能传播到博士和准博士这些未来的'种子'里面去？你们和大师喝咖啡，现在为什么不能也和'种子'喝咖啡？喝咖啡是可以报销的。别怕白培养，他们不来华为，总要为人类服务吧？把能量输入到'种子'，这样就能形成庞大的思想群。就像把一个石头丢到水里面引起波浪一样，一波一波影响世界。你们一个 fellow 能交 5 个这样的朋友，一个人有几百个粉丝，一算就知道影响了多少人。交流也是在提升我们自己，因为我们真的想不清楚未来是什么。"

他让科学家们到公司外面喝咖啡："华为公司的圈子还太小，你们这些 fellow 都不出去喝咖啡，只在土围子里面守碉堡，最终也是守不住的嘛。你们这些科学家受打卡的影响被锁死了，在上研所这个堡垒里面怎么去航海？去开放？航海的时候怎么打卡？发现新大陆怎么打卡？沉到海底怎么打卡？从欧洲通向亚洲的海底有 350 万艘沉船，那些沉到海底的人怎么打卡？所以，我们的管理要开放模式。"

与谁喝咖啡？"我在干部大会上讲，'反对高级骨干埋头苦干'，要多参加业界会议，与业界人士交谈。'一杯咖啡吸取宇宙能量'，敢于与世界名流喝咖啡，听听人家的想法，给自己以启发，少走弯路。"

任正非对干部的要求有三条：点兵、布阵、请客吃饭。

点兵是指关注下属，培养下属，爱兵切，用兵狠。

布阵是指团队建设，提升组织能力，优化组织氛围。

请客吃饭是指关注客户，以客户为中心，与客户结成"不打领带"的关系。见不到客户本人，就请他下属或周边部门的人吃饭。任正非多次讲，在公司，谁请客多，谁就被提拔得快。华为的大数据分析证明，这绝非谬误，请客吃饭的频率与干部提拔存在强相关关系。

随着华为的全球化，"请客吃饭"这一带有浓重中国特色的词汇被任正非扬弃了，现在变成了"点兵、布阵、喝咖啡"。

任正非不仅与公司外面的人喝咖啡，吸取宇宙的能量，而且也经常与员工一起喝咖啡，赋予员工能量。

2017年8月16日，任正非签发总裁办电子邮件：《任正非在冰岛与四位弟兄咖啡细语》。可以想象的场景是，在冰岛首都雷克雅未克的某处咖啡馆，任正非邀请代表处的四位员工，边喝咖啡，边细语谈心。任正非希望这"四位弟兄"："在冰岛有长白昼与长黑夜，要利用来好好学习。一是提升自己的能力。年轻人挣了钱要投资，投资不是买房，首先要学习充电。特别是在小国，综合锻炼机会很多，努力学习，把眼界拓宽，境界扩大，技能提升了，你才有上升的机会。"

"实践很重要，不实践，时间长了就会被淘汰，公司文件已经要求没有基层成功实践经验就不提拔为主官，高层干部更是如此。但是只有实践没有理论总结，永远就只是个工人师傅嘛。"

"不要龟缩在首都，不要龟缩在代表处，要多去了解合同场景以及未来的合同场景，旅游时，也评估一下这个地方的工程难度。不然怎么叫上过战场。"

"还要提高自己的社交面，不要把穷酸风气带出国门，不融入上层社会，谁会认同你呀，你怎么去拿合同？要从多方面去了解当地社会，改变生活方式，融入当地社会。要和他们有共同语言、共同的生活方式、共同的爱好，这样才会有共同感。我们的合同在上层社会手里面，融不进上层社会就没有这个机会。"

"从我们走过的道路来说，首先要舍得花钱，才会挣钱。年轻人要存本事不存钱，存人脉不存钱，没有人脉能做成什么呢？但你没有本事，有人脉也白搭。当然我也理解有人要存钱娶媳妇，有出息是不是更容易一些？"

任正非与"四位弟兄"喝咖啡，如一位长兄与弟弟们促膝谈心，没有说教，没有废话，全是掏心窝的话，可谓情切切，意真真，活生生，暖融融。

2019 年 8 月中旬，公司的一位研发博士在其文章中透露了一个细节："在公司的'20 分钟'分享会 ① 上，老板给我派了一个特别的任务，让我把我的博士同学拉几个进来（指拉到华为来）。任正非承诺：'拉进来一个奖励一杯咖啡，猫屎咖啡。''你同学来了，我们去 B1 的四楼喝咖啡，我掏钱请客。'"别看这个奖励只是一杯猫屎咖啡，但能够与任正非一起喝一杯咖啡，这个奖励会有巨大的溢价价值。

在任正非那里，一杯咖啡变成了主义。2017 年 12 月 11 日，任正非在喀麦隆对一杯咖啡主义专门做了精辟的阐释："一杯咖啡吸收宇宙能量，并不是指咖啡因有什么神奇作用，而是指利用西方的

---

① 为加强公司管理层与员工的沟通与交流，华为鼓励员工客观展示自己的工作成绩，促进优秀人才脱颖而出。经 2018 年 3 月 29 日 EMT 办公会议讨论，决定在每月例行召开的 EMT 办公会议上设立"20 分钟"议题，设立蒙哥马利计划，让二等兵上"20 分钟"讲台，以鼓励员工分享工作成就与心得。

一些习惯，表述开放、沟通与交流。你们进行的普遍客户关系，投标前的预案讨论、交付后的复盘、饭厅的交头接耳……我都认为是在交流，在吸收外界的能量，在优化自己。形式不重要，重要的是精神的交流。咖啡厅也只是一个交流场所，无论何时、何地都是交流的机会与场所，不要狭隘地理解。"

"法国的花神咖啡馆是几百年来文人作家的交流场所，摩洛哥的里克咖啡馆是二战期间各国间谍的交流场所，不是有部电影叫《北非谍影》吗？老舍茶馆、成都的宽窄巷子……是用品位吸引人们去交流。你约不到人，在咖啡馆就可被动获得邂逅的机会，不仅仅进行学术交流。"

最精彩的是讲话的最后一句话："没咖啡，胜似咖啡。"

我检索了一下，任正非至少有三篇文章或讲话都是以咖啡为题的，除了《一杯咖啡吸收宇宙能量》，还有 2017 年 10 月在加拿大发表的《一杯咖啡吸收宇宙能量，一桶糨糊粘接世界智慧》，2017 年 12 月 11 日在喀麦隆发表的《什么是"一杯咖啡吸收宇宙正能量"》。

看来，除英雄主义、理想主义、实用主义、拿来主义和灰度主义之外，任正非还坚守着一杯咖啡主义。

此咖啡非彼咖啡

2013 年 5 月，任正非在新西兰接受记者采访，当被问及华为凭什么成功超越对手，成为世界通信制造业老大时，任正非回答了四个字:"不喝咖啡!"

把别人喝咖啡的时间用在工作上,凭什么不超越?华为是只乌龟,命中注定没有兔子的速度,乌龟要超越兔子,只有一个选择:把兔子们跷着二郎腿喝咖啡的时间用在爬行上,日积月累,厚积薄发,久久为功,超越那些速度快且起跑早的兔子。

任正非还讲过:"我们除了比别人少喝咖啡,多干活,其实不比别人有什么长处。"

记得鲁迅也曾说过相似的名言:"哪里有天才,我是把别人喝咖啡的工夫都用在工作上的。"

当被问及下一个倒下的会不会是华为时,任正非的回答是:"当华为的干部在总部漂亮的草坪上,喝着咖啡,听着 PPT 汇报,欣赏着周围的美景时,下一个倒下的肯定是华为!"

一会儿要求喝咖啡,一会儿拒绝喝咖啡,这不是自己打脸吗?

同是咖啡,此咖啡非彼咖啡!

不管是喝咖啡,还是不喝,一切因语境而变,一切由情景决定而已。这就是任正非灰度管理哲学的精髓。

其实,咖啡在任正非那里只是个由头,只是个仪式,目的还是吸取宇宙正能量。

2016 年 5 月 9 日,在接受新华社记者的集体采访时,任正非又一次谈到了咖啡:"即使有'黑天鹅',也是在我们的咖啡杯中飞。我们可以及时把'黑天鹅'转化成'白天鹅'。我们内部的思想氛围是很开放自由的,'黑天鹅'只会出现在我们的咖啡杯中,而不是在外面。我们这里已经汇集了世界主要的技术潮流。"

这一次所提到的把黑天鹅冲进咖啡杯，转化为白天鹅，充满了英雄主义与浪漫主义的玄妙与情怀。任正非的自信与底气来源于他面前的那只硕大的咖啡杯。

华为行政中心的人工湖已正式被命名为"天鹅湖"，湖中放养着引进的八只黑天鹅（因繁衍生殖，现在多于此数）。黑天鹅在西方意味着不确定性，黑天鹅的存在寓意着不可预测的重大、稀有事件，它在意料之外，却又改变一切。窃以为，天鹅湖就是任正非心中的咖啡杯，他在高瞻远瞩、气定神闲地"看庭前花开花落，望天上云卷云舒"，静观黑天鹅羽化为白天鹅，一切尽在掌握中。

任正非曾表达过华为身处"无人区"的迷茫，但别忘了，咖啡的首要功效是让人保持清醒的头脑。法国作家巴尔扎克曾言："咖啡从到达胃囊的那一刻便开始拨动你的思绪。你会不断生出新的点子，想出好的比喻，思如泉涌。咖啡是文学创作的伙伴，它让写作变得不再挣扎。"

咖啡是全球性饮料，在向世界传播的过程中，它便带有了平等、自由、包容、开放与融合的意味。咖啡和咖啡馆的出现也促进了欧洲民主政治的进程。清教徒、学者、上流人士几乎都选择了咖啡。首先从效果上来看，咖啡无疑会让人更加精神，一个每天喝啤酒的人只会醉醺醺，而喝咖啡的人则容光焕发。作为酒精的对立物，欧洲的医生们还宣扬了咖啡的一系列功效，包括解酒、促进消化、增加免疫力等。兰波的死耗子咖啡馆、萨特和加缪的花神咖啡馆、毕加索的灵兔咖啡酒吧、阿波利奈尔的圆亭咖啡馆……这些咖啡馆已经成为 20 世纪思想艺术的圣地。法国历史学家儒勒·米什莱写道："就是由于咖啡的出现，人们养成了新的生活习惯，同时它也改变了民众的气质，给人民带来光明的远景并开启真理的光芒。"

如同黑天鹅、白天鹅一样，咖啡在任正非的管理语汇里，是一种象征，也是一种隐喻。

2019 年 6 月 17 日，在华为总部，有一场名为"与任正非的咖啡对话"（A COFFEE WITH REN）的思想连线交流。参与交流的是数字时代三大思想家中的两位。尼古拉斯·尼葛洛庞帝（Nicholas Negroponte）创办了麻省理工学院的媒体实验室，著有畅销书《数字化生存》，被誉为"天才投资家"；乔治·吉尔德（George Gilder）是《福布斯》著名撰稿人，是美国的投资者、作家、经济学家，也是一位技术和互联网的热心传播者。

9 月 26 日，任正非的咖啡对话再次启动，本次对话的嘉宾是两位人工智能领域专家：杰里·卡普兰（Jerry Kaplan，全球人工智能专家、未来学家、平板电脑行业先驱）和彼得·柯克伦（Peter Cochrane，人工智能教授、英国皇家工程院院士、大英帝国勋章获得者、英国电信前首席技术官），对话的主题是探讨有关创新、规则和信任问题。

11 月 6 日，"与任正非的咖啡对话"第三期中，任正非与新加坡国立大学李光耀公共政策学院创始院长马凯硕，智能工厂工业 4.0 精神之父、德国生产自动化教授德特勒夫·齐尔克（Detlef

Zuehlke），就数字主权等问题展开对话。

看来任正非的"一杯咖啡主义"思想已经化云为雨，线下化和常态化了。

任正非通过一杯咖啡，吸纳大师们的智慧，消除自己的迷茫与困惑，生成自己的未来观与技术观，进而走出迷茫，洞察未来，把握未来。

一杯咖啡入口，对于任正非来讲，引入的是一种能量，这种能量能够激活内部机体的活力。

一杯咖啡主义，对于华为来讲，引入的是外部熵减，这种熵减能够保持公司内部的活力。

任正非与教育

如果有人问：任正非最关心什么？答案很简单，关心华为。他是华为的掌门人，华为是他的命，是他的一切。管理大师德鲁克讲，企业家必须掌握企业的命运，反言之，企业家作为一种职业，命中注定是企业的守望者。我曾对任正非做过概括，"读万卷书，行万里路，与万人谈，干一件事"，那件事就是关注华为，守望华为。

除此之外，任正非还关心什么？关注人性，关注客户，关注干部，关注行业、社会、政治、经济、民生、市政，这些是企业家都无法忽视的；作为兴趣爱好，他还关注星空，关注江河，关注花草，关注电视，关注抖音，关注美食……

除此之外，任正非最关注的是什么？是教育！大学、中学及小学教育。与任正非聊天，很多话题都是关于教育的。

任正非的父母都是教师，父亲曾任中学校长，"知识就是力量"是任正非父母对孩子灌输的核心价值观。在 1998 年以前，华为的核心价值观是"科教兴国，产业报国"。

1998 年 2 月 28 日，华为捐资 2500 万元，成立"寒门学子基金"，资助家庭困难的学生完成学业。任正非还捐资成立了以其父母姓名命名的教育基金"摩逊 – 昭教育基金"，从 2014 年起，每年给学校 10 万元的图书费。

2008 年汶川大地震后，任正非用短信给我转发了那首诗《妈妈，别哭，我去了天堂》，并附了一段按语："'再穷不能穷教育，再苦不能苦孩子'，这是回荡在新世纪最响的振兴中华的口号。一个资源贫乏的国家，唯有在孩子们的大脑里，挖出大森林、大油田、大煤矿。我们已经富起来了，我们要让学校的建筑有高质量。"

2015 年 12 月 1 日，都匀一中举办 110 周年校庆，任正非向母校捐款 100 万元。

任正非的办公室门后，一般张贴着他长期关注问题的图表或相关报道，有华为事业部运行模型图，有某期的华为内刊《管理优化报》，近些年贴着的是一张 2013 年 9 月 15 日的《南方周末》，头版的文章是《云南十万代课教师的最后"证明题"》。

2016 年 6 月 2 日，任正非在全国科技创新大会上发表讲话，以很大的篇幅谈教育问题："我们国家百年振兴中国梦的基础在教育，教育的基础在老师。教育要瞄准未来。""用最优秀的人去培养更优秀的人。""发展科技的唯一出路在教育，也只有教育。我们要更多关心农村教师与孩子。让教师成为最光荣的职业，成为优秀青年的向往，用最优秀的人去培养更优秀的人。"

2017 年 5 月 1 日任正非与深圳市委书记会面时，除承诺华为总部不会搬离深圳外，还谈到教育问题："深圳未来的希望在文化和教育，你说我们搞产业，政府要关心，这个产业可能两年三年就没有了，但教育的成长是百年，一旦这个土壤肥沃之后，未来种什么庄稼长什么庄稼。"

2019 年 10 月 12 日，值重庆大学 90 周年校庆之际，作为 1968 届暖通专业校友的任正非以个人名义捐赠了 100 架钢琴。

2019 年 1 月 17 日，任正非在深圳接受央视记者专访。任正非通过央视这个平台传达他长期坚守的思想：只有长期重视基础研究，才有工业的强大，没有基础研究，产业就会被架空。

怎么能在这么小一个芯片上面沉积那么多东西，我认为国家首先要重视教育，特别是农村的基础教育。

教育是最廉价的国防，国防并不一定是武器最厉害。我们国家经济上发展速度过快，有很多泡沫机会，大家都忙着在泡沫里面多赚点钱，可能在做学问方面，就有点惰怠了，有点儿跟不上时代。

把教育做好，国家才有未来。因此，要提高老师的待遇，再穷也不能穷老师，要让优秀的人才愿意去当老师，让优秀的孩子愿意学师范专业，这样就可以实现用最优秀的人去培养更优秀的人。

任正非还多次提到一个中学的名字，他在这所中学的名字前加了一个形容词，称之为"伟大的衡水中学"。

> 我们公司的战略预备队都在学习衡水中学的精神。他们改变不了教育制度，就要适应教育制度……我们公司也改变不了社会环境，也改变不了大世界，也改变不了美国，我们就要向衡水中学学习，建立适应社会的方式。我们也跑步。战略预备队在华为大学学习，学员大多数是博士、硕士，至少受过高等教育，包括世界名校毕业的人，在非洲等世界各国的基层工作几年、做出杰出成绩的人员。他们受训以后再回去，再受训，再回去，一层层自己走上来。他们都要向这些中学生学习，为这个国家的振兴而努力奋斗。

华为曾出过一个视频，名为《基础研究与基础教育是产业诞生和振兴的根本》，是由任正非亲自指导拍摄的。视频用大量的史料论证了一个重要的命题：基础研究与基础教育是产业诞生和振兴的根本，只有长期重视基础研究，才有工业的强大，只有长期重视基础教育，才有科技和产业振兴的人才土壤。现代产业的根本在基础研究，基础研究的根本在基础教育，基础教育的根本在中小学教师。让教师成为最伟大的职业，成为优秀青年的向往。用最优秀的人去培养更优秀的人。教育是立国之本，今天的教育，将决定科技、产业、国家的未来。

任正非的以下这段话，或许反映了其重视教育的内在动机与心声：

　　因为我父母是乡村教师，父母跟我们讲，你做啥我们都不管，但是今生今世不准做老师。我们印象很深刻，果然我们后来都没有做老师。但是老师是人类灵魂的工程师，没有老师，这个社会怎么办？就要改变对教师的政策，所以我才说再穷也不能穷老师，就是说再穷也要对未来进行投资，就像我们的战略投资一样。我们每年给大学那些教授支持的钱数额都是巨大的。说我有实力，是因为我对未来有投资。教育是国家的未来，如果我们的教育像日本一样，像北欧一样，像德国一样，我们国家还担心什么？今年不行，明年就出来几个优秀的人，就领着大家又冲上上甘岭了。如果说我们的教师待遇不高，优秀的人都不愿意去当老师，那只会出现马太效应，人的素质越来越差。优秀的人愿意去当老师，人才只会越来越优秀。

　　任正非作为一位企业家，不仅仅关注自己创立、管理的公司，还持续关注这个国家与民族的未来，关注教育，尤其是基础教育这个立国之本和强国之本。

　　"再穷不能穷教师。"

　　"用优秀的人培养更优秀的人。"

　　"把教育做好，国家才有未来。"

　　这是任正非的心声，也是任正非的忧虑，更是任正非的期盼。

华为大事记

2001年4月与任正非访问日本，参观完气势宏伟的松下博物馆，我提议华为以后也建一个大的博物馆，任正非不加思考地脱口而出"华为不需要历史"，说得极为果断。2012年11月，在展厅汇报会上，任正非又再次强调："我们不展示历史。"华为确实没有留恋历史的情结，华为的历史从当下开始。

本部分为2014年之后的华为大事记，之前部分载于《华为没有秘密（珍藏版）》附录。

以下资料来源于华为内部文档、《华为人报》、《管理优化报》、《华为文摘》、华为内部网站及公开出版物。

收集整理一个不善待自己历史的企业的历史，既费力又耗神，还不一定讨好，其中也许不乏不准确之处，敬请指正。

2014 年

1. 2014 年华为全球销售收入 2882 亿元（465 亿美元），同比增长 20.6%；净利润 279 亿元（45 亿美元），同比增长 32.7%。其中，运营商业务收入达 1921 亿元（310 亿美元），同比增长 16.4%，全球移动宽带网络部署收入占了较大比重；企业业务收入达 194 亿元（31 亿美元），同比增长 27.3%；消费者业务收入达 751 亿元（121 亿美元），同比增长 32.6%。

2. 华为研发投入 408 亿元人民币（66 亿美元），较 2013 年大幅增长 29.4%，占 2014 年销售收入的 14.2%。过去 10 年，华为研发投入累计超过 1900 亿元人民币（307 亿美元）。公司共有研发人员 7.6 万名，占员工总数的 45%。截至 2014 年年底，公司累计获得专利授权 38825 件，累计申请中国专利 48719 件，累计申请外国专利 23917 件，其中 90% 以上专利为发明专利。

3. 员工总人数为 16.9 万人。员工持股计划参与人数为 82471 人。

4. 公司启动 TUP。TUP 是公司范围内实行的基于员工绩效的利润分享和奖金计划。根据该计划，公司授予员工时间激励单位，获得时间激励单位的员工自授予之日起 5 年内可享有以现金支付的收益权，包括年度收益及累计期末增值收益。年度收益金额及累计期末增值收益金额均由公司厘定。

5. 1 月，华为在欧洲设立了两个研究中心，下辖 14 个研发机构，设立了财经、营销、服务等领域的六个能力中心，雇用了 7700 多名员工，并与德国电信、沃达丰、宝马等多家欧洲知名公司开展合作。截至 2013 年年底，华为基于全球各地区的比较优势，建立了 40 多个能力中心、30 多个共享中心，包括伦敦的全球财务风险控制中心、匈牙利的物流中心、意大利的微波中心和德国的工程能力中心。

6. 3 月，华为平板电脑 MediaPad X1 斩获由全球权威媒体 Android Authority 授予的"最佳平板奖"（Best Tablet Award）。

7. 3 月 19 日，世界知识产权组织发布最新报告称，华为以 3442 件的申请数超越日本松下公司，成为 2014 年的最大申请人。

8. 6 月 16 日，公司举行"蓝血十杰"表彰大会，任正非首次接受国内媒体采访。

9. 7 月 7 日，《财富》杂志发布了最新的世界 500 强企业排行榜，华为排名由 2013 年的第 315 位上升至 285 位。

10. 8 月，华为 P7 手机凭借卓越的外观和出色的拍照能力斩获欧洲影音协会（EISA）颁发的"欧洲最佳消费者智能手机"大奖。9 月，Mate7 在 IFA（柏林国际电子消费品展览会）上斩获由国外权威科技媒体 Android Central、Tom's Guide、Android Authority 和 GSM Arena 等评选的"IFA 2014 最佳智能手机"大奖。11 月，Mate7 荣获第二届中国手机产业设计创新大赛最高奖项"天鹅奖"。11 月，在挪威 TEK "最具购买价值"产品评选活动中，华为 P7 手机成为唯一夺得"最具购买价值"称号的智能手机类产品。12 月，Mate7 手机被澳大利亚知名博主及科技作者亚历克斯·基德曼（Alex Kidman）评选为"2014年度最具价值智能手机"。12月，Mate7手机荣获由波兰专业科技杂志《芯片杂志》（*CHIP Magazine*）颁发的"芯片杂志"（CHIP Magazine）奖和"芯片推荐"（CHIP 's recommendation）奖。

11. 9月4日，华为企业BG企业业务部在深圳召开反腐败大会，200余家经销商出席。截至8月16日，查实内部116位员工涉嫌内部腐败，其中4名员工被移交司法处理。涉及金额为6.72亿元，11月以平均分配的方式打入员工工资账户，人均2500元。

12. 9月，东莞松山湖基地动工。松山湖基地毗邻松山湖南区的松湖花海景区，占地1900亩，总建筑面约126.7万平方米，总投资100亿元，建成后将有3万研发人员聚集于此。

13. 10月9日，世界最大的品牌咨询公司Interbrand于纽约发布第十五期"最佳全球品牌"排行榜，华为成为首次上榜的中国大陆品牌，排名第94位。

14. 10月22日，全球最大的职业社交网站领英公布了2014年全球100家最佳雇主，华为荣登榜单，排名第95位，是唯一一家上榜的中国企业。

15. 11月6日，全球领先的专业信息服务提供商汤森路透旗下知识产权与科技事业部发布了"2014年全球百强创新机构"榜单。华为依托强大的专利实力闯入，是唯一上榜的中国大陆企业。

16. 11月13日，Interbrand在上海发布了"2014年度中国品牌价值排行榜"，华为以第13位的排名再次登榜，并在手机厂商中排名第一。

17. 11 月 13 日,波士顿咨询公司(BCG)发布了《2014 年最具创新性的企业》报告,华为入榜,排名第 50 位,是上榜的四家中国企业之一。

18. 12 月 30 日,公司赦免账实不符及业务造假的员工,涉及四五千人。

19. 2014 年末,华为智能光伏电站解决方案的出货量达 4GW,订货量达 5.5GW,直追行业老大阳光电源。

2015 年

1. 1 月 22 日,任正非在达沃斯接受 BBC(英国广播公司)记者采访。

2. 3 月 12 日,华为在巴黎正式成立美学研究中心。

3. 5 月 27 日,品牌咨询公司 BrandZ 正式发布"2015 年度全球最具价值品牌百强榜",华为公司首度入围。这是华为继 2014 年进入 Interbrand"最佳全球品牌"百强榜之后,再次进入世界级的企业品牌百强榜,并成为唯一同时进入两大品牌榜的中国企业。

4. 7 月 22 日,美国《财富》杂志发布新一期世界 500 强排行榜,华为升至第 228 位。

5. 11 月,华为启动创新研究计划(HIRP)。该计划已有 100 家左右的学术机构、逾千名学者参与,并资助研究生数千名,2015 年新资助 100 多个研究项目,进一步加大基础研究和技术创新。

6. 截至本年度底，华为员工持股计划参与人数为 79563 人。任正
   非的总出资相当于公司总股本的约 1.4%。

7. 华为发布 2015 年年报，华为运营商、企业、终端三大业务全球
   销售收入达 3950 亿元（按年末汇率折为 608 亿美元），同比增
   长 37.1%；净利润 369 亿元，同比增长 33%。在区域收入占比
   方面，华为中国区营收 1677 亿元，占比 54.3%，在所有区域中
   占比最高；欧洲、中东、非洲营收 1280 亿元，占比 27.2%；美
   洲 390 亿元，占比 26.4%；亚太地区 505 亿元，占比 19.1%。华
   为运营商业务收入达 2323 亿元，同比增长 21%，主要受益于全
   球 4G 网络的广泛部署。2015 年企业业务收入达 276 亿元，同
   比增长 44%，在公共安全、金融、交通、能源等行业快速增长。
   消费者业务收入达 1291 亿元，同比增长 73%。2015 年，华为
   海外企业业务收入同比增长超过 45%，高于中国区增长率。

8. 截至 2015 年年底，华为全球员工总数约 17 万人，研发员工占
   员工总数的比例为 45%，海外本地化率达 72%。员工来自全球
   163 个国家和地区，仅在中国就有来自 39 个民族的员工。华为
   员工各年龄段比例为 30~50 岁占比 65.3%，50 岁以上 1.5%，30
   岁以下占比 33.2%。2015 年女性管理者的比例达到 8.0%。

2016 年

1. 2 月 26 日，美国知名商业杂志《快公司》（*Fast Company*）3 月
   刊评出了"全球 50 大创新公司"，华为再次上榜，位居第 13 位。

这也是华为第三次跻身该排行榜，上榜理由是在全球激烈的智能手机竞争中占据了上风。

2. 英国品牌价值咨询公司 Brand Finance 发布《2016 年最有价值品牌》报告，华为 2016 年品牌价值增至 197.43 亿美元，排第 47 位，相比 2015 年排名上升 57 位。

3. 3 月 16 日，世界知识产权组织（WIPO）发布国际专利申请数据，华为以 3692 项专利申请量排名第二。华为在欧洲共申请了 2390 项专利，仅次于飞利浦，成为专利申请数量第一的中国公司。在国内发明专利申请受理量排行榜上，华为以 4906 项名列第一。

4. 3 月 29 日，"中国质量奖"颁奖仪式在人民大会堂举行。华为公司凭借"以客户为中心的华为质量管理模式"获得该奖项制造领域第一名的殊荣。该奖项是由原国家质量监督检验检疫总局组织实施的中国质量领域最高政府性荣誉。

5. 5 月 25 日，华为公司分别在美国加州北区法院和中国深圳市中级人民法院就知识产权向三星公司提起诉讼。华为在诉讼中要求三星公司就其知识产权侵权行为对华为进行赔偿，这些知识产权涉及通信技术的高价值专利和三星手机使用的软件。

6. 5 月 30 日上午，全国科技创新大会、中国科学院第十八次院士大会和中国工程院第十三次院士大会、中国科学技术协会第九次全国代表大会在北京召开，任正非做汇报发言。

7. 7 月 10 日，国外媒体报道，华为日前表示已经提交了一起针对 T-Mobile US 公司的诉讼，声称这家美国电信运营商侵害了华为有关无线网络方面的专利。提交给得克萨斯州东区美国地方法院的这份起诉书表示，T-Mobile US 公司在没有获得授权的情况下正在使用华为的专利技术。

8. 8月25日，由全国工商联主办的"2016中国民营企业500强"发布会在北京召开。在新公布的榜单中，华为位列第一。

9. 8月29日2016中国企业500强名单出炉，华为排第27位。

10. 9月，华为公司成立网络产品线，11月成立软件产品线。

11. 10月28日晚间，华为在深圳总部举办了"出征·磨砺·赢未来"研发将士出征大会，2000名华为高级研发人员和专家奔赴欧洲、东南亚、中东、美洲、非洲等全球角落，配合市场团队寻找更多的"粮食"。

12. 华为全年智能手机发货量达到1.39亿台，同比增长29%，连续5年稳健增长；全球市场份额提升至11.9%，居全球前三。

13. 华为2016年年报显示，华为运营商、企业、终端三大业务全球销售收入达5216亿元人民币（751.03亿美元），同比增长32%，净利润371亿元人民币，同比增长0.4%。在运营商业务方面，华为依旧保持了较高的增长速度，实现销售收入2906亿元人民币，比2015年的2323亿元增长了24%。在企业业务领域则实现销售收入407亿元人民币，比2015年的276亿元增长47%。消费者业务方面，华为2016年全年智能手机销售收入1798亿元人民币，同比增长44%。

14. 华为全球员工数量达到了17万人，再加上130.76亿元的时间单位计划，由此计算，华为员工平均年薪约为 63.1 万元人民币。

15. 华为全年研发费用达 764 亿元，相较 2015 年的 596 亿元大幅上涨 28.2%。研发费用率（研究开发费占同期销售收入总额的比例）达到 14.6%。

2017 年

1. 《福布斯》公布了 2017 年全球品牌价值榜，华为凭借 73 亿美元的品牌价值排名第 88 位，较上一年增长 9%，成为唯一一家入围的中国企业。

2. 7 月 20 日，2017 年《财富》世界 500 强排行榜公布，华为排名第 83 位，较 2016 年提升了 46 位。

3. 8 月 24 日，由全国工商联发布的"2017 中国民营企业 500 强"榜单揭晓，华为公司以营收总额 5215.74 亿元排名第一。

4. 9 月 25 日，全球领先的品牌咨询公司 Interbrand 发布了"2017全球最佳品牌排行榜"，华为连续第四年入榜，凭借 66.76 亿美元的品牌价值排名攀升至第 70 位，品牌价值增幅达 14%。

5. 12 月 16 日，欧盟委员会发布"2017 全球企业研发投入排行榜"，华为全球研发投入为 104 亿欧元（合约人民币 811 亿元），超越苹果公司位列全球第 6，华为也是在这份榜单前 50 位中唯一上榜的中国企业。

6. 年初，华为明确了公有云战略。8 月，华为内部发文宣布重量级组织架构调整，云业务部门 Cloud BU 升为一级部门，获得更大的业务自主权。此前 Cloud BU 为华为二级部门，隶属于该公司的产品与解决方案部。

7. 2017 年华为实现全球销售收入 6036 亿元，同比增长 15.7%；净利润 475 亿元，同比增长 28.1%。运营商业务收入 2978 亿元，增长 2.5%；消费者业务收入 2372 亿元，增长 31.9%；企业业务收入 549 亿元，增长 35.1%。

8. 2017 年研发费用达 897 亿元，同比增长 17.4%，近 10 年投入研发费用超过 3940 亿元。研发人员约 8 万名，占公司总人数的 45%。累计获得专利授权 74307 件，其中，90% 以上专利为发明专利。

9. 华为全球员工数量达到了 18 万人。

2018 年

1. 1 月 2 日，任正非签发《关于公司愿景与使命刷新的决议》，刷新公司愿景与使命如下："把数字世界带入每个人、每个家庭、每个组织，构建万物互联的智能世界。"

2. 1 月 25 日，科睿唯安公司发布《2017 年全球百强创新机构》报告。"全球百强创新机构"榜单每年发布一次，综合考量研发实力、知识产权保护以及商业成就等因素，遴选出全球最具创新活力的机构。华为继 2014 年、2016 年上榜之后第三次登榜，再次验证其创新实力，是中国大陆唯一上榜企业。

3. 2月，华为在世界移动通信大会上正式发布了可以同时支持NSA（非独立组网）与SA（独立组网）的3GPP（第三代合作伙伴计划）5G标准的基带芯片——巴龙5G01，并同步推出了5G CPE（客户前置设备），主要提供给运营商5G商用测试。

4. 3月，研究公司IHS Markit发布最新报告，公布了华为、爱立信、诺基亚、中兴和三星在全球移动基础设施市场的份额。报告显示，华为在2017年击败了爱立信，成为全球最大的电信设备制造商。作为一家领先的中国电信设备供应商，华为是2017年唯一一家在移动基础设施市场取得份额增长的厂商。据悉，华为移动基础设施业务2017年的市场份额为28%，较2016年的25%增长了3个百分点。

5. 3月9日，根据欧洲专利局最新统计显示，华为在2017年共向欧洲专利局提交了2398项专利申请，在欧洲的专利申请数居全球企业首位，成为首个获此殊荣的中国企业。

6. 3月23日，华为完成新一届董事会换届选举，延续集体领导模式，轮值CEO制度将不再运作，改为轮值董事长制度，现任三位轮值CEO全部当选为轮值董事长，梁华接替孙亚芳出任新董事长。

7. 5月22日，任正非签发《关于公司标识（Logo）变更的通知》，为适应公司多业务的发展，打造ICT基础设施领导者和智能终端高端品牌，公司标识进行变更。

8. 5月25日，《福布斯》2018年度最有价值品牌100强发布，华为凭借 84 亿美元的品牌价值连续第二年进入榜单，依旧是唯一上榜的中国品牌，品牌价值较 2017 年增长 15%。

9. 7 月，东莞松山湖基地启用，迎来首批员工。

10. 7 月 19 日，2018 年《财富》世界 500 强发布，华为排名第 72 位，较上年的 83 位又提升了 11 位。

11. 8 月 29 日，全国工商联发布了"2018 中国民营企业 500 强"名单。华为以 2017 年超 6000 亿元的营收脱颖而出，蝉联榜首。

12. 9 月 2 日，"中国企业 500 强"榜单发布，华为排名第 16 位，比上年提升 1 位。

13. 10 月 6 日，全球领先品牌咨询公司 Interbrand 公布 2018 年全球最佳品牌榜单，华为以 76 亿美元的品牌价值名列第 68 位，较 2017 年提升 2 位，品牌价值提高 14%。

14. 12 月 25 日，华为消费者业务宣布，在全球消费者和合作伙伴的热情支持下，凭借华为 P20 系列、Mate 20 系列、荣耀 10 等多款华为、荣耀机型在市场上的优异表现，2018 年华为智能手机发货量（含荣耀）突破 2 亿台，再创历史新高。

15. 2018 年华为全球销售收入 7212 亿元人民币，同比增长 19.5%，净利润 593 亿元人民币，同比增长 25.1%。

16. 2018 年华为研发费用达 1015 亿元人民币，投入占销售收入的 14.1%，位列欧盟发布的 2018 年工业研发投资排名第 5 位；华为近 10 年投入研发费用总计超过 4800 亿元人民币。

17. 年初全球员工人数 18.7 万人，年末全球员工人数为 18.8 万人。

2019 年

1. 1 月 24 日，华为在北京召开了 5G 发布会，推出业内首款面向 5G 基站的天罡芯片、首款 5G 商用设备 5G CPE Pro，同时宣布首款 5G 折叠屏手机将在 2019 世界移动通信大会上正式发布，最快将在 4 月上市。

2. 1 月 30 日，英国权威品牌价值咨询公司 Brand Finance 在达沃斯世界经济论坛上发布了"2019 年度全球品牌价值 500 强"榜单，华为凭借 622.78 亿美元的品牌价值名列第 12 名，较 2018 年提升 13 位，品牌价值增长 63.7%。

3. 3 月 7 日，华为轮值董事长郭平宣布，华为已向美国联邦法院提起诉讼，指控美国《2019 年国防授权法案》第 889 条款违反美国宪法。

4. 3 月 19 日，联合国下属的世界知识产权组织公布数据，华为 2018 年的专利申请量高达 5405 件，位居全球第一，较 2017 年的 4024 件增加近 1400 件，创下世界知识产权组织历史上由一家公司提交的国际专利申请量的纪录。

5. 3 月 29 日，Brand Z 发布"2019 年中国出海品牌 50 强"榜单，华为超越联想居榜首。

6. 4 月 15 日，任正非被《财富》杂志评为"2019 年中国最具影响力的 50 位商界领袖"第一位。

7. 4 月 18 日，美国《时代》杂志发布 2019 年度"全球百位最具影响力人物"榜单。在科技界，华为公司创始人任正非上榜，推荐理由是："任正非不是计算机天才，但他的管理能力帮助华为成为全球最大的电信设备公司，2018 年营收 1070 亿美元，客户遍及 170 个国家和地区。华为既是智能手机先锋，也是 5G 技术先锋，而 5G 技术将为第四次工业革命中的无人驾驶汽车和智能工厂提供动力。尽管华为近期风波不断，但现在任正非施加的影响力意味着没有任何强大力量能承担得起忽视华为的代价。"

8. 5 月 6 日，WPP 集团携手凯度共同发布"BrandZ 2019 最具价值中国品牌 100 强"排行榜，华为名列总榜第六。此外，华为也在此次活动中被授予"最高端中国品牌"奖，成为首个获此殊荣的科技类品牌。

9. 2019 年 5 月 15 日，美国商务部在其官方网站上发布了一则新闻：美国商务部的工业和安全局（BIS）把华为公司加入其 Entity List（实体清单）。

10. 5 月 17 日，华为心声社区转发海思总裁何庭波致员工的一封信，宣布："为了兑现公司对于客户持续服务的承诺，华为保密柜里的备胎芯片'全部转正'，是历史的选择。"

11. 截至 2019 年 7 月，华为已经累计向 3GPP 递交 18000 件提案，在 5G 的基本专利上，华为总共拥有 2570 族 5G 基本专利，占比超过 20%，在所有厂商中位居第一。华为是全球唯一一家掌握 5G 端到端解决方案的公司，包括 5G 基础技术、5G 网络设备（基站、核心网、光网络、微波等）、5G 芯片（基站芯片、基带芯片、手机芯片）和 5G 终端（手机、CPE、随手路由、平板等）。

12. 8 月 9 日，在 2019 华为消费者业务全球开发者大会上，华为正式向全球发布其全新的基于微内核的面向全场景的分布式操作系统——鸿蒙 OS。这是全球首个基于微内核的全场景分布式操作系统，可支撑各种不同的设备，为消费者带来天生流畅、内核级的安全和生态共享。

13. 8 月 23 日，华为发布正式商用的 AI 芯片——Ascend 910（昇腾 910），以及与之配套的新一代 AI 开源计算框架 MindSpore。

14. 10 月 16 日，华为发布 2019 年三季度经营业绩。截至 2019 年第三季度，华为三大业务稳步发展，实现销售收入 6108 亿元人民币，同比增长 24.4%，净利润率 8.7%。

15. 调研机构 Interbrand 发表全球百大最有价值品牌报告，华为排名第 74 位，相比 2018 年下降了 6 位，品牌价值为 68.87 亿美元，较上年下降 9%，再次成为中国唯一上榜品牌。

16. 截至 2019 年 11 月，华为已经获得全球 60 多个 5G 合同，发货 40 多万个 5G AAU（有源天线处理单元）模块。研究机构 Dell'oro 发布的 2019 年第三季度全球 RAN（无线接入网）份额报告显示，华为 5G NR（5G 新空口）设施在第三季度实现市场份额全面领先，蝉联全球第一。

17. 华为 2019 年获得美方授予专利 2418 件，首次挤入前十。

18. 12 月 5 日，华为深圳总部举行发布会，宣布正式在美国法院提交起诉书，请求法院认定美国联邦通信委员会（FCC）有关禁止华为参与联邦补贴资金项目的决定违反了美国宪法和《行政诉讼法》。

19. 12月15日，由中央广播电视总台举办的"2019中国品牌强国盛典"活动隆重举行，华为获"年度荣耀"品牌大奖，公司高级工程师聂星星代表公司领奖。

20. 12月31日，轮值董事长徐直军发表华为2020年新年致辞《求生存，谋发展，砥砺奋进》，宣布公司预计全年实现销售收入超过8500亿元人民币，同比增长18%左右。尽管没有达到年初预期，但公司整体经营稳健，基本经受住了考验。

2019 年任正非接受媒体采访梳理

从 2019 年 1 月开始，任正非首次高频度地接受中外媒体的采访，全年累计 44 次。

1. 2019 年 1 月 15 日，任正非接受《金融时报》、美联社、《华尔街日报》、彭博社、《财富》、CNBC（美国消费者新闻与商业频道）、Mobile World live 网站等 7 家国际媒体的集体采访，回答了记者 22 个问题。

2. 2019 年 1 月 17 日，任正非接受了中央电视台、新华社、《人民日报》、《财经》、《中国企业家》、《环球时报》、深圳卫视、《第一财经》、《深圳商报》、《财经周刊》、界面新闻、《南方日报》、得到 App、彭湃新闻等 10 余家媒体的集体采访，回答了记者 30 个问题。

3. 2019 年 1 月 17 日下午，任正非接受了中央电视台记者董倩女

士的专访，回答了21个问题，采访纪要6400余字。1月20日
晚21时30分，央视《面对面》栏目播出了本次专访的内容。

4. 2019年1月18日，任正非接受《读卖新闻》《每日新闻》《朝日新闻》《东洋经济周刊》、共同通讯社、时事通讯社、《周刊钻石》《日经商务杂志》等日本媒体的集体采访，回答了记者16个问题。

5. 2019年2月18日，任正非接受BBC的采访，回答了记者45个问题。

6. 2019年2月19日，任正非接受了CBS（美国哥伦比亚广播公司）的采访，回答了记者38个问题。

7. 2019年3月13日，任正非接受了CTV（加拿大电视网有限公司）的采访，回答了记者57个问题。

8. 2019年3月13日，任正非接受了CNN（美国有线电视新闻网）的采访，回答了记者25个问题。

9. 2019年3月29日，任正非接受了韩国《朝鲜日报》书面采访，回答了记者11个问题。

10. 2019年4月11日，任正非接受了德国《商报》和《经济周刊》的采访，回答了记者40个问题。

11. 2019年4月12日，任正非接受了美国《时代》周刊的采访，回答了记者26个问题。4月18日，该媒体把任正非评选为"2019年度全球百位最具影响力人物榜单"业界泰斗类人物。

12. 2019年4月13日，任正非接受美国CNBC的独家专访，回答

了记者 37 个问题。

13. 2019 年 5 月 18 日，任正非接受了日本媒体和学者的集体采访，回答了记者 13 个问题。

14. 2019 年 5 月 20 日，任正非接受了德国电视一台纪录片的采访，回答了记者 25 个问题。

15. 2019 年 5 月 21 日，任正非接受国内近 20 家媒体的集体采访，回答了记者 42 个问题。

16. 2019 年 5 月 21 日，任正非接受中央电视台记者董倩女士的专访，回答了 23 个问题。

17. 2019 年 5 月 23 日，任正非接受了秦朔等资深媒体主编及学者叶檀等的采访。

18. 2019 年 5 月 24 日，任正非接受彭博电视台的采访，回答了记者 49 个问题。

19. 2019 年 6 月 17 日下午 2 点，"与任正非咖啡对话"第一期举行，任正非在深圳与数字时代三大思想家中的两位，《福布斯》著名撰稿人乔治·吉尔德和美国《连线》杂志专栏作家尼古拉斯·尼葛洛庞帝进行了 100 分钟的交流和谈话。中国国际电视台（CGTN）旗下节目《世界观察》的主持人田薇主持本次会谈活动。

20. 2019 年 6 月 18 日，任正非接受法国《观点》杂志的记者采访，回答了记者 40 个问题。

21. 2019 年 6 月 19 日，任正非接受美国 CNBC 的采访。

22. 2019 年 6 月 24 日，任正非接受英国《金融时报》记者的采访，回答了记者 22 个问题。

23. 2019 年 6 月 27 日，任正非接受了加拿大《环球邮报》记者的采访，回答了记者 44 个问题。

24. 2019 年 7 月 17 日，任正非接受美国雅虎财经网站记者的采访，回答了记者 25 个问题。

25. 2019 年 7 月 18 日，任正非接受了安莎通讯社、意大利通讯社、《晚邮报》《共和报》等意大利主流媒体记者的集体采访，回答了记者 18 个问题。

26. 2019 年 8 月 15 日，任正非接受了英国天空新闻电视台的采访，回答了记者 18 个问题。

27. 2019 年 8 月 20 日，任正非接受了美联社记者的采访，回答了记者 18 个问题。

28. 2019 年 9 月 8 日，任正非接受了《洛杉矶时报》记者的采访。

29. 2019 年 9 月 9 日，任正非接受了《纽约时报》专栏作家托马斯·弗里德曼的采访。

30. 2019 年 9 月 10 日，任正非接受了英国《经济学人》的采访，回答了记者 11 个问题。

31. 2019 年 9 月 19 日，任正非接受了美国《财富》杂志 CEO 及主编的采访，回答了 10 个问题。

32. 2019 年 9 月 26 日，"与任正非咖啡对话"第二期举行，任正非与杰里·卡普兰（全球人工智能专家、未来学家、平板电脑行业先驱）和彼得·柯克伦（人工智能教授、英国皇家工程院院士、大英帝国勋章获得者、英国电信前首席技术官）对话，探讨有关创新、规则、信任的话题。

33. 2019 年 10 月 15 日，任正非接受了北欧媒体的联合采访，回答了 48 个问题。

34. 2019 年 10 月 16 日，任正非接受了日本共同社记者采访，回答了 22 个问题。

35. 2019 年 10 月 20 日任正非接受中东、非洲阿拉伯语媒体记者采访，回答了 18 个问题。

36. 2019 年 10 月 22 日，任正非再次接受 CNBC 记者的视频专访。

37. 2019 年 10 月 22 日，任正非接受欧洲新闻台记者采访，回答了 18 个问题。

38. 2019 年 11 月 6 日，"与任正非咖啡对话"第三期举行，任正非与新加坡国立大学李光耀公共政策学院创始院长马凯硕，智能工厂工业 4.0 精神之父、德国生产自动化教授德特勒夫·齐尔克，就数字主权等问题展开对话。

39. 2019 年 11 月 5 日，任正非接受了《华尔街日报》记者的采访，回答了 21 个问题。

40. 2019 年 11 月 6 日，任正非接受了德国媒体的圆桌采访。

41. 2019 年 11 月 18 日，任正非接受了美国《洛杉矶时报》的采访，回答了记者 17 个问题。这是他今年第二次接受该报采访。

42. 2019 年 11 月 26 日，任正非接受 CNN 的采访，回答了记者 15

个问题。

43. 2019 年 12 月 2 日，任正非接受加拿大《环球邮报》记者采访，回答了 27 个问题。

44. 2019 年 12 月 11 日，任正非接受拉美、西班牙媒体记者采访，回答了 24 个问题。

任正非文章、讲话年表

以下所列为 2015 年以后任正非的文章及讲话，2015 年之前的参见《华为没有秘密（珍藏版）》附录。

2015 年

1. 变革的目的就是要多产粮食和增加土地肥力

2. 坚持为世界创造价值，为价值而创新

3. 致新员工书（修订版）

4. 依托欧美先进软件包构建高质量的 IT 系统

5. 任正非在与法务部、董秘及无线员工座谈会上的讲话

6. 打造运营商 BG "三朵云"，将一线武装到牙齿——在运营商 BG 营销装备建设思路汇报会上的讲话

7. 改善艰苦地区条件，加快循环赋能，为公司筑起第二道防线——在埃塞俄比亚、马拉维、乍得谈话要点

2016 年

1. 决胜取决于坚如磐石的信念，信念来自专注

2. 春江水暖鸭先知，不破楼兰誓不还

3. 以创新为核心竞争力，为祖国百年科技振兴而奋斗

4. CBG 服务体系要做"成吉思汗的马掌"，支撑我们服务世界的雄心

5. 变革的目的就是更简单、更及时、更准确

6. 任正非在员工关系年会上的讲话

7. 任正非在专业服务业务策略汇报会上的讲话

8. 任正非在中亚地区部员工座谈会上的讲话

9. 为祖国百年科技振兴而努力奋斗

10. 多路径，多梯次，跨越"上甘岭"，走进无人区

11. 任正非与 Fellow 座谈会上的讲话

12. 任正非与英国研究所、北京研究所、伦敦财经风险管控中心座谈的纪要

13. 任正非在签证业务变革进展汇报会上的讲话

14. 前进的路上不会铺满了鲜花

15. 任正非与日本代表处、日本研究所员工座谈纪要

16. 聚焦战略平台，加强血液流动，夺取未来胜利

17. 任正非在诺亚方舟实验室座谈会上的讲话

18. IPD 的本质是从机会到商业变现

19. 公司必须持续不断地、永恒地促进组织血液流动，增强优秀干

2017 年

54. 鼓足干劲，力争上游，不畏一切艰难困苦

55. 坚持多路径、多梯次、多场景化的研发路线，攻上"上甘岭"，实现 5G 战略领先

56. 从人类文明的结晶中，找到解决世界问题的钥匙

57. 任正非与公司人力资源秘书处座谈会上的讲话

58. 寂寞的英雄是伟大的英雄，我们要鼓励新旧循环

59. 加强与国内大学合作，吸纳全球优秀人才，共同推动中国基础研究

60. 任正非在日本研究所业务汇报会上的讲话

2019 年

1. 全面提升软件工程能力与实践，打造可信的高质量产品

2. 任正非在个人绩效管理优化工作汇报会上的讲话

3. 任正非在干部管理研讨会上的讲话

4. 开放心态，做钱塘弄潮儿，杀出一条血路

5. 横向打通，混合编队上战场，天涯海角做将军

6. 我们要和时间赛跑

7. 万里长江水，奔腾向海洋

8. 任正非在俄罗斯与科学家及专家们的对话

9. 对准连接领域绝对领先，不断激活组织，改变作战方式，提升作战能力和效率

10. 任正非在法定代表人及法人业务支持部工作汇报会上的讲话

华为 30 年之 30 本书

当孤寂的任正非和静水潜流的华为，因其巨大的影响力和卓越的成长力，引起世人广泛与持久的关注，以华为或任正非为研究对象的书籍与文章大量出现。在此推荐下列图书：

1.《走出混沌》（1998）

2.《第一次握手》（1999）

3.《华为真相》（2003）

4.《走出华为》（2003）

5.《土狼突围》（2005）

6.《思科与华为之争》（2005）

7.《我与商业领袖的合作与冲突》（2005）

8.《华为的世界》（2006）

9.《华为四张脸》（2007）

10.《研发困局》（2009）

11.《华为研发》（2009）

12.《华为 30 年》（2009）

13.《任正非这个人》（2011）

14.《下一个倒下的会不会是华为》（2012）

15.《华为，你将被谁抛弃》（2013）

16.《华为没有秘密》（2014）

17.《以奋斗者为本》（2014）

18.《以客户为中心》（2016）

19.《价值为纲》（2018）

20.《IPD：华为研发之道》（2018）

21.《华为流程变革》（2018）

22.《枪林弹雨中成长》（2017）

23.《黄沙百战穿金甲》（2017）

24.《厚积薄发》（2017）

25.《迈向新赛道》（2018）

26.《华为崛起》（2019）

27.《熵减：华为活力之源》（2019）

28.《华为高管媒体发声实录》（2019）

29.《采访实录》（2019）

30.《一人一厨一狗》（2019）

华为 30 年之任正非 30 篇文章

30 余年来，任正非不仅成就了华为的辉煌发展，在管理华为的实践的同时，也逐步形成厚重的经营管理思想。任正非的经营管理思想与华为的经营管理实践一样，对中国企业管理理论和中国企业经营管理实践产生了深刻和广泛的影响。以下所列是任正非的 30 篇讲话，是研究华为的必读经典文献。

1.《赴美考察散记》（1992）

2.《不要忘记英雄》（1997）

3.《我们向美国人民学习什么》（1997）

4.《建立一个适应企业生存发展的组织和机制》（1997）

5.《华为的红旗到底能打多久》（1998）

6.《小改进，大奖励》（1998）

7.《创新是华为发展的不竭动力》（2000）

8.《活下去，企业的硬道理》（2000）

9.《一个职业管理者的责任与使命》（2000）

10.《为什么要自我批判》（2000）

11.《华为的冬天》（2001）

12.《北国之春》（2001）

13.《我的父亲母亲》（2001）

14.《致新员工书》（2005）

15.《上甘岭上不会自然产生将军，但将军都曾经是英雄》（2006）

16.《要快乐地度过充满困难的一生》（2007）

17.《从泥坑中爬起来的是圣人》（2008）

18.《谁来呼唤炮火，如何及时提供炮火支援》（2009）

19.《深淘滩，低作堰》（2009）

20.《开放、妥协与灰度》（2009）

21.《干部要担负起公司价值观的传承》（2010）

22.《一江春水向东流》（2011）

23.《最好的防御就是进攻》（2013）

24.《用乌龟精神，追上龙飞船》（2013）

25.《在"蓝血十杰"表彰会上的演讲稿》（2015）

26.《决胜取决于坚如磐石的信念，信念来自专注》（2016）

27.《华为的胜利也是人力资源政策的胜利》（2017）

28.《方向要大致正确，组织要充满活力》（2017）

29.《一杯咖啡吸收宇宙能量，一桶糨糊粘接世界智慧》（2017）

30.《在攀登珠峰的路上沿途下蛋》（2018）

后 记

2013 年 10 月，我出版了《华为没有秘密》。

2015 年 10 月，应出版社要求，我对该书重新修订，出版了《华为没有秘（珍藏版）》。

2018 年 11 月，出版了《华为没有秘密 2》。

本书中的绝大部分文章，是 2018 年之后写的，但其中有两篇文章是在以前文章基础上修改的，原因在于华为又有了相关的实践。

这些文章依旧聚焦于"没有秘密"的华为，"没有密码"的任正非。本书的主要内容聚焦于对华为成长与发展要素的解析，特别是对华为人力资源管理体系及内在机制的解析。

我依然诚惶诚恐：数十篇小文能否清晰地揭示"华为没有秘密"的主题？能否把没有秘密的华为的管理哲学、成长逻辑、动力机制、人力资源管理体系等阐释清楚？能否对华为这个特殊的案例做出准确的解析？限于我的视野和能力，这或许是一项不可能完成的课题，只能留待以后更深入的研究。

本书只想提出并验证"华为没有秘密"这一命题，至于华为及任正非是否认同，读者会得出什么样的结论，我只有等待之后的反馈。

本书首版的感谢词依然有效。再次感谢田涛先生、牛文文先生和彭剑锋先生对拙著的大力推荐！再次感谢中信出版社沈家乐女士、宋冬雪女士的辛勤付出！再次感谢家人的支持与付出！再次感谢并期待读者的批评指正！

我的邮箱地址：wchunbo@ruc.edu.cn。

吴春波

2020 年 8 月 18 日于求是楼